Bioética e gestão em saúde

SÉRIE PRINCÍPIOS DA GESTÃO HOSPITALAR

inter
saberes

Bioética e gestão em saúde

Carolina Becker Bueno de Abreu (Org.)

Rua Clara Vendramin, 58 . Mossunguê
CEP 81200-170 . Curitiba . PR . Brasil
Fone: (41) 2106-4170
www.intersaberes.com
editora@intersaberes.com

Editora-chefe
Lindsay Azambuja

Gerente editorial
Ariadne Nunes Wenger

Assistente editorial
Daniela Viroli Pereira Pinto

Preparação de originais
Bruno Gabriel

Edição de texto
Gustavo Pitarello de Castro
Keila Nunes Moreira
Natasha Saboredo

Capa
Charles L. da Silva (*design*)
Baloncici/Shutterstock (imagem)

Projeto gráfico
Charles L. da Silva (*design*)
MSSA/Shutterstock (imagem)

Diagramação
Kátia Priscila Irokawa Muckenberger

Equipe de *design*
Iná Trigo

Iconografia
Celia Kikue Suzuki
Regina Claudia Cruz Prestes

Dados Internacionais de Catalogação na Publicação (CIP)
(Câmara Brasileira do Livro, SP, Brasil)

Bioética e gestão em saúde/Carolina Becker Bueno de Abreu (Org.).
Curitiba: InterSaberes, 2018. (Série Princípios da Gestão Hospitalar)

Vários autores.
Bibliografia.
ISBN 978-85-5972-590-2

1. Assistência à saúde 2. Bioética 3. Ética médica 4. Hospitais – Administração
5. Políticas públicas 6. Saúde pública – Brasil I. Abreu, Carolina Becker
Bueno de. II. Série.

17-10107 CDD-362.1068

Índice para catálogo sistemático:
1. Bioética e gestão em saúde 362.1068

1ª edição, 2018.
Foi feito o depósito legal.

Sumário

A bioética continuará a expandir-se e a ter importância durante todo este século, porque as biociências também o continuarão, e as duas são inseparáveis. Políticas institucionais, bem como códigos e leis, nacionais e internacionais, políticas e profissionais, terão de ser desenvolvidos e depois continuamente melhorados e atualizados. Não se veem limites para a necessidade dos profissionais éticos que conheçam a medicina contemporânea.

Drane; Pessini (2005, p. 44-45)

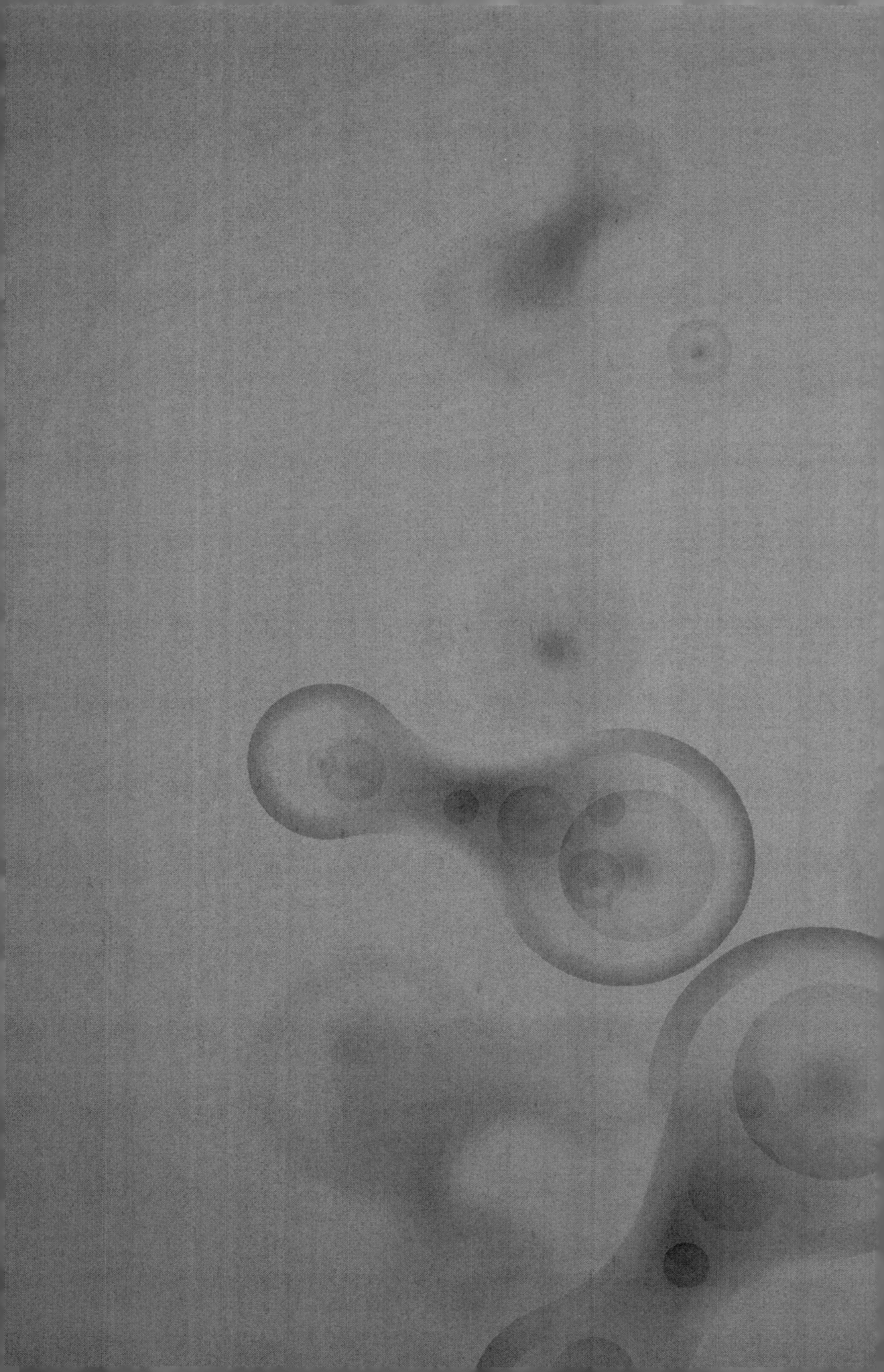

Apresentação

Os maiores desafios da sociedade atual são a elaboração e a implementação de políticas públicas e a estruturação de serviços e sistemas de saúde, conforme as características e os valores de cada país. A garantia de justiça na distribuição de recursos e a oferta de qualidade na assistência, de modo que promova e recupere a saúde de indivíduos, grupos e populações, requerem decisões e condutas éticas da parte de muitos atores sociais.

Nesse sentido, reunimos, nesta obra, oito textos com um tema em comum: a bioética. Nosso objetivo é oferecer subsídios para auxiliar o aprendizado e o desenvolvimento de habilidades relacionadas ao tema. Para isso, autores de diversas formações profissionais foram chamados para a produção dos textos com os quais você terá contato. Assim, vamos nos deparar com autorias de profissionais de saúde e do direito, todos com conhecimento, experiência e produção científica em bioética.

O livro apresenta um capítulo introdutório, que aborda os aspectos conceituais e históricos sobre ética, moral e bioética, situando você, leitor, com relação ao tema geral do livro. Em seguida, no Capítulo 2, são discutidos os principais modelos de bioética. Não poderia faltar a essa obra a abordagem da bioética na saúde pública, trazida no Capítulo 3. Outro tema imprescindível aparece no Capítulo 4: a humanização da assistência à saúde. O capítulo seguinte aborda a relação entre a bioética e a gestão hospitalar. A ética na pesquisa envolvendo seres humanos, dada sua relevância e suas especificidades, é analisada no Capítulo 6. Na sequência, o Capítulo 7 trata dos comitês de bioética. Por fim, no Capítulo 8, a obra discorre sobre as bases legais e regulamentadoras da bioética.

Da forma como os organizamos, os capítulos podem ser utilizados isoladamente, com o recorte de um tema específico, mas sugerimos que a leitura seja feita de modo progressivo e integral, pois isso permite o desenvolvimento de uma visão geral do assunto.

Por terem sido elaborados por diferentes autores, você irá perceber que os textos apresentam algumas particularidades quanto à abordagem dos temas em questão. Temos, afinal, profissionais de diferentes áreas, com distintas visões de mundo e pensamentos variados. Vemos nisso um aspecto positivo, pois a pluralidade de discursos é essencial para o estudo da bioética.

No entanto, para que haja uma unidade entre as discussões, buscamos tornar a obra mais organizada do ponto de vista didático. Assim, todos os capítulos foram desenvolvidos com a preocupação de facilitar a aprendizagem, utilizando-se, para isso, de linguagem acessível e recursos didáticos padronizados. Nossa proposta é a de que você resolva algumas questões sobre os temas e procure, sempre que possível, discuti-los com outras pessoas, sejam colegas, sejam familiares. Como complemento aos textos, sugerimos também leituras e filmes, que, além de agradáveis, ajudam na formação crítica e na reflexão. Alguns estudos de caso também foram desenvolvidos a fim de corroborar nossa proposta.

A fim de aproveitar ao máximo sua leitura, sugerimos que você a faça com calma e atenção, adotando pausas para refletir sobre os assuntos. Embora seja importante acompanhar o raciocínio dos autores de cada um dos capítulos, é imprescindível que você associe suas experiências de vida e de trabalho aos conhecimentos apresentados neste livro e desenvolva suas próprias conclusões.

Dessa forma, esperamos contribuir para a formação e a prática profissional responsável e consciente dos novos gestores hospitalares.

Bom estudo!

Como aproveitar ao máximo este livro

Este livro traz alguns recursos que visam enriquecer o seu aprendizado, facilitar a compreensão dos conteúdos e tornar a leitura mais dinâmica. São ferramentas projetadas de acordo com a natureza dos temas que vamos examinar. Veja a seguir como esses recursos se encontram distribuídos no decorrer desta obra.

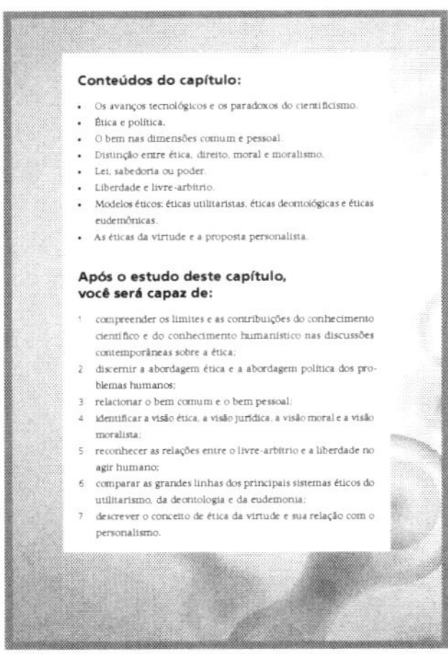

Conteúdos do capítulo:

- Os avanços tecnológicos e os paradoxos do cientificismo.
- Ética e política.
- O bem nas dimensões comum e pessoal.
- Distinção entre ética, direito, moral e moralismo.
- Lei, sabedoria ou poder.
- Liberdade e livre-arbítrio.
- Modelos éticos: éticas utilitaristas, éticas deontológicas e éticas eudemônicas.
- As éticas da virtude e a proposta personalista.

Após o estudo deste capítulo, você será capaz de:

1. compreender os limites e as contribuições do conhecimento científico e do conhecimento humanístico nas discussões contemporâneas sobre a ética;
2. discernir a abordagem ética e a abordagem política dos problemas humanos;
3. relacionar o bem comum e o bem pessoal;
4. identificar a visão ética, a visão jurídica, a visão moral e a visão moralista;
5. reconhecer as relações entre o livre-arbítrio e a liberdade no agir humano;
6. comparar as grandes linhas dos principais sistemas éticos do utilitarismo, da deontologia e da eudemonia;
7. descrever o conceito de ética da virtude e sua relação com o personalismo.

Conteúdos do capítulo:

Logo na abertura do capítulo, você fica conhecendo os conteúdos que nele serão abordados.

Após o estudo deste capítulo, você será capaz de:

Você também é informado a respeito das competências que irá desenvolver e dos conhecimentos que irá adquirir com o estudo do capítulo.

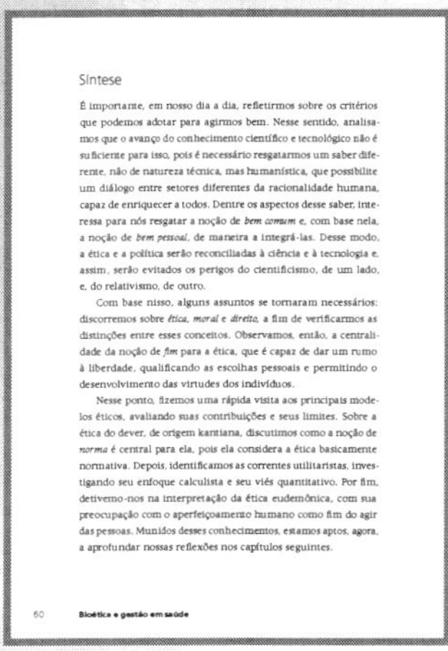

Síntese

É importante, em nosso dia a dia, refletirmos sobre os critérios que podemos adotar para agirmos bem. Nesse sentido, analisamos que o avanço do conhecimento científico e tecnológico não é suficiente para isso, pois é necessário resgatarmos um saber diferente, não de natureza técnica, mas humanística, que possibilite um diálogo entre setores diferentes da racionalidade humana, capaz de enriquecer a todos. Dentre os aspectos desse saber, interessa para nós resgatar a noção de *bem comum* e, com base nela, a noção de *bem pessoal*, de maneira a integrá-las. Desse modo, a ética e a política serão reconciliadas à ciência e à tecnologia e, assim, serão evitados os perigos do cientificismo, de um lado, e, do relativismo, de outro.

Com base nisso, alguns assuntos se tornaram necessários: discorremos sobre *ética*, *moral* e *direito*, a fim de verificarmos as distinções entre esses conceitos. Observamos, então, a centralidade da noção de *fim* para a ética, que é capaz de dar um rumo à liberdade, qualificando as escolhas pessoais e permitindo o desenvolvimento das virtudes dos indivíduos.

Nesse ponto, fizemos uma rápida visita aos principais modelos éticos, avaliando suas contribuições e seus limites. Sobre a ética do dever, de origem kantiana, discutimos como a noção de *norma* é central para ela, pois ela considera a ética basicamente normativa. Depois, identificamos as correntes utilitaristas, investigando seu enfoque calculista e seu viés quantitativo. Por fim, detivemo-nos na interpretação da ética eudemônica, com sua preocupação com o aperfeiçoamento humano como fim do agir das pessoas. Munidos desses conhecimentos, estamos aptos, agora, a aprofundar nossas reflexões nos capítulos seguintes.

60 **Bioética e gestão em saúde**

Síntese

Você dispõe, ao final do capítulo, de uma síntese que traz os principais conceitos abordados.

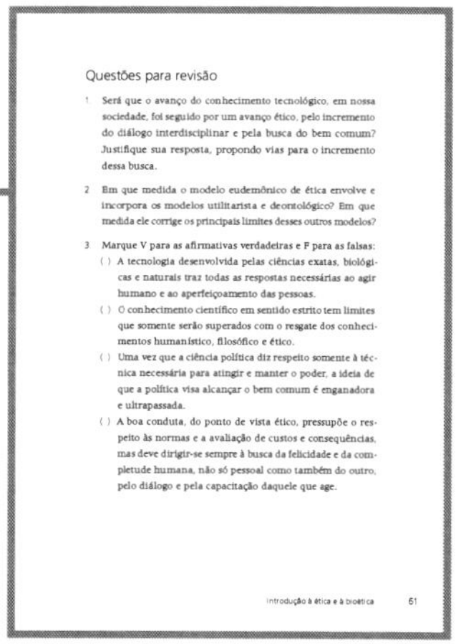

Questões para revisão

1 Será que o avanço do conhecimento tecnológico, em nossa sociedade, foi seguido por um avanço ético, pelo incremento do diálogo interdisciplinar e pela busca do bem comum? Justifique sua resposta, propondo vias para o incremento dessa busca.

2 Em que medida o modelo eudemônico de ética envolve e incorpora os modelos utilitarista e deontológico? Em que medida ele corrige os principais limites desses outros modelos?

3 Marque V para as afirmativas verdadeiras e F para as falsas:
( ) A tecnologia desenvolvida pelas ciências exatas, biológicas e naturais traz todas as respostas necessárias ao agir humano e ao aperfeiçoamento das pessoas.
( ) O conhecimento científico em sentido estrito tem limites que somente serão superados com o resgate dos conhecimentos humanístico, filosófico e ético.
( ) Uma vez que a ciência política diz respeito somente à técnica necessária para atingir e manter o poder, a ideia de que a política visa alcançar o bem comum é enganadora e ultrapassada.
( ) A boa conduta, do ponto de vista ético, pressupõe o respeito às normas e a avaliação de custos e consequências, mas deve dirigir-se sempre à busca da felicidade e da completude humana, não só pessoal como também do outro, pelo diálogo e pela capacitação daquele que age.

Introdução à ética e à bioética 61

Questões para revisão

Com estas atividades, você tem a possibilidade de rever os principais conceitos analisados. Ao final do livro, os autores disponibilizam as respostas às questões, a fim de que você possa verificar como está sua aprendizagem.

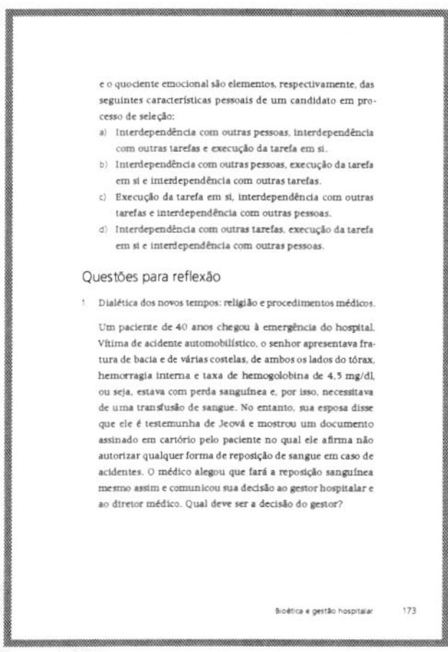

e o quociente emocional são elementos, respectivamente, das seguintes características pessoais de um candidato em processo de seleção:

a) Interdependência com outras pessoas, interdependência com outras tarefas e execução da tarefa em si.
b) Interdependência com outras pessoas, execução da tarefa em si e interdependência com outras tarefas.
c) Execução da tarefa em si, interdependência com outras tarefas e interdependência com outras pessoas.
d) Interdependência com outras tarefas, execução da tarefa em si e interdependência com outras pessoas.

Questões para reflexão

1 Dialética dos novos tempos: religião e procedimentos médicos.

Um paciente de 40 anos chegou à emergência do hospital. Vítima de acidente automobilístico, o senhor apresentava fratura de bacia e de várias costelas, de ambos os lados do tórax, hemorragia interna e taxa de hemogolobina de 4,5 mg/dl, ou seja, estava com perda sanguínea e, por isso, necessitava de uma transfusão de sangue. No entanto, sua esposa disse que ele é testemunha de Jeová e mostrou um documento assinado em cartório pelo paciente no qual ele afirma não autorizar qualquer forma de reposição de sangue em caso de acidentes. O médico alegou que fará a reposição sanguínea mesmo assim e comunicou sua decisão ao gestor hospitalar e ao diretor médico. Qual deve ser a decisão do gestor?

Bioética e gestão hospitalar 173

Questões para reflexão

Nesta seção, a proposta é levá-lo a refletir criticamente sobre alguns assuntos e a trocar ideias e experiências com seus pares.

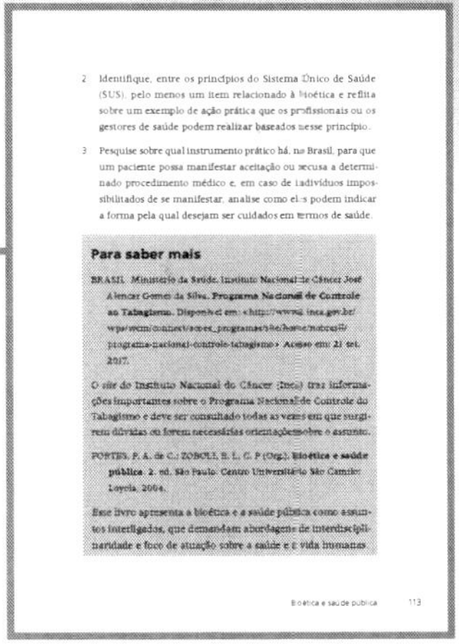

2 Identifique, entre os princípios do Sistema Único de Saúde (SUS), pelo menos um item relacionado à bioética e reflita sobre um exemplo de ação prática que os profissionais ou os gestores de saúde podem realizar baseados nesse princípio.

3 Pesquise sobre qual instrumento prático há, no Brasil, para que um paciente possa manifestar aceitação ou recusa a determinado procedimento médico e, em caso de indivíduos impossibilitados de se manifestar, analise como eles podem indicar a forma pela qual desejam ser cuidados em termos de saúde.

Para saber mais

BRASIL. Ministério da Saúde. Instituto Nacional de Câncer José Alencar Gomes da Silva. **Programa Nacional de Controle ao Tabagismo**. Disponível em: <http://www2.inca.gov.br/wps/wcm/connect/acoes_programas/site/home/nobrasil/programa-nacional-controle-tabagismo>. Acesso em: 21 set. 2017.

O *site* do Instituto Nacional do Câncer (Inca) traz informações importantes sobre o Programa Nacional de Controle do Tabagismo e deve ser consultado todas as vezes em que surgirem dúvidas ou forem necessárias orientações sobre o assunto.

FORTES, P. A. de C.; ZOBOLI, E. L. C. P. (Org.). **Bioética e saúde pública**. 2. ed. São Paulo: Centro Universitário São Camilo; Loyola, 2004.

Esse livro apresenta a bioética e a saúde pública como assuntos interligados, que demandam abordagens de interdisciplinaridade e foco de atuação sobre a saúde e a vida humanas.

Bioética e saúde pública 113

Para saber mais

Você pode consultar as obras indicadas nesta seção para aprofundar sua aprendizagem.

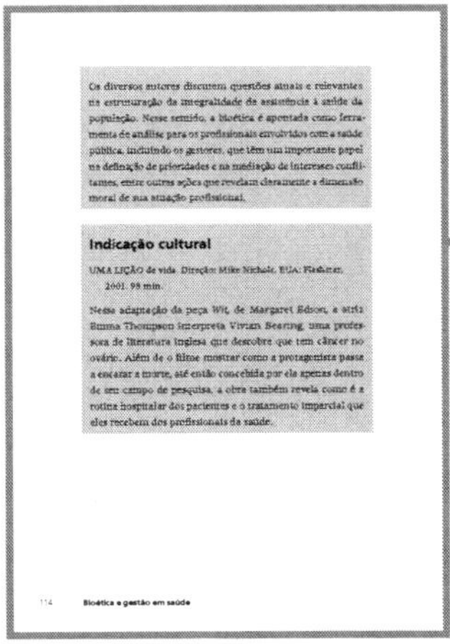

Os diversos autores discutem questões atuais e relevantes na estruturação da integralidade de assistência à saúde da população. Nesse sentido, a bioética é apontada como ferramenta de análise para os profissionais envolvidos com a saúde pública, incluindo os gestores, que têm um importante papel na definição de prioridades e na mediação de interesses conflitantes, entre outras ações que revelam claramente a dimensão moral de sua atuação profissional.

Indicação cultural

UMA LIÇÃO de vida. Direção: Mike Nichols. EUA: Flashstar, 2001. 98 min.

Nessa adaptação da peça *Wit*, de Margaret Edson, a atriz Emma Thompson interpreta Vivian Bearing, uma professora de literatura inglesa que descobre que tem câncer no ovário. Além de o filme mostrar como a protagonista passa a encarar a morte, até então concebida por ela apenas dentro de seu campo de pesquisa, a obra também revela como é a rotina hospitalar dos pacientes e o tratamento imparcial que eles recebem dos profissionais da saúde.

114 Bioética e gestão em saúde

Indicações culturais

Nesta seção, o autor oferece algumas indicações de livros, filmes ou *sites* que podem ajudá-lo a refletir sobre os conteúdos estudados e permitir o aprofundamento em seu processo de aprendizagem.

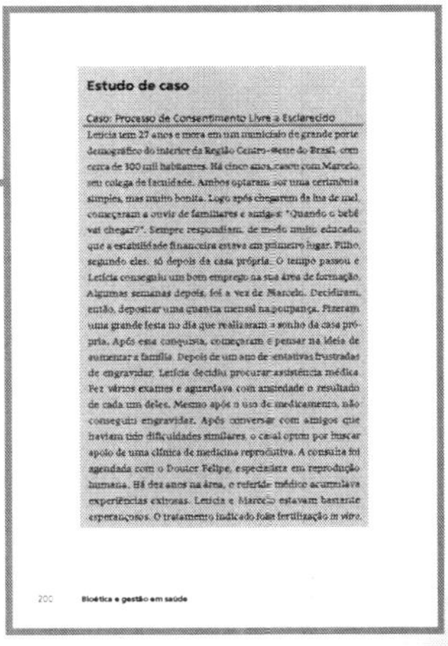

Estudo de caso

Caso: Processo de Consentimento Livre e Esclarecido

Letícia tem 27 anos e mora em um município de grande porte demográfico do interior da Região Centro-Oeste do Brasil, com cerca de 300 mil habitantes. Há cinco anos, casou com Marcelo, seu colega de faculdade. Ambos optaram por uma cerimônia simples, mas muito bonita. Logo após chegarem da lua de mel, começaram a ouvir de familiares e amigos: "Quando o bebê vai chegar?". Sempre respondiam, de modo muito educado, que a estabilidade financeira estava em primeiro lugar. Filho, segundo eles, só depois da casa própria. O tempo passou e Letícia conseguiu um bom emprego na sua área de formação. Algumas semanas depois, foi a vez de Marcelo. Decidiram, então, depositar uma quantia mensal na poupança. Fizeram uma grande festa no dia que realizaram o sonho da casa própria. Após essa conquista, começaram a pensar na ideia de aumentar a família. Depois de um ano de tentativas frustradas de engravidar, Letícia decidiu procurar assistência médica. Fez vários exames e aguardava com ansiedade o resultado de cada um deles. Mesmo após o uso de medicamento, não conseguiu engravidar. Após conversar com amigos que haviam tido dificuldades similares, o casal optou por buscar apoio de uma clínica de medicina reprodutiva. A consulta foi agendada com o Doutor Felipe, especialista em reprodução humana. Há dez anos na área, o referido médico acumulava experiências exitosas. Letícia e Marcelo estavam bastante esperançosos. O tratamento indicado foi a fertilização *in vitro*.

200 Bioética e gestão em saúde

Estudo de caso

Esta seção traz ao seu conhecimento situações que vão aproximar os conteúdos estudados de sua prática profissional.

Introdução

O termo *bioética* foi proposto pelo oncologista Van Rensselaer Potter, em 1970. Sua principal preocupação era com a dimensão que os avanços tecnológicos estavam tomando, e sua proposta era a criação de uma nova disciplina que discutisse as repercussões tanto positivas quanto negativas da ciência sobre a vida humana e o ecossistema, tendo em vista que o desenvolvimento científico torna possíveis novas ações nem sempre aceitáveis do ponto de vista ético.

Dentre as preocupações fundantes da bioética está, portanto, a necessidade da construção de pontes entre os saberes de diversas áreas, como a biológica, a filosófica, a tecnológica, a sociológica, a antropológica e as específicas das profissões ligadas à saúde, a fim de promover não só a sobrevivência da espécie humana mas também a saúde e a qualidade de vida das pessoas.

No contexto da assistência à saúde, há muitos atores envolvidos na elaboração de políticas públicas, na implementação do sistema de saúde, na gestão dos serviços e na oferta direta da assistência. Todos esses sujeitos – inclusive os cidadãos e a comunidade como um todo –, considerados também atores morais, têm papel importante na resolução dos conflitos éticos cotidianos.

Nesse panorama, os gestores hospitalares têm seu próprio campo de atuação e de ontologia específica, além de exercerem forte influência direta e indireta sobre os demais profissionais de saúde e de setores administrativos e de apoio.

Dada a importância dos gestores hospitalares na estruturação, na implementação e no acompanhamento dos serviços, é inegável a necessidade de que eles tenham formação excelente tanto do ponto de vista técnico quanto do ético, a fim de que possamos atingir as metas de saúde para a população brasileira.

Esta é, inclusive, a finalidade deste livro: contribuir para a formação de gestores hospitalares e instrumentalizá-los para o enfrentamento dos desafios éticos que certamente surgirão em suas práticas profissionais.

Capítulo 1
Introdução à ética e à bioética

Paulo Vasconcelos Jacobina

Conteúdos do capítulo:

- Os avanços tecnológicos e os paradoxos do cientificismo.
- Ética e política.
- O bem nas dimensões comum e pessoal.
- Distinção entre ética, direito, moral e moralismo.
- Lei, sabedoria ou poder.
- Liberdade e livre-arbítrio.
- Modelos éticos: éticas utilitaristas, éticas deontológicas e éticas eudemônicas.
- As éticas da virtude e a proposta personalista.

Após o estudo deste capítulo, você será capaz de:

1. compreender os limites e as contribuições do conhecimento científico e do conhecimento humanístico nas discussões contemporâneas sobre a ética;
2. discernir a abordagem ética e a abordagem política dos problemas humanos;
3. relacionar o bem comum e o bem pessoal;
4. identificar a visão ética, a visão jurídica, a visão moral e a visão moralista;
5. reconhecer as relações entre o livre-arbítrio e a liberdade no agir humano;
6. comparar as grandes linhas dos principais sistemas éticos do utilitarismo, da deontologia e da eudemonia;
7. descrever o conceito de ética da virtude e sua relação com o personalismo.

Saber agir e agir bem. Esse é o grande desafio da vida contemporânea. Não se trata de um "saber agir" do ponto de vista técnico ou científico. Nisso a humanidade tem se tornado cada vez melhor. Temos técnicas a cada dia mais sofisticadas no campo da informática, da medicina, da tecnologia, da farmacêutica, das comunicações, só para citar alguns. No entanto, não parecemos ser uma humanidade mais feliz, mais harmônica ou mais pacífica do que as de outros tempos. A violência urbana, a desestruturação das famílias, os conflitos étnicos e religiosos, os combates ideológicos, tudo isso parece estar aumentando, e não diminuindo, com o chamado *progresso das ciências*.

Será que o desenvolvimento incessante da tecnologia e do conhecimento científico será suficiente para nos fazer seguir caminhos corretos? Não é o que parece. Poderíamos dizer, inclusive, que a tecnologia representa, em alguns casos, um fator de risco, de multiplicação de riscos, e não de redução deles. Pensemos na manipulação biológica, na criação de armas químicas, na multiplicação do poder destrutivo das armas de fogo e das armas nucleares, na utilização de meios de transporte e de comunicação como armas para conflitos locais e internacionais e na manipulação desrespeitosa do ser humano em nome do avanço da medicina e veremos como não estamos progredindo.

Há outro tipo de conhecimento necessário aqui: o conhecimento sobre como viver bem, como conviver bem, que escapa do âmbito do conhecimento estritamente científico sem escapar dos domínios da racionalidade. Esse conhecimento é exatamente o **conhecimento ético**.

Neste capítulo, queremos apresentar uma reflexão sobre os primeiros conceitos da ética para, então, adentrar especificamente no terreno da bioética com duas ferramentas de pensamento importantíssimas: o **critério** e a **coerência**.

Em busca de critérios, apresentaremos dados e discussões que nos permitirão pensar com mais clareza sobre as questões do comportamento humano e do relacionamento interpessoal. Dessa forma, abordaremos temas que vão desde o valor e os limites da tecnologia até a noção de bem comum e de bem pessoal, passando pela relação entre a ética e a política e entre a ética, a moral e o direito.

Analisaremos também, brevemente, outros temas relacionados, como a liberdade humana, o valor da verdade e o relativismo, a liberdade e o livre arbítrio em nosso agir e, por fim, relembraremos os principais sistemas éticos que a humanidade conheceu ao longo de sua história, apreciando as qualidades e os limites de cada um.

O assunto não é simples, e nosso tempo é limitado. Por isso, não hesite em reler os trechos mais densos, porque as noções aqui discutidas serão importantes ao longo de toda a obra.

1.1 Avanços tecnológicos e paradoxos do cientificismo

Quem de nós não se beneficia com os avanços científicos de nosso tempo? A sociedade contemporânea, bem como todas as que a precederam, desenvolveu um enfoque central na questão científica e tornou-se bastante capaz de responder à pergunta a respeito de **como** são as coisas.

De fato, o impressionante progresso tecnológico que vivemos é o resultado da busca incessante pelo modo como as coisas funcionam e, no caso das ciências biomédicas e afins, da busca incessante pelos segredos mais íntimos da natureza e do próprio corpo humano.

Acompanharemos, a partir de agora, algumas das características existentes na relação da vida contemporânea com a tecnologia. Veremos, também, alguns limites do avanço científico, destacando a importância do conhecimento humanístico nesse panorama.

1.1.1 Vida contemporânea e tecnologia

Não há dúvidas de que o progresso científico trouxe avanços indispensáveis, conhecimentos profundos e técnicas maravilhosas que tornaram a vida humana mais fácil, menos sofrida e mais longa de modo geral. A maioria das pessoas certamente tem um *smartphone* – ou ao menos um telefone celular capaz de fazer ligações e receber mensagens de texto. Os computadores, a internet, os *smartphones*, as redes sociais, só para dar alguns exemplos, tudo isso tem facilitado nossa vida enormemente. Pense nos aparelhos de GPS[1], que, até bem pouco tempo, eram de uso restrito para fins militares, mas hoje equipam carros particulares e aviões civis.

No campo biomédico, os tratamentos tornam-se cada vez mais eficazes e o desenvolvimento de vacinas e de antibióticos certamente contribui para o prolongamento da vida média da humanidade e para a minoração do sofrimento causado por enfermidades. A maioria de nós, inclusive, por causa das vacinas, foi poupada de doenças que afligiam fatalmente nossos antepassados; muitos de nós têm relatos emocionantes sobre curas, próprias ou de pessoas próximas e amadas, em razão de uso de antibióticos ou de técnicas modernas de transplantes de órgãos ou de microcirurgias.

---

1 GPS é a sigla de *global positioning system*, ou "sistema de posicionamento global", em português.

Os meios de transporte, por sua vez, integram o mundo inteiro numa velocidade impensável há alguns anos. Milhares de aviões cruzam os ares a todo momento, e as viagens intercontinentais, que, no passado, eram longas, cansativas e perigosas, hoje são rápidas, baratas e confortáveis e estão ao alcance da maioria de nós.

Novos meios de produção agrícola estão aumentando a produtividade de alimentos e de produtos naturais, e a engenharia genética promete um aumento ainda maior nesse campo. Aliás, falar nas possibilidades da engenharia genética é sentir-se um pouco no mundo da ficção científica: as expectativas são de que entenderemos a estrutura mais íntima da vida – e as promessas que isso nos trará são enormes. Terapia genética, regeneração neurológica, desenvolvimento de órgãos de reposição em laboratório (sem perigo de rejeição), tudo isso parece estar ao alcance dos desenvolvimentos no campo da genética.

Além de tais expectativas, nós somos bombardeados, a cada momento, com notícias e reportagens sobre outras grandes conquistas científicas no campo da vida e da saúde. Podemos nos lembrar de quantas vezes, nos últimos meses, lemos sobre pesquisas e descobertas que prometem a cura de males graves como o câncer; ou acerca da redução de dores ou desconfortos corporais; até mesmo a correção estética de aspectos físicos dos quais não gostamos tanto ou mesmo que sofreram danos em razão de acidentes ou enfermidades. Podemos, ainda, mencionar os progressos noticiados no campo dos transplantes de órgãos e do uso de órteses e próteses, que já levam algumas pessoas a pensar que, em breve, os resultados esportivos dos Jogos Paralímpicos[2] poderão superar os dos Jogos Olímpicos tradicionais.

Com tudo isto, nós desenvolvemos uma confiança muito grande na ciência e na tecnologia. Vemos sua capacidade de tornar as vidas humanas mais plenas, felizes e saudáveis e, assim, construir um futuro melhor, mais produtivo, mais integrado, mais avançado.

1.1.2 **Limites do avanço científico e resgate do conhecimento humanístico**

Não obstante os benefícios que trouxeram à sociedade, percebemos que os avanços da tecnologia e da ciência têm cobrado um preço de nós e sobretudo do meio ambiente, ou seja, de todo o planeta. São muitos os exemplos de como a vida moderna vem provocando desequilíbrios que são como efeitos colaterais de toda a modernidade de nossa sociedade, como a destruição de áreas de proteção ambiental, a poluição de lagos, rios e mares, a extinção de espécies, a contaminação do ar, o efeito estufa[3] e a desertificação acelerada de áreas outrora férteis, entre outros.

Hoje, são muito discutidos temas como a questão do aquecimento global, causado pelos altos níveis de poluição, e a questão da sustentabilidade – ou seja, a capacidade que a natureza tem de suportar os danos gerados pelas atividades econômicas e de regenerar-se. Porém não é somente com relação ao meio ambiente

2 Os Jogos Paralímpicos são o maior evento esportivo mundial para pessoas com deficiências.

3 O efeito estufa é o aquecimento da atmosfera em razão do aumento do nível da concentração do gás carbônico, que causa a retenção do calor solar, elevando a temperatura média do planeta e causando mudanças climáticas em larga escala.

que essa preocupação costuma se manifestar. Há novas doenças que surgem em lugares remotos e rapidamente se transformam em epidemias globais, ou mesmo catástrofes naturais e guerras que deixam um rastro de destruição, causados ou intensificados pelo uso nocivo de tecnologias letais. É comum acompanharmos as notícias sobre eventos desastrosos, como usinas nucleares acometidas por terremotos e tsunamis ou o rompimento de barragens de rejeitos poluentes que causam a destruição de cidades e povoados, como ocorreu recentemente em Mariana, no Brasil. Além disso, aparelhos como *drones* atiram mísseis em inimigos e germes de doenças são utilizados para fins de terrorismo. Poderíamos citar, ainda, o risco do desenvolvimento da bomba atômica por ditadores agressivos, ou mesmo a utilização criminosa da *internet* para furtos, pedofilia e outros crimes, em especial na chamada *deep web*[4].

Tudo isso provocou um certo refluxo na maré de confiança irrestrita na ciência e na tecnologia, causando a necessidade de um novo pensamento político e, mais precisamente, de um ressurgimento da dimensão *ética*, ou seja, de um resgate da reflexão a respeito dos valores, das condutas e das ponderações, em suma, dos fins que devem nortear a conduta humana em geral e de cada um em particular.

Assim, mesmo com tanto progresso técnico, os problemas humanos parecem multiplicar-se com o mau uso da tecnologia e o avanço da vida urbana. É necessário, então, refletirmos sobre aquela ideia de que apenas o conhecimento adquirido com o uso do método científico tem valor. Essa é a chamada *abordagem cientificista*, ou seja, a abordagem que considera que as ciências

---

4 Trata-se de uma parte da rede mundial de computadores cujo controle pelas autoridades é muito mais difícil.

naturais e exatas, junto com o método experimental (o positivismo científico), seriam os únicos saberes confiáveis e suficientes para a humanidade. O método científico positivo é muito bom para atingir resultados científicos, mas o conhecimento científico positivo não é a única forma de conhecimento válido para o ser humano.

Dessa forma, devemos considerar que existem outras formas de conhecimento, como a filosófica, a prática, a tradicional e a religiosa, cada qual com métodos próprios de análise, diversos do método científico, mas igualmente valiosos para a humanidade. Por isso, o avanço da ciência e da tecnologia é um ganho irrenunciável para a humanidade, porém o preço que ele cobra será alto demais se não houver uma revalorização da reflexão sapiencial e humanística a respeito de suas consequências indesejáveis.

1.2 Reflexão ética: abordagem política e busca pelo bem comum

Todos os problemas que discutimos até agora têm dimensões que não se esgotam pela abordagem científica. Sobre eles, poderíamos destacar, por exemplo, a dimensão **política**, aquela que trata da busca do **bem comum** das pessoas por meio das organizações sociais, especialmente as dotadas da capacidade de decidir e de implementar decisões no plano intersubjetivo – as sociedades "completas e organizadas" em seu poder.

Nesse aspecto, os Estados nacionais são sociedades políticas no sentido mais preciso, enquanto as famílias e as empresas, por exemplo, não o são, ou o são num sentido muito limitado[5]. De fato, as pessoas são partes das famílias, trabalham em empresas, mas tanto estas quanto aquelas são partes dos Estados. Por isso, o bem de uma só pessoa não é o bem comum, mas se ordena a ele. Tampouco o bem de uma família ou o de uma empresa o configuram, mas devem se ordenar, também, a ele. Ora, o bem do Estado, por sua vez, ordena-se plenamente ao bem comum e é capaz de buscá-lo e de implementar suas próprias decisões que se dirigem a esse sentido (Aristóteles, 2016). É por isso que podemos dizer que, do ponto de vista político, o Estado é uma sociedade perfeita, porque busca com efetividade o bem comum em seu sentido mais amplo (Tomás de Aquino, 1995).

O bem comum é, portanto, o que queremos alcançar quando falamos em *política*. Por isso, é muito importante entendermos o que ele significa. Ele pode ser definido como o conjunto das condições da vida social que permitem, tanto aos grupos como a cada membro, alcançar mais plena e facilmente a própria perfeição (CVII, 1965).

Nesse sentido, o bem comum pressupõe e inclui os bens pessoais dos membros da sociedade, mas ele é certamente maior do que a soma desses bens. Não há, portanto, oposição conceitual entre ele e o bem de cada um dos membros de uma sociedade

---

5 Sobre isso, Santo Tomás de Aquino (1995, p. 40) revela: "deve-se dizer que, assim como o homem é parte do lar, igualmente é o lar parte da cidade. Ora, é a cidade [pólis] uma comunidade perfeita, como se diz na *Política* (I, 1, 125a5) [de Aristóteles]. Donde, assim como o bem de um só homem não é um fim último, mas ordena-se para o bem comum, assim também o fim de um lar ordena-se para o bem de uma cidade, a qual é uma sociedade perfeita". Como explica Aristóteles (2016, p. 56, grifo nosso), em sua obra *Política*, sociedade perfeita não é aquela isenta de defeitos – o que é impossível para qualquer comunidade humana –, mas a que "**possui todos os meios para bastar-se a si mesma**".

quando há verdadeiro respeito à dignidade das pessoas, apesar de que harmonizar esses dois planos é uma tarefa muito difícil.

A busca pelo bem comum no plano político é árdua, assim como a forma de implementá-la parece ser um plano frustrado – e, por isso, sempre retomado – a cada geração. Na dimensão política do ser humano, essa busca é, ao mesmo tempo, irrenunciável e inesgotável, e interpela a todos nós. Podemos sentir isso em nossa caminhada pessoal: muitas vezes, frustramo-nos com as questões políticas; mas, outras vezes, encontramos forças para continuar caminhando.

Tratamos, então, do bem comum e do bem pessoal porque eles não são opostos, mas complementares. Em todos os grandes problemas contemporâneos, há uma grande interpelação pela busca do segundo como se ele fosse incompatível com o primeiro. Mas buscar o discernimento e o seguimento de atitudes e de posturas capazes de nos conduzir, como pessoas, ao pleno aperfeiçoamento inclui-se no panorama do bem comum, e deve ser favorecido por ele. É essa perspectiva, a abordagem centrada na busca pelo individual em coordenação com a busca pelo coletivo, que chamamos de ***ética***.

Às vezes, não é fácil enxergarmos a ética como uma dimensão inseparável da política – embora, certamente, distinta desta – nem vermos esta como uma espécie de coroação daquela num plano mais elevado. Estamos acostumados a acompanhar, todos os dias, nas conversas com amigos e familiares, nos noticiários e nos jornais e até no trabalho, como a política parece estar totalmente dissociada da ética. Porém isso não deveria ser assim, pois não há como sermos éticos sem pensarmos nas implicações políticas de nossas ações pessoais nem dá para fazermos política esquecendo-nos da ética.

Dessa forma, o bem comum, objeto da política, e o bem pessoal, objeto da ética, estão intimamente relacionados entre si. A dicotomia entre esses dois planos (ou seja, a tentativa de opor o pessoal ao comum) traz resultados péssimos, tanto para as pessoas quanto para as sociedades em que elas vivem[6].

Essa relação binária entre o pessoal e o social, como se fossem instâncias opostas, tem suas raízes em alguns traços do pensamento contemporâneo, que opõe o individualismo ao coletivismo, como se somente fosse possível realizar o bem individual quando se nega a legitimidade da luta pelo bem coletivo, e vice-versa. Quem pensa assim muitas vezes não percebe que, para os seres humanos, a identidade pessoal e as relações sociais são planos complementares, e não excludentes.

1.2.1 Bem, relatividade e relativismo

O conceito de *bem* é interessante: alguém jamais se oporia a ele, mas, certamente, teria dificuldade de defini-lo, de explicá-lo. Isso é fruto de um pensamento muito difundido hoje, a chamada *mentalidade relativista*. Para os que a adotam, não existe *o bem*, mas apenas o que é **bom para eles** e o que é **bom para os outros**.

Essa atitude baseia-se, no entanto, em dois equívocos que, mesmo quando cometidos com boa intenção, transformam a forma de agir e de pensar menos claras e, portanto, tornam mais difícil ser ético na prática. A explicação desse fato é um pouco

---

6 Para uma abordagem crítica sobre a separação artificial que se faz hoje em dia entre *política* e *ética*, recomendamos o livro *Sócrates encontra Maquiavel*, de Peter Kreeft (2013), relacionado na seção "Referências".

difícil, por isso, sugerimos uma leitura atenta do argumento que se segue.

A crítica ao relativismo foi feita de modo muito claro e consistente por Henry B. Veatch em seu livro *O homem racional: uma interpretação da moderna ética aristotélica* (2006). A seguir, apresentamos uma síntese do que ele argumenta.

Primeiramente, devemos distinguir a *ciência* do *cientificismo*. A **ciência** é a forma metódica de conhecer algo, o que provoca o avanço da tecnologia capaz de realmente melhorar a vida das pessoas e de fazer progredir a humanidade. O **cientificismo** é a atitude de, confiando excessivamente no poder do conhecimento científico, desprezar as outras formas de conhecimento e perder a capacidade de perceber que nem tudo o que é tecnicamente possível é eticamente desejável. Dessa forma, a ciência é boa, o cientificismo, não.

O mesmo ocorre com a **relatividade** e o **relativismo** na ética. Baseando-se na constatação verdadeira de que cada um de nós é capaz apenas de conseguir um olhar parcial, ou seja, relativo da vida, o relativismo chega à conclusão errônea de que o próprio bem é parcial e relativo. Essa conclusão parece determinar uma maior tolerância com as diferenças entre as pessoas, grupos e culturas e uma maior propensão à inclusão e à democracia. Porém um exame mais apurado do assunto mostra que as coisas não são bem assim.

O primeiro erro é imaginar que, uma vez que a forma de conhecer o bem é relativa, então, o próprio bem é relativo. Essa é uma conclusão que desobedece às regras da lógica. E que traz graves consequências práticas.

Quanto ao erro lógico, daremos um pequeno exemplo para tornar mais clara nossa ideia: o fato de que alguém consiga aprender apenas uma pequena parte, digamos, do imenso universo que cerca a todos nós para poder entendê-lo não significa que o próprio universo se limite a essa parte. Confundir a forma como conhecemos algo com a natureza do objeto conhecido é um erro lógico grave. Os filósofos diriam que se trata de confundir o **plano ontológico** (como as coisas *são*) com o **plano gnoseológico** (como nós as conhecemos). Portanto, não devemos confundir aquilo que os objetos são em si mesmo com os limites que nós temos para conhecê-los.

Assim, declararmos que o bem não existe objetivamente porque cada um de nós só consegue ter uma visão parcial e limitada sobre ele é incidir no mesmo erro lógico. Trata-se de afirmarmos, de modo objetivo, que não podemos atestar nada de modo absoluto, o que é, logicamente, contraditório.

Ainda que alguém pudesse simplesmente dizer que algo como o bem em si não existe e, por isso, a própria tentativa de fazer ética está frustrada desde o início, na prática essa pessoa teria de continuar fazendo escolhas próprias e se defrontando com as escolhas das outras pessoas. Sua crença, então, traria graves consequências, que poderiam causar exatamente o contrário da tolerância e da democracia que supostamente a visão relativista quer promover. Ora, se só existem o **bem para nós** e o **bem para os outros**, e não algo como o **bem absoluto**, o que devemos fazer com aquela pessoa que pensa que a democracia e a tolerância não são boas para ela?

E se ela entender que impor sua vontade aos outros é um "bem para ela" e que, em sua visão, esse bem consiste em que as pessoas que resistirem a suas imposições devem ser mortas? Como poderemos contestá-la se começamos duvidando de que algo como o *bem* existe fora das convicções pessoais dela? Ela poderia simplesmente nos responder utilizando nossos próprios conceitos: *não tentem me convencer de que a democracia e a tolerância são bens objetivos porque vocês mesmos disseram que só existe aquilo que é "bom para mim" e aquilo que é "bom para vocês", e eu penso que é muito melhor impor minha vontade pelas armas do que sentar e conversar com vocês sobre democracia.*

Num caso assim, só nos restaria tentar ser mais fortes do que essa pessoa e impor a ela, com o uso da força, nossas noções de democracia e de tolerância, mesmo contra a vontade e as convicções dela. Dessa forma, teríamos que afirmar que aquilo que essa pessoa acredita que seja um "bem para ela" na verdade não o é – e, para isso, teríamos de ter algum critério objetivo sobre o que é o *bem*. Algo que nos legitimasse a impor a democracia e a tolerância, pela força, a quem não acredita nesses dois valores, mesmo considerando, como os relativistas, que ambas, por não serem boas para a pessoa em questão, não são bens de modo algum. Isso é exatamente o que o relativismo prega desde o princípio. Seria, portanto, uma contradição completa, que levaria ao combate e à violência. Seria nosso bem contra o dela e, na falta de um critério externo e objetivo de *bem*, o mais forte prevaleceria, não por ser bom, mas por ser mais poderoso. E isso não resultaria em algo democrático nem tolerante.

Assim, afirmarmos que há algo objetivo e razoável a respeito do bem que cada um de nós pode captar apenas de modo parcial e relativo; é uma atitude que convida ao diálogo e à tolerância. A relatividade, na ética, significa isto: uma pessoa pode ter percebido aspectos do bem que escaparam a nós, mas temos de respeitar a visão dela, porque nem ela nem nós sabemos de tudo, ou seja, todos devemos aprender uns com os outros.

Dessa forma, afirmarmos que o relativismo é verdadeiro e que, portanto, só existe o que é "bom para nós", e o que é "bom para os outros" é contraditório e nos leva, no limite, à negação da possibilidade de diálogo e de entendimento e, consequentemente, ao recurso final da força como única possibilidade de convivência. A consciência da relatividade de nossa visão de bem é boa. O relativismo, não.

Agora que estabelecemos que o relativismo é contraditório e causa da intolerância prática, podemos tentar estabelecer uma noção objetiva de *bem*.

1.2.2 Relação entre bem e fim

O texto mais conhecido de toda a história da ética é o primeiro parágrafo do primeiro capítulo do precioso livro *Ética a Nicômaco*, de Aristóteles, escrito cerca de 400 anos antes da era cristã. Eis o texto:

> *Admite-se geralmente que toda arte e toda investigação, assim como toda ação e toda escolha, têm em mira um bem qualquer, e por isso foi dito, com muito acerto, que* ***o bem é aquilo a que todas as coisas tendem****. [...] Se, pois,* ***para as coisas que fazemos existe um fim*** *que desejamos por ele mesmo e tudo o mais é desejado* ***no interesse desse fim****; e se é verdade que nem toda coisa desejamos com vistas em outra, porque, então, o processo se repetiria ao infinito, e inútil e vão seria o nosso desejar, evidentemente* ***tal fim será o bem****, ou antes,* ***o sumo bem***. (Aristóteles, 2013, p. 9, grifo nosso)

Essa reflexão de Aristóteles nos convida a associar duas ideias que, hoje em dia, não estamos acostumados a ver juntas, a de **bem** e a de **fim**. Porém o filósofo nos lembra de que esses conceitos são estreitamente relacionados. Isso parece inusitado, porque, hoje, a sociedade da era tecnológica preocupa-se muito com o *como* fazer algo, e muito pouco com o *para que*. Podemos afirmar, no entanto, que este é o coração da ética: descobrir qual é o fim da atividade humana e, em suma, qual é o fim a que a própria humanidade se propôs e se destinou.

Se *bem* e *fim* são relacionados, no sentido de que **o bem tem razão de fim**, podemos afirmar que ninguém age sem buscar um fim para sua ação, e indo além, ninguém vive sem propor, ainda que de modo pouco refletido, um fim para si mesmo. O *bem*, pois, pode ser definido simplesmente como *a busca pelos fins mais elevados*. A ordenação adequada dos fins representa, então, a própria realização do bem na vida das pessoas.

É por isso que os antigos acreditavam que o primeiro princípio da ética, sobre o qual todos os outros devem ser construídos, é o seguinte: "o bem deve ser praticado e procurado, o mal deve ser evitado" (Tomás de Aquino, 1995, p. 80). Se analisarmos com dedicação, essa afirmação faz sentido, pois ninguém age se não for por alguma razão, por algum fim. É por esse motivo que quando agimos, visando a um fim, estamos na verdade buscando um bem. Seria impossível começarmos a agir se não tivéssemos um fim em vista – e este apresenta sempre uma razão de bem.

Se para nós não interessa buscar o bem, ou seja, a adequada ordenação dos fins de modo a possibilitar o aperfeiçoamento pessoal e político da comunidade, então, não precisamos de ética. Por conseguinte, também não precisamos de bioética. Mas isso não é verdade, afinal, como já dissemos, é impossível agirmos sem buscarmos fins, ou seja, sem procurarmos, em algum grau, o bem.

Nesta altura, podem surgir as seguintes dúvidas: *Se, sempre que agimos, necessariamente o fazemos buscando um fim, e se este, pelo simples fato de ser um fim, tem alguma razão de bem, então o que é o mal? E por que Aristóteles nos lembra de que ele deve ser evitado?*

1.2.3 Evitar o mal

Apesar de a análise sobre o mal não se tratar de uma questão fácil, não há como a evitarmos se pretendemos pensar eticamente.

Precisamos lembrar, em primeiro lugar, que não estamos buscando respostas prontas e definitivas sobre o que são, concretamente, o bem e o mal em nossas vidas. O conhecimento ético, diferentemente do conhecimento das ciências exatas e naturais, não está marcado pela precisão de resultados. O próprio Aristóteles salienta que, em matéria de política e de ética, "devemos contentar-nos em indicar a verdade de forma aproximada e sumária [...] [e] não seria menos insensato aceitar um raciocínio provável da parte de um matemático do que exigir provas científicas de um retórico" (Aristóteles, 2013, p. 13). Essa provisoriedade é parte da relatividade de nosso conhecimento em matéria de ética, e é pressuposto necessário da própria democracia, do diálogo e da tolerância.

Além disso, se "para as coisas que fazemos existe um fim que desejamos por ele mesmo e tudo o mais é desejado no interesse desse fim" (Aristóteles, 2013, p. 9), há certa ordem entre os bens porque há certa ordem entre os fins. Se não observarmos a ordem, então não atingiremos o fim a que nos propusemos e, portanto, não agiremos bem. Assim, quando percebemos que nossa ação está desordenada, porque com ela não obteremos o fim, ou ele não será o adequado, devemos evitar prosseguir nessa ação. É exatamente isso que queremos dizer quando afirmamos que "o mal deve ser evitado".

Para tornar essa ideia mais clara, propomos outro exemplo: comer é algo bom porque seu fim é a nutrição. E é também uma atividade agradável ao paladar e capaz de aliviar tensões e ansiedades. Quando, no entanto, comemos apenas para aliviar a ansiedade ou para desfrutar do prazer gustativo e, com isso, ingerimos muito mais alimento do que seria necessário, isso certamente prejudicará nossa saúde, porque gerará desequilíbrios orgânicos em nosso corpo. O fim de aliviar ansiedades (ou o de degustar paladares finos) está, certamente, envolvido na alimentação. Mas não é, em si mesmo, o fim mais elevado da alimentação, que é a nutrição. Assim, comer demais apenas por esses motivos é uma conduta que deve ser evitada, porque é má. Despreza o propósito mais alto dessa ação e preocupa-se com os objetivos secundários do prazer sensorial e do alívio psicológico.

Apresentado dessa forma, o conhecimento ético a respeito do *agir bem* adquire uma objetividade que nos permite pensarmos junto e aprendermos com os outros, livrando-nos de qualquer risco de cairmos num moralismo que não contribui com a clareza de nossa visão ética, embora não seja fácil distinguir, em cada caso, qual o fim (bem) mais alto e quais os secundários. E exatamente aí estão a beleza e a riqueza da discussão ética.

Agora, devemos fazer uma pequena distinção entre *ética* e *moral* para compreendermos o significado negativo do conceito de *moralismo*.

1.2.4 Ética, moral e direito

A palavra *ética* tem origem grega. Ela significa algo como "modo de ser", ou "modo de comportar-se" (Moser; Soares, 2006, p. 10). Nas línguas neolatinas, como o português, a ética muitas vezes é traduzida como "moral", que tem por origem a palavra latina *mores*, cujo significado é "costume" ou "normas tradicionais" (Moser; Soares, 2006, p. 10).

Assim, embora haja muitas vezes um uso indiferente das palavras *ética* e *moral*, a linguagem contemporânea tende a usar mais a primeira quando trata do estudo sistemático e filosófico do comportamento humano em relação ao bem. A segunda, por sua vez, tem um sentido mais normativo, ou seja, normalmente se refere ao conjunto de normas ou regras de conduta de determinada sociedade ou agrupamento humano.

Nesse sentido, podemos dizer, por um lado, que a ética envolve a moral, já que a busca sistemática do bem – que é o objeto da ética – normalmente envolve o estudo das regras de conduta adotadas por uma determinada sociedade ou agrupamento humano em determinada época e local.

Mas, por outro lado, a moral, considerada mero conjunto de normas de comportamento, pode eventualmente carecer de sustentação ética, ou seja, pode ser submetida a um exame racional e sistemático e ser criticada e até modificada, caso se mostre inconveniente ou insustentável. É o caso, digamos, das antigas normas de moral que exigiam o pagamento de dotes, pelas famílias, para o casamento de suas filhas, ou que chancelavam o espancamento de filhos como forma de correção. Foram costumes aceitos baseados em normas morais que, ao passarem pelo exame ético, mostraram-se inadequadas.

A conduta de impor aos outros normas morais – descoladas de circunstâncias históricas e culturais, apenas por força de tradicionalismos ou de conservadorismos – é chamada de *moralismo*. O termo se aplica, ainda, aos julgamentos morais dirigidos à conduta do outro, de modo hipócrita, como medida de reprovação, e não como proposta de crescimento. O moralismo representa, então, o uso da moral apartado do reto pensamento ético.

Tanto a ética quanto a moral fazem parte de processos de crescimento pessoal e de educação comunitária. Dessa forma, ambas fazem parte do patrimônio cultural e civilizacional e, como tal, podem ser propostas e esperadas na convivência social. Porém as duas são, essencialmente, dirigidas a cada pessoa, para que esta se aperfeiçoe e atinja os próprios fins de modo ordenado. Nesse sentido, podemos declarar que a **ética** se distingue da ciência do direito porque implica uma ótica de primeira pessoa, quer dizer, ela é essencialmente uma proposta para a busca pessoal pelo bem. O **direito**, no entanto, adota uma ótica de terceira pessoa, ou seja, representa o poder estatal capaz de se impor pela força a seus cidadãos. Assim, o direito é o instrumento de que o Estado dispõe para poder conduzir a todos em direção ao bem comum.

Uma vez que, como discutimos anteriormente, o bem comum não se opõe ao bem pessoal, as regras do direito podem eventualmente demonstrar-se como antiéticas, caso em que devem ser criticadas e aperfeiçoadas. Mas podemos presumir que, ordinariamente, as regras do direito veiculam boas medidas de razão na busca do bem comum.

1.2.5 Ética e diálogo entre as diversas ciências

A maioria dos estudiosos das áreas de exatas e biológicas acredita que suas ciências estudam o que as coisas são, enquanto que as chamadas *ciências normativas* ou *humanas* (como a ética e o direito) estudam apenas aquilo que deve ser. Dizem, então, que o **plano do ser** está isolado do **plano do dever ser**, e que não podemos concluir o que algo deve ser a partir da observação do que ele é[7]. Com isso, o diálogo entre as ciências exatas,

---

7 Para uma discussão aprofundada sobre a relação entre o *ser* e o *dever ser* na ética contemporânea, consulte a obra *Ser e dever-ser: Tomás de Aquino e o debate ético contemporâneo*, de Anderson Machado Rodrigues Alves (2015).

biológicas e humanas, na área do comportamento das pessoas, fica grandemente prejudicado e, até mesmo, inviabilizado. Foi para superar esse impasse que a bioética foi pensada como um grande campo de interlocução entre essas formas de conhecimento. Em que medida, por exemplo, o fato de que a ciência biológica consegue clonar seres vivos autorizaria os cientistas a realizar clonagens em humanos? O fato de que um biólogo possa realizar uma experiência em sua atividade significa que todos os demais profissionais devem fazê-la?

Está certo que, em algum grau, não podemos transformar a ética, a moral e o direito em meros objetos do biologismo. Não é porque algumas espécies animais têm determinado comportamento que isso será natural para os seres humanos. Assim, embora alguns animais costumem matar e até comer seus adversários, seria um erro imaginar que essa conduta estaria justificada para os seres humanos pelo simples fato de ser identificada em outras espécies. Isto é **cientificismo** e está equivocado.

No entanto, não podemos cair no extremo contrário, ou seja, achar que o pensamento ético pode se esquecer do que as coisas de fato são para tratar somente do que elas devem ser.

A ética não pode ser apenas um amontoado de bons sentimentos ou de boas intenções nem a simples imposição de valores sociais, religiosos, tradicionais ou grupais. Não pode, também, estar relacionada a interesses pessoais e econômicos de indivíduos ou organizações, por meio do poder, seja o difuso das instituições e dos grupos sociais, seja o organizado do Estado. A ética consiste em descobrir critérios capazes de ordenar adequadamente as condutas para os melhores fins, considerando tanto o que elas são quanto o que devem ser.

É exatamente para resgatar esse delicado equilíbrio entre aquilo que as coisas são e aquilo que elas devem ser que existe a ética. A bioética, então, foi criada com o propósito explícito de reconciliar as ciências naturais com as ciências humanas e comportamentais.

Atos e potências

Uma forma muito interessante de conciliarmos os saberes naturais com os humanos consiste em resgatarmos um antigo pensamento que vê a estrutura da realidade com base na dualidade entre ato e potência[8]. Vale ressaltar que todas as coisas reais têm o ser, mas não de modo perfeito e completo. Tudo o que existe está composto de **ato** (aquilo que representa em si a existência plena, a perfeição) e **potência** (aquilo que, embora não exista perfeitamente, tem a capacidade de tornar-se perfeito, de atualizar-se). Porém a potência não significa a capacidade de transformar-se em qualquer coisa, incondicionalmente, pois cada potência ocorre para seu ato. Por exemplo, um caroço de milho não apresenta potência para tornar-se um pé de feijão. Nesse sentido, precisamos saber exatamente o que é que as coisas são a fim de compreendermos exatamente o que é que elas devem ser.

Para os que partem da estrutura básica de ato e potência, a ideia de que somente conhecendo o ser das coisas é que se pode chegar ao **dever ser** delas é exatamente o centro da noção tradicional de ética, de lei e de direito.

Nesse contexto, o bem e o ser são apenas duas maneiras de descrevermos a mesma realidade: as coisas e suas composições em

---

8 Para uma melhor compreensão sobre essa dualidade, sugerimos a explicação de Edward Feser (2014, p. 31), na obra *Scholastic Metaphysics: a Contemporary Introduction*.

atos (perfeições) e em potências (existências imperfeitas dirigidas especificamente a uma determinada perfeição). O ser corresponde à existência atual das coisas, e o bem, à perfeição – a seu fim, como discutimos anteriormente. Vale ressaltar que, quanto mais uma coisa tem de potência atualizada, tão mais perto ela se aproxima de seu fim, e tanto mais ela tem de bem.

Usando a terminologia tradicional, diríamos que **o bem é exatamente o fim para o qual as potências das coisas se dirigem quando se transformam em ato**. Portanto, o bem, que é aquilo que as coisas devem ser, tem sua base no ser – ele pode ser entendido, explicado e discernido: aquilo que atualiza uma potência leva-a a seu fim, que é tornar-se ato.

Alguns filósofos e eticistas, em vez de usarem a terminologia *ato* e *potência*, preferem falar numa visão **disposicional** das coisas, ou seja, a ideia de que as coisas são dinâmicas e têm, em si mesmo, disposição para tornarem-se mais do que atualmente são.

1.2.6 Sobre os fins e os bens

Discernir o bem com base nas noções de *atos*[9] e de *potência*[10] não é simples nem fácil, visto que distinguir estes dois já é uma tarefa complicada: um grão de feijão tem certamente a potência de tornar-se um pé de feijão, mas somente sua interação com

---

9 "*Ato*, antípoda da potência – simples modo do verbo agere –, significa à primeira vista ação em vias de se produzir e também sua consecução: realização, aliás, mais ou menos bem-sucedida, daquilo que já estava implicado na *potência*" (Villey, 2014, p. 20).

10 "*Potentia* (potência oposta ao ato) na língua latina é entendido de imediato como a qualidade daquilo que pode (*potest*) engendrar ou não um efeito. Da mesma raiz: *potestas*: o poder, sempre na boca de nossos politólogos, que não são capazes de analisá-lo. Vimos anteriormente [...] que os poderes não poderiam satisfazer: pois dizia que do poder pode resultar ou não aquilo que se espera" (Villey, 2014, p. 20).

a inteligência humana fez com que descobríssemos sua potência de tornar-se uma bela feijoada. Porém, era preciso que essa segunda potência já estivesse, de algum modo, inscrita em seu ser: nenhum homem é capaz de fazer uma feijoada usando apenas, digamos, pedregulhos e lascas de madeira. Esse exemplo é excelente para que possamos compreender exatamente como é importante o diálogo entre as ciências – capazes de descobrir sempre novas potencialidades nas coisas, para o bem da humanidade – e a ética – capaz de indicar qual o caminho para os fins mais altos da própria humanidade (Jacobina, 2015).

O que são, nesse contexto, as leis (sejam as naturais, sejam as morais, sejam as jurídicas)? São ordenações de inteligência que determinam o caminho da passagem das potências aos atos[11].

Nesse sentido, as **leis naturais** são descobertas – e são o objeto próprio das ciências exatas e das naturais (Jacobina, 2015). As **leis morais e jurídicas**, no entanto, "partem da *abertura* da realidade à ação da *liberdade* humana – são o regramento da descoberta das *potencialidades* inscritas nas coisas, e em nós, para que as ordenemos a suas *perfeições*" (Jacobina, 2015, grifo do original) a seu fim – que é seu bem.

Quando falamos de seres não humanos, cujas disposições são muitas vezes rígidas e determinadas, pode nos parecer relativamente fácil usar a inteligência para descobrirmos e determinarmos as leis adequadas para seus fins. Mas, uma vez que os seres humanos são possuidores de liberdade, não é nada simples discernirmos e ordenarmos nosso próprio caminho para o fim, ou seja, para o bem. Nossas disposições são bem mais amplas e pouco determinadas.

---

11 Santo Tomás de Aquino (1995, p. 44) define a lei como "certa ordenação da razão para o bem comum promulgada por aquele a quem incumbe a gestão da comunidade".

Cabe agora conversarmos sobre as questões igualmente complexas da liberdade e do livre-arbítrio.

1.3 Liberdade e livre-arbítrio

Todos nós amamos a **liberdade**, queremos ser livres, mas, certamente, se nos fosse perguntado o que entendemos por *liberdade*, é possível que houvesse tantas respostas quantas fossem as pessoas questionadas. No entanto, para tratar de ética de forma objetiva e sistêmica, precisamos de critérios. Por isso, nossa proposta é pensar um pouco sobre cada um desses critérios para compreendermos a liberdade.

1.3.1 Ética e seres irracionais

Não poderíamos tratar de ética entre seres que não pudessem, de alguma forma, escolher seus comportamentos. Não há, por exemplo, uma "ética das formigas". Um formigueiro é um formigueiro há milhões de anos, onde quer que ele se instale. Todos os seres que compõem um formigueiro agem como formigas pelo simples fato de serem formigas. A conduta dos animais, portanto, é sempre necessária, e nunca contingente e eleita, como a conduta humana[12].

Nós podemos submeter nossos impulsos à crítica racional e consciente, mas os animais não podem fazê-lo. Compartilhamos com os vegetais os fenômenos básicos da vida, como nascer, crescer e reproduzir. Compartilhamos com os animais a sensibilidade,

---

12 Para conhecer uma comparação interessante sobre a conduta animal e a conduta humana, do ponto de vista do livre arbítrio, veja Kreeft (2012, p. 108).

a memória e a estimativa. Mas somente nós temos uma inteligência capaz de gerar pensamentos abstratos baseados em dados concretos dos sentidos físicos, reconhecendo impulsos naturais e consentindo ou não com determinada conduta.

Os fins, para as outras espécies de seres vivos, é-lhes dado, e não escolhido por elas. Seus instintos são os meios de que dispõem para alcançar seus fins. Um cão faminto jamais terá motivos, digamos, religiosos para fazer jejum diante de um belo prato de carne. Esse é um comportamento exclusivamente humano. É certo que os animais podem ser adestrados, mas esse tipo de condicionamento não os torna éticos, porque o adestramento é uma mera adequação do comportamento animal à vontade do adestrador.

Sobre o comportamento humano deliberado, portanto, incide a reflexão ética, porque somente o ser humano é capaz de buscar inteligentemente seus fins e de eleger os meios adequados para alcançá-los.

1.3.2 Ética e atos involuntários

Devemos ter em mente que nem todas as condutas humanas podem ser objeto de reflexão ética, pois seria impossível tratarmos os atos involuntários sob essa perspectiva. Não existe, por exemplo, uma "ética da respiração", tampouco uma "forma ética de o coração bater".

Podemos afirmar, portanto, que o campo da ética é relativo aos comportamentos humanos que são objeto de sua escolha: os atos que envolvem o **livre-arbítrio**. Esse tema rende muitas discussões sobre se é real ou ilusório, se é condicionado ou incondicionado, se é consciente ou inconsciente. No entanto, não entraremos nesse tipo de discussão interminável. Para nossos propósitos, vamos considerar apenas o que se refere às escolhas humanas: este texto, por exemplo, foi escrito porque houve uma escolha nossa em fazê-lo, assim como nossos leitores escolheram lê-lo, enquanto outras pessoas escolheram dormir, ou se divertir, ou trabalhar etc.

Nesse sentido, podemos ter a certeza de que não há nenhum outro ser no planeta Terra, que não seja humano, habilitado a escolher entre ler este texto ou não fazê-lo. Essa capacidade de **escolha**, que leva as pessoas a agir de forma diferente umas das outras, é suficiente para que possamos admitir a existência do livre-arbítrio.

1.3.3 Relação entre livre-arbítrio e liberdade

O livre-arbítrio não se confunde com a liberdade, pois é apenas o pressuposto dela. Por isso, não podemos falar em liberdade de seres que não têm livre-arbítrio.

A liberdade, no entanto, vai um pouco além do livre-arbítrio. Ela trata da capacidade que temos de escolher bem, ou seja, de escolher o meio adequado para chegar ao fim que desejamos[13]. Quando escolhemos mal, não somos livres para atingir o fim que queremos. Esse é o primeiro princípio da ética, como dissemos anteriormente: "o bem deve ser praticado e procurado, o mal deve ser evitado" (Tomás de Aquino, 1995, p. 76). Escolher evitar o bem ou escolher buscar o mal é, portanto, sempre escolher contra a liberdade.

Para facilitar a compreensão desse tema, digamos, por exemplo, que uma pessoa elegeu como fim formar-se em determinado

---

13 Uma discussão muito profunda sobre a relação entre a liberdade e o livre-arbítrio pode ser encontrada no documento *Libertas praestantissimum*, do Papa Leão XIII (1888), no seguinte endereço: <http://www.veritatis.com.br/libertas-praestantissimum/>. Acesso em: 19 set. 2017.

curso, para exercer uma profissão. Ela só será livre para obter o respectivo diploma se, no uso de seu livre-arbítrio, escolher os meios adequados para tanto: realizar a matrícula, assistir às aulas, estudar o material didático, submeter-se às provas e estar presente à colação de grau. Se, no uso de seu livre-arbítrio, ela escolher perder noites em festas, viajar nos finais de semana, acompanhar novelas pela televisão, sair com os amigos na hora da aula e embriagar-se no dia dos exames finais, não há dúvida de que ela estará usando seu livre-arbítrio, mas suas escolhas não lhe darão a liberdade de atingir o fim que ela elegeu para si. Dessa forma, ela escolhe os fins inferiores, que são os prazeres banais, em prejuízo do fim mais elevado, que é sua qualificação profissional. Assim, ela não se formará, pois não é livre para tanto.

Podemos dizer, portanto, que apenas as boas escolhas, ou seja, o bom uso do livre-arbítrio, é capaz de concretizar a plena liberdade. Para simplificar, poderíamos dizer que o livre-arbítrio trata de decisões, mas a liberdade relaciona-se às aptidões. Podemos ter, a nosso alcance, o maior número de decisões possível, ou seja, um grande campo para exercermos nosso livre-arbítrio, mas as utilizamos para desperdiçar todas as chances de desenvolvermos aptidões. Isso envolve escolher mal e acabar a vida sem termos desenvolvido nenhuma competência para um fim relevante. É o mesmo caso, por exemplo, de um músico habilidoso que escolhe noitadas em vez de estudos e ensaios e, por isso, termina como um patético ébrio. Ele jamais será livre para emocionar uma plateia com um lindo espetáculo.

1.3.4 Ética e virtude

Vimos que a liberdade pode ser definida como o uso do livre-arbítrio para a escolha dos fins mais elevados e o desenvolvimento das aptidões necessárias para atingi-los. A ética se realiza, pois, no campo do livre-arbítrio, de modo a possibilitar a capacitação necessária à liberdade.

Dessa forma, as aptidões, que se incorporam a nós como comportamentos e que nos tornam capazes de realizar facilmente os atos que nos conduzem a nossos fins, são chamadas de ***virtudes***. Por sua vez, os hábitos que destroem nossas aptidões necessárias para os fins que desejamos, e que nos tornam mais falhos e imperfeitos, são chamados de ***vícios***.

Assim, numa primeira aproximação, poderíamos definir a ética como *a ciência que nos orienta para o desenvolvimento das virtudes necessárias à nossa liberdade*.

1.4 Modelos éticos

Durante toda a história, filósofos e outros estudiosos da ética desenvolveram grandes modelos de critérios para conduzir o ser humano na busca do bem. Há praticamente tantos modelos quantos são os filósofos, mas podemos agrupá-los, para os propósitos de nosso estudo, em três grandes modelos:

- As éticas **eudemônicas** ou **da virtude**;
- As éticas **utilitaristas** (que incluem as consequencialistas);
- As éticas **deontológicas** ou **do dever**[14].

Veremos cada uma delas a seguir.

14 A melhor classificação para os modelos éticos encontra-se na obra *Justiça: o que é fazer a coisa certa*, de Michael J. Sandel (2012). Nesse livro, há um capítulo específico sobre o utilitarismo e um sobre o deontologismo kantiano que merecem uma leitura atenta.

1.4.1 Ética eudemônica ou da virtude

O primeiro grande modelo de ética é o modelo aristotélico[15], também chamado de *ética eudemônica*. Essa palavra vem do termo grego *eudaimonia* (εὐδαιμονία), normalmente traduzido para o português como "felicidade" ou "beatitude", o que não representa precisamente seu significado. Talvez o a palavra mais adequada seja *plenitude*, no sentido de "desenvolvimento pleno das aptidões propriamente humanas". O termo grego envolve, além disso, também o gozo e a satisfação que decorrem dessa completude. Não podemos confundir, porém, esse **repouso na plenitude** que a eudemonia pressupõe com a busca contemporânea pelos prazeres de quaisquer espécies, como o dinheiro, o sexo ou o sucesso. Muito longe disso, a ética eudemônica busca a plena humanização, ou seja, o aperfeiçoamento do ser humano. Vale ressaltar que o caminho para o repouso na plenitude muitas vezes passa pela renúncia aos prazeres mais óbvios em razão da busca pelos fins mais altos (Rhonheimer, 2007).

A ética eudemônica adquiriu, no século XX, um enfoque **personalista**. O personalismo é a corrente filosófica que defende que a pessoa não pode ser reduzida a uma mera existência individual nem a uma simples peça num coletivo, mas é em si mesma uma unidade irrepetível e incomunicável de identidade e relação[16]. Por um lado, ao trazer essa conceituação para dentro da essência humana, o personalismo se afasta do individualismo. Por outro lado, ao priorizar a identidade pessoal, afasta de si

---

15 A principal obra aristotélica sobre a ética é a *Ética a Nicômaco* (Aristóteles, 2013), na qual os temas que apresentamos de maneira introdutória são tratados com profundidade pelo filósofo.

16 Para uma abordagem profunda do *personalismo* na bioética, consulte a obra *Manual de bioética: fundamentos e ética biomédica*, de Elio Sgreccia (2009, p. 79).

qualquer noção de coletivismo. Com esse enfoque personalista, o eudemonismo se apresenta, hoje, como a ética da virtude.

As éticas eudemônicas não são éticas normativas, ou seja, não se apresentam como um conjunto de normas morais a serem obedecidas, como é o caso das éticas deontológicas, que estudaremos adiante. No entanto, elas conhecem e respeitam as normas e as leis, e sabem que as regras, morais ou legais, são indicativos sapienciais para se atingir mais eficazmente os melhores fins e desenvolver a virtude humana.

Para o eudemonismo, a norma, as leis e as regras não se caracterizam em primeiro lugar por suas forças de imposição e de sanção, como as éticas deontológicas, mas por sua dimensão de sabedoria, ou seja, as leis não valem por causa do poder que o Estado ou a sociedade têm de punir quem não as cumpre, mas porque representam uma síntese inteligente do discernimento dos caminhos aos melhores fins. A punição ameaça apenas aqueles que são maus, ou seja, que se recusam a eleger o bem e a agir de forma a alcançá-lo – mas essa é a exceção, e não a regra. A pessoa ética cumpre a lei porque quer agir bem, ou seja, para desenvolver suas virtudes, e não por medo da punição. Para os eudemonistas, uma norma que não aponta para os melhores fins ou que não determina os caminhos adequados até eles não é uma verdadeira lei, mas mera arbitrariedade.

As éticas eudemônicas também não são em si mesmas éticas utilitaristas, no sentido de que não buscam um fim, na conduta humana, que seja alheio a ela mesma, como são o prazer, a honra ou o progresso social. A busca é pela própria perfeição humana intrínseca ao próprio agir bem. No entanto, podemos dizer que, buscando o repouso na plenitude, as éticas eudemônicas incorporam tudo que as éticas utilitaristas podem ter de mais elevado.

1.4.2 Éticas deontológicas ou normativas

Para as éticas de cunho deontológico ou normativo, a ideia central não é mais a de plenitude humana, mas a de **dever**. Não se trata, aqui, de buscar o aperfeiçoamento das pessoas, mas de descobrir quais são as normas que elas devem cumprir a fim de tornar justas suas condutas. A ética, para os deontologistas, é apenas mais uma ciência normativa.

Para eles, não há diferença essencial entre a ética, a moral e o direito, pois são apenas esferas diversas de poder que incidem sobre os seres humanos. Dessa forma, a **ética** diz respeito às normas que cada um dá a si mesmo; a **moral** diz respeito às normas que a comunidade, o grupo, a nação, as associações e as famílias dão a seus membros, por usos, costumes e convenções; o **direito**, por fim, diz respeito às normas que o Estado, por meio de seus poderes, dá a seus cidadãos e que têm heteronomia, ou seja, podem ser impostas mesmo quando os indivíduos não as aceitam e até mesmo as descumprem.

As normas éticas, para os que seguem essa corrente, têm a autonomia como característica central, quer dizer, elas valem porque o sujeito (indivíduo, instituição, Estado) as legisla para si mesmo – e o faz por meio de sua razão. Para as éticas deontológicas, a forma de fazer o bem e de sempre escolher os próprios critérios de conduta pode ser resumida como: "Aja apenas segundo um determinado princípio que, na sua opinião, deveria constituir uma lei universal" (Kant, 1964, citado por Sandel, 2012, p. 152)[17].

Ética e moral como códigos de normas

Seguindo a visão deontológica, no plano ético, o indivíduo se transforma no legislador de si mesmo (Sandel, 2012) e atinge, assim, a condição de plena autonomia. De certa forma, esse critério reflete a chamada ***regra de ouro***, que pode ser formulada assim: *aquilo que você quer que os outros façam, faça você em primeiro lugar*. O fim primordial, aqui, não é o de desenvolver virtudes, mas de estabelecer um verdadeiro **código de conduta** pessoal.

As normas morais, apesar de terem certa heteronomia, porque decorrem dos grupos sociais, também dependem, de certo modo, da vontade individual para valerem e serem aplicadas na prática. Todos participam de sua elaboração e dão consentimento para sua aplicação. Como elas decorrem do consenso expresso ou tácito daquele grupo (comunidade, família etc.), é daí que elas adquirem poder. Assim, elas são aplicadas e aplicáveis, em grande medida, espontaneamente por todos aqueles que, por sua vida ou por sua vontade, participam do grupo que as criou e as mantém.

Nessa categoria estão, portanto, a maioria dos chamados *códigos deontológicos*, ou *códigos éticos profissionais*. Eles têm eficácia e aplicabilidade para os que seguem uma visão de *ética deontológica*, porque são discutidos, elaborados e aceitos por aquele grupo ou

---

17 Na obra de Sandel (2012), há uma explicação detalhada sobre o chamado *imperativo categórico*, de Immanuel Kant, do qual a frase citada é apenas a primeira parte. A segunda parte, como apresentada em Sandel (2012, p. 152), é "Trate as pessoas como fins em si mesmas".

aquela categoria para serem as normas que se aplicarão a seu próprio agir[18].

Quanto às **leis estatais**, para a corrente deontológica, elas valem não porque indicam caminhos para os fins humanos, mas porque o Estado tem poder para fazê-las serem cumpridas. O ideal, portanto, para os deontologistas, é que todos participem de sua elaboração, direta ou indiretamente, por si mesmo ou por seus representantes políticos.

Cumprir as normas válidas é, então, um fim em si mesmo, ou seja, é um bem em si mesmo. Na verdade, a própria essência da ética, para os que seguem a corrente deontológica, é o cumprimento de normas. Em sua visão, algo deve ser feito não apenas porque é bom ou conduz a um fim, a uma perfeição do agente, mas também, essencialmente, porque **há uma norma que determina** isso, seja uma norma ética pessoal, seja uma norma moral comunitária, seja uma norma estatal. As pessoas que têm uma visão deontológica muito forte tendem a ser positivistas[19], ou seja, acreditam que não há algo como o bem, a sabedoria e a

---

18 "De fato, a autorregulamentação não exclui e não está excluída pela lei. Da mesma forma que a existência de auditorias internas nas empresas não exclui a necessidade de existirem auditores fiscais estatais, e que um médico que comete homicídio culposo por imperícia profissional não está livre de responder tanto perante seu Conselho profissional quanto perante o judiciário. São instâncias de controle autônomas e independentes" (Jacobina, 2002, p. 28).

19 Para Sgreccia (2009, p. 85), "Os efeitos desse enfoque [positivista] repercutem-se gravemente tanto no âmbito do sistema jurídico como no âmbito do sistema jurídico. De um lado, com efeito, o direito é esvaziado de seus mesmos conteúdos éticos e, em vez de guiar na pesquisa da verdade para a realização do bem comum, reduz-se a mero mecanismo processual de busca de consenso. De outro, o sistema democrático, em vez de se pôr como 'instrumento' para a defesa de cada indivíduo, em qualquer fase e condição de sua existência, torna-se o 'fim' a ser preservado para a salvaguarda dos interesses da maioria".

justiça fora de um determinado conjunto de normas válidas, independentemente de qual instância esse conjunto seja decorrente.

Podemos perceber a diferença entre as concepções de *lei* para as éticas eudemônicas (ou da virtude) e as éticas deontológicas. Ambas defendem o respeito às leis e a importância das normas. Mas, enquanto a visão eudemônica enxerga na lei essencialmente uma indicação de sabedoria do governante no sentido de um fim que representa a completude, a perfeição humana, o pensamento deontológico vê nela um comando a ser obedecido em razão de alguma autoridade. Enquanto as palavras-chave para os eudemônicos são *virtude* e *perfeição*, para os deontologistas, são *dever* e *obrigação*.

Uma vez que, para os deontologistas, a ética é pura normatividade, Thomas Hobbes, em sua obra máxima *O Leviatã*, defende que qualquer norma recebe sua validade e deve ser observada, por ser expressão de um poder qualquer, pessoal, comunitário ou estatal, e não por alguma ideia de sabedoria que ela possa conter em si. Para ele, "'Auctoritas, non veritas, facit legem'. ('A autoridade, e não a verdade, faz a lei')" (Hobbes, citado por Fornasier, 2012).

1.4.3 Éticas utilitaristas

É comum, algumas vezes, vermos em entrevistas de políticos ou mesmo de cientistas ou gestores públicos a explicação de que algo ruim teve de ser feito porque era a melhor opção para todos, ou a mais barata, ou a mais eficiente. Essas formas de dirigir ou justificar a conduta humana giram em torno da ideia de ***utilitarismo***, ou seja, de que o bem é aquilo que é capaz de trazer a maior felicidade para o maior número de pessoas.

Jeremy Bentham (1748-1832) foi o principal propositor e sistematizador dessa forma de fundamentar a ética. Ele defendia que o centro da ética consiste em maximizar a felicidade, tornando o prazer hegemônico em relação à dor. O filósofo chegou a esse princípio raciocinando sobre o fato de que somos todos governados pela dor e pelo prazer. Assim, ao estabelecermos regras, deveríamos simplesmente fazer uma conta quase matemática: somar seus benefícios e subtrair seus custos. Se o resultado for positivo, isso significa que a regra é boa e deve ser adotada (Sandel, 2012).

Podemos pensar que não há diferença entre a proposta utilitarista e a visão eudemônica. Mas isso não é verdade, embora muitos autores e estudiosos façam essa confusão[20]. Alguns até chamam as éticas de cunho utilitaristas de *éticas eudemônicas*, o que não é real.

O utilitarismo coloca o bem da ação, portanto, seu valor ético, em alguma coisa externa à própria ação, como o prazer, o bem-estar, o desenvolvimento social, o progresso, a saúde pública e outros aspectos dessa natureza. O eudemonismo, porém, coloca o valor ético de uma ação em sua capacidade de representar em si mesma uma perfeição. Trata-se de uma virtude que, expressando a completude humana do agente, leva-o à felicidade de ser livre, isto é, capaz de atingir sua própria perfeição com mais facilidade. O bem procurado, portanto, nas éticas eudemônicas, não está fora da própria ação, mas na capacidade que ela tem de expressar ou desenvolver a virtude do agente.

20 Sandel (2012) mostra que mesmo Kant faz confusão entre *felicidade* (eudemonia) e *utilidade*. O filósofo repudia a fundamentação da ética na busca pela felicidade, confundindo-a com mero utilitarismo, e constrói seu sistema ético baseando-o estritamente no cumprimento do dever.

Por sua vez, as éticas utilitaristas são, basicamente, éticas de cálculo. Trata-se de procurar um critério capaz de quantificar o resultado da ação em termos de utilidade para o agente e para todos os atingidos, de modo tal que se possam mensurar objetivamente os resultados. Diversos critérios são e foram propostos para possibilitar essa medição, desde a quantidade de prazer que a ação vai trazer para o agente e para os outros envolvidos até o dinheiro que seria investido nela em relação aos benefícios que dela se esperam. As éticas utilitaristas pretendem, em resumo, ser resolvidas por critérios matemáticos. O próprio Jeremy Bentham chegou a propor, em suas obras, uma "aritmética moral" para medir a conveniência ou não de determinada conduta, em substituição às noções tradicionais de *bem* e *mal*, *certo* e *errado* ou mesmo *dever* e *obrigação*. As palavras-chave do utilitarismo são ***utilidade*** e ***ponderação***.

A mentalidade utilitarista está bastante entranhada em nosso comportamento cotidiano e, de fato, pode ser útil no âmbito da economia, da política, da administração privada e pública e, mesmo, da engenharia e da arquitetura. Sempre que nossa conduta se relaciona a valores que envolvem a materialidade dos bens, essa ponderação pode ajudar. Mas há bens que são imateriais, e é exatamente em relação a eles que o utilitarismo mostra seus limites como teoria ética. Há um critério bem simples para diferenciar os bens materiais dos imateriais.

- **Bens materiais** – São aqueles que, se compartilhados ou doados, diminuem em quantidade para seu possuidor, por exemplo, o dinheiro, os alimentos e as vestes.
- **Bens imateriais** – São aqueles que não diminuem ao serem compartilhados, por exemplo, o conhecimento, a amizade, a alegria, o afeto e a dignidade pessoal.

A aplicação pura e simples do pensamento utilitarista no plano da ética atrai bastante as pessoas com formação científica, porque parece basear-se em critérios fáceis de quantificar e de controlar. Porém, esse enfoque ético simplesmente ignora todas as circunstâncias não materiais que estão envolvidas na existência humana e, por isso, pode ser fonte de grandes injustiças.

Imaginemos que houvesse uma régua para medir o desprazer que os transeuntes sentem ao contemplar um velho mendigo adoentado deitado na calçada. Um utilitarista poderia, nesse caso, tentar comparar e ponderar a quantidade de desprazer de todos os passantes com a quantidade mínima de conforto que a calçada oferece ao velho mendigo e concluir que a atitude ética a se tomar é simplesmente retirá-lo dali, porque isso traria maior prazer a um maior número de pessoas. Devemos notar que, no cálculo utilitarista exemplificado, a conduta de retirar o velho mendigo estaria justificada eticamente independente de qualquer vantagem que pudesse ser alegada em favor do próprio mendigo: a justificação da ação reside apenas no prazer do maior número de transeuntes (Sandel, 2012).

Apesar desses graves limites, o pensamento utilitarista tem sido utilizado até mesmo em países desenvolvidos para fundamentar atitudes como a eutanásia: sob pretexto de "garantir o direito de morrer", ocultam-se, muitas vezes, cálculos sobre o barateamento do sistema de saúde, a diminuição de despesas médicas e a manutenção do patrimônio dos descendentes. O raciocínio puramente utilitarista, infelizmente, parece fazer sentido para muitos, principalmente quando se oculta sob um manto cientificista e sob uma visão de mundo marcada pelo materialismo.

Síntese

É importante, em nosso dia a dia, refletirmos sobre os critérios que podemos adotar para agirmos bem. Nesse sentido, analisamos que o avanço do conhecimento científico e tecnológico não é suficiente para isso, pois é necessário resgatarmos um saber diferente, não de natureza técnica, mas humanística, que possibilite um diálogo entre setores diferentes da racionalidade humana, capaz de enriquecer a todos. Dentre os aspectos desse saber, interessa para nós resgatar a noção de *bem comum* e, com base nela, a noção de *bem pessoal*, de maneira a integrá-las. Desse modo, a ética e a política serão reconciliadas à ciência e à tecnologia e, assim, serão evitados os perigos do cientificismo, de um lado, e, do relativismo, de outro.

Com base nisso, alguns assuntos se tornaram necessários: discorremos sobre *ética*, *moral* e *direito*, a fim de verificarmos as distinções entre esses conceitos. Observamos, então, a centralidade da noção de *fim* para a ética, que é capaz de dar um rumo à liberdade, qualificando as escolhas pessoais e permitindo o desenvolvimento das virtudes dos indivíduos.

Nesse ponto, fizemos uma rápida visita aos principais modelos éticos, avaliando suas contribuições e seus limites. Sobre a ética do dever, de origem kantiana, discutimos como a noção de *norma* é central para ela, pois ela considera a ética basicamente normativa. Depois, identificamos as correntes utilitaristas, investigando seu enfoque calculista e seu viés quantitativo. Por fim, detivemo-nos na interpretação da ética eudemônica, com sua preocupação com o aperfeiçoamento humano como fim do agir das pessoas. Munidos desses conhecimentos, estamos aptos, agora, a aprofundar nossas reflexões nos capítulos seguintes.

Questões para revisão

1. Será que o avanço do conhecimento tecnológico, em nossa sociedade, foi seguido por um avanço ético, pelo incremento do diálogo interdisciplinar e pela busca do bem comum? Justifique sua resposta, propondo vias para o incremento dessa busca.

2. Em que medida o modelo eudemônico de ética envolve e incorpora os modelos utilitarista e deontológico? Em que medida ele corrige os principais limites desses outros modelos?

3. Marque V para as afirmativas verdadeiras e F para as falsas:
   ( ) A tecnologia desenvolvida pelas ciências exatas, biológicas e naturais traz todas as respostas necessárias ao agir humano e ao aperfeiçoamento das pessoas.
   ( ) O conhecimento científico em sentido estrito tem limites que somente serão superados com o resgate dos conhecimentos humanístico, filosófico e ético.
   ( ) Uma vez que a ciência política diz respeito somente à técnica necessária para atingir e manter o poder, a ideia de que a política visa alcançar o bem comum é enganadora e ultrapassada.
   ( ) A boa conduta, do ponto de vista ético, pressupõe o respeito às normas e a avaliação de custos e consequências, mas deve dirigir-se sempre à busca da felicidade e da completude humana, não só pessoal como também do outro, pelo diálogo e pela capacitação daquele que age.

Agora, assinale a alternativa que apresenta a sequência correta:

a) V, F, V, V.
b) F, F, V, V.
c) F, V, V, F.
d) F, V, F, V.
e) F, F, F, V.

4. Marque V para as afirmativas verdadeiras e F para as falsas:
( ) O que é bom para mim pode não ser bom para você, porque o que é verdade para mim pode não ser verdade para você. Não há verdades no campo da ética. Com isso, no fundo, todo diálogo, em ética, resume-se à luta para impor ao outro as verdades em que acredito.
( ) A liberdade se resume ao arbítrio de escolher e fazer o que se quer, e mais livre é aquele que pode escolher mais coisas.
( ) A liberdade pressupõe o livre-arbítrio, mas não se limita a ele, já que quem escolhe mal exerce seu livre-arbítrio, mas não adquire a liberdade de possuir as aptidões para agir bem.
( ) A felicidade, no sentido da ética eudemônica, ultrapassa a simples noção de bem-estar para envolver a busca pelo aperfeiçoamento das virtudes humanas para agir bem.

Agora, assinale a alternativa que apresenta a sequência correta:

a) V, F, V, V.
b) F, F, V, V.
c) F, V, V, F.
d) V, F, F, V.
e) F, F, F, V.

5. Marque V para as afirmativas verdadeiras e F para as falsas:

( ) Numa sociedade democrática, devemos fazer simplesmente aquilo que a lei manda, mesmo que isso seja insuficiente para atingir o bem necessário ao aperfeiçoamento das capacidades humanas.

( ) É claro que a ética envolve apenas o cálculo dos custos e das consequências de cada ação, já que a eficiência econômica e a precisão técnica justificam suficientemente as escolhas, mesmo que venham a prejudicar indivíduos em prol da comunidade.

( ) A boa conduta, do ponto de vista ético, pressupõe o respeito às normas e a avaliação de custos e consequências, mas deve dirigir-se sempre à busca da felicidade e da completude humana, não só pessoal como do outro, pelo diálogo e pela capacitação daquele que age.

( ) A ética pode ser descrita simplesmente como a obediência às leis estatais, sociais e morais vigentes numa determinada sociedade.

Agora, assinale a alternativa que apresenta a sequência correta:

a) V, F, V, V.
b) F, F, V, F.
c) F, V, V, F.
d) V, F, F, V.
e) F, F, F, V.

Questões para reflexão

1. Baseado na noção de *bem*, analise se podemos dizer que os conhecimentos científico e técnico, por mais avançados que sejam, são suficientes para resolvermos todos os problemas práticos que surgem da aplicação da tecnologia em nossa vida. Justifique sua resposta.

2. Reflita sobre em que medida a verdadeira liberdade se relaciona com o livre-arbítrio, com a capacidade humana de escolher a melhor alternativa dentre as que se apresentam a cada momento e com a busca de fins compatíveis com o desenvolvimento da pessoa humana. Comente sua resposta.

3. Pondere sobre se é possível relacionar o bem da pessoa humana, que é o núcleo de sua liberdade, com as correntes éticas eudemonista, deontológica e utilitarista. Justifique sua resposta.

Para saber mais

VEIGA, B. **A ética das virtudes segundo Tomás de Aquino**. Campinas: Ecclesiae, 2017.

Neste livro, a relação entre a ética e a felicidade, no sentido do desenvolvimento da perfeição humana, é tratada de modo detalhado, oferecendo uma visão abrangente do tema.

Indicação cultural

GRAN TORINO. Direção: Clint Eastwood. EUA: Warner Bros., 2008. 116 min.

Para aprofundar a discussão sobre a relação entre ética, interações humanas e questões existenciais, sugerimos o drama dirigido por Clint Eastwood, em 2008, cuja trama apresenta um personagem que, após ficar viúvo, envolve-se progressivamente com os problemas de sua vizinhança. Ele é interpelado intensamente por questões éticas à medida que constrói relações com seus vizinhos estrangeiros, que têm dificuldade de integração com a sociedade norte-americana e sofrem violência de gangues da região. É interessante assistir à forma com que os personagens descobrem e resolvem seus conflitos e refletir sobre suas decisões.

Capítulo 2
Modelos de bioética

Pedro Amado dos Santos

Conteúdos do capítulo:

- Modelos principialista, personalista, contratualista, sociobiologista, utilitarista e subjetivista.
- Princípios da beneficência, da não maleficência, da justiça, da autonomia, da defesa da vida física, da liberdade e da responsabilidade, da totalidade ou terapêutico e da socialidade e da subsidiariedade.

Após o estudo deste capítulo, você será capaz de:

1. compreender que antes de Cristo já havia sinais de existência da bioética;
2. reconhecer os principais personagens que contribuíram para o início da bioética no mundo;
3. identificar os vários modelos de bioética;
4. analisar a linha de pensamento dos principais modelos de bioética.

A **bioética**, como uma nova disciplina intelectual, surgiu por força dos diferentes dilemas evidenciados nas áreas da biologia e da medicina, em especial a partir do início do século XX, período em que o desenvolvimento de tecnologias médicas antes impensáveis passou a ter uma forte influência sobre os problemas éticos relacionados ao nascimento, à morte e à continuidade da vida (Piovano, 2008, p. 33).

Hipócrates, nascido por volta de 460 a.C., considerado o **pai da medicina**, em sua época já demonstrava sinais da existência da bioética, quando, em seus ensinamentos, estabelecia que todo o seu conhecimento seria em prol de fazer o bem ao doente e jamais fazer-lhe o mal.

Além de Hipócrates, em vários outros momentos, a história apresenta traços da existência da bioética, que são identificáveis, por exemplo, no **juramento de Asaph**[1] e na **invocação de Maimônides**[2], entre outros.

Porém, somente em 1971 o mundo passou a conhecer a expressão *bioética*, por força da publicação do livro *Biothics: Bridge to the Future* (Bioética: ponte para o futuro), de Van Rensselaer Potter. Segundo Elio Sgreccia (2009, p. 26),

> *Potter tinha identificado o perigo para a sobrevivência de todo o ecossistema na fratura entre dois âmbitos do saber, o saber científico e o saber*

1 Asaph, nascido entre os séculos II e IV d.C., a exemplo de Hipócrates, alerta, em seus ensinamentos, sobre a necessidade da guarda do sigilo profissional, de não administrar venenos ou abortivos e de realizar cirurgias somente em casos extremos.

2 Maimônides nasceu em Córdoba, na Espanha, em 1135, e morreu no Egito, em 1204. Também foi influenciado por Hipócrates, além de Galeno e Avicena. Ele não aceitava os axiomas publicados sobre a medicina, a não ser que fossem comprovados. Seus conceitos serviram de base para Santo Tomás de Aquino, o qual procurou conciliar o judaísmo e a filosofia grega.

humanístico. A nítida distinção entre os valores éticos (ethical values), *que fazem parte da cultura humanística em sentido lato, e os fatos biológicos* (biological facts) *estava, segundo Potter, na raiz daquele processo científico-tecnológico indiscriminado que punha em perigo a humanidade e a própria sobrevivência da vida sobre a terra. É justamente por isso que ele chama de ciência da sobrevivência* (science of survival).

A criação de Potter tinha como objetivo a identificação de valores e de normas que fossem capazes de orientar a ação humana, em especial, o uso da ciência e da tecnologia na biosfera. Na visão de Potter, essa nova ciência estaria diretamente relacionada à sobrevivência do ser humano, de maneira que, necessariamente, deveria haver uma integração entre os valores humanos e as áreas da medicina, da biologia e da ecologia.

Paralelamente à criação de Potter, também foi de inegável importância a contribuição de André Hellegers, responsável pela introdução da bioética no meio acadêmico. Ele a divulgou em meio às ciências, no campo da comunicação, além de ter formado o Kennedy Institute of Ethics (Instituto Kennedy de Ética). Sgreccia (2009, p. 27) afirma que,

> *Com efeito, deve-se reconhecer naqueles mesmos anos o forte impulso dado por parte de um famoso obstetra de origem holandesa, André Hellegers, empenhado em pesquisas no campo demográfico e fundador do Kennedy Institute of ethics. Ele considera a bioética maiêutica, ou seja, ciência capaz de apreender valores mediante o diálogo e o confronto entre a medicina, a filosofia e a ética. Segundo Hellegers, portanto, o objeto desse novo campo de estudo são os aspectos éticos implícitos na prática clínica.*

Os princípios que fundamentam a bioética foram estabelecidos a partir da década de 1970. Naquele período, o governo e o congresso norte-americanos, impulsionados pelos pensamentos de Potter e de Hellegers, reuniram profissionais das mais variadas especialidades justamente para discutirem a matéria e para chegarem ao consenso de como deveriam se desenvolver a pesquisa biomédica e a pesquisa comportamental.

A comissão deu início aos trabalhos no ano de 1974 e, após quatro anos de atividade, entendeu que ambas as pesquisas deveriam sempre obedecer a princípios instituídos pela referida comissão. Seriam eles: o **princípio do respeito pelas pessoas**, o **princípio da beneficência** e, por fim, o **princípio da justiça**. O conjunto final da obra, que definiu a necessidade de obediência aos três princípios deu-se o nome de ***Relatório Belmont***, publicado em 1979 (Namba, 2009).

Diante do pluralismo ético existente, a multiplicação dos centros de bioética em todo o mundo foi tomando diversos rumos de acordo, sobretudo, com o fundamento das reflexões éticas e surgiram, assim, com base no principialismo, os mais variados modelos de bioética, dentre os quais destacamos os seguintes: personalista, contratualista, sociobiologista, pragmático utilitarista e subjetivista.

A seguir, analisaremos cada um deles.

2.1 Modelo principialista

O modelo bioético **principialista** surgiu por força do Relatório Belmont. Quem inicialmente o propagou foram dois personagens que tiveram grande importância na elaboração do documento: James F. Childress e Thomas L. Beauchamp.

O principialismo é o modelo de bioética no qual seus fundadores e seguidores entendem que seria necessário fazer uso de um método específico para então aproximar-se da melhor maneira de se resolver os problemas éticos advindos do cuidado para com a saúde do ser humano. Esse método consiste em seguir determinados princípios, os quais servem de base para a solução do conflito ético surgido, que são: a **autonomia**, a **beneficência**, a **não maleficência** e a **justiça**.

Conforme entende Rubén Revello (2010), a rápida difusão do modelo principialista ocorreu graças à praticidade oferecida às equipes de saúde, que passaram a contar com um sistema prático e conceitual, capaz de orientar a melhor conduta a ser adotada diante de casos mais complexos.

Apesar do grande suporte dado por esse modelo, ele não escapou de algumas críticas. A primeira delas revela que não há hierarquia nem subordinação entre os princípios. Outra foi no sentido de que o recurso aos princípios gera certa automatização que inclina a pessoa que irá aplicá-los a adotar uma atitude mais passiva, e não a de um verdadeiro compromisso pessoal, nas tomadas de decisão.

Também importa frisarmos que, apesar das críticas dirigidas ao principialismo, esse modelo foi capaz de fixar dois dos principais elementos da bioética, os quais servem de base para uma bioética universal. O primeiro foi justamente de deixar clara a necessidade de fornecer orientações concretas às equipes de saúde; e o segundo é também a necessidade de fixar diretivas públicas dentro de uma sociedade pluralista (Urban, 2003a).

Nesse sentido, Revello (2010, p. 142, tradução nossa) argumenta que "Beauchamp e Childress propõem um paradigma ético baseado em critérios gerais propostos pelo Relatório Belmont, a saber: autonomia, beneficência e justiça". Para entendermos melhor esse modelo em questão, detalharemos a seguir cada um de seus princípios.

2.1.1 Princípio da autonomia

O **princípio da autonomia** refere-se à consideração aos direitos fundamentais do homem, com base numa moralidade inspirada no respeito mútuo. José Juan García (2006, p. 30, tradução nossa) assevera que "este princípio guarda uma imediata relação com a questão do consentimento informado da pessoa atualmente ou potencialmente enferma".

Nesse sentido, Revello (2010) acrescenta, ainda, que o princípio da autonomia, além de embasar os questionamentos inerentes ao consentimento informado, também é responsável pelo embasamento do testamento vital, das diretivas antecipadas de vontade e da confidencialidade da informação médica.

2.1.2 Princípio da beneficência

O **princípio da beneficência** traduz a ideia de que a atuação da equipe de saúde deve ter como fim específico o bem-estar do paciente. Dessa forma, García (2006, p. 29, tradução nossa) argumenta que esse princípio "responde pelo fim primário da ciência e da arte médica: fazer todo o bem ao paciente". A moralidade requer não apenas o tratamento adequado às pessoas necessitadas, com a abstenção de fazer o mal, mas também que haja uma contribuição ao bem-estar do próximo, ou seja, realizar ações positivas na direção de quem necessita.

O professor José Eduardo Barbieri (2008) entende que a prática desse princípio não deve ser absoluta e extremada, pois deve obedecer ao limite imposto pela autonomia do paciente. Segundo o docente:

> *A beneficência absoluta consiste em agir para o bem do outro, respeitando o significado de bem para este, isto é, o respeito à autonomia do outro leva ao absolutismo deste princípio, pois só assim, temperando estes dois princípios o agente atingirá o meio termo e sua atitude seria virtuosa.* (Barbieri, 2008, p. 75)

Cada caso em concreto é capaz de determinar o que efetivamente pode ser considerado como bom para o paciente, já que, por vezes, um ato bom pode não ser o melhor para ele. Um exemplo disso é o prosseguimento da hidratação e da alimentação do enfermo quando, na verdade, tais procedimentos se traduzem como um excesso terapêutico e, por consequência, acabam por acarretar um mal para o paciente.

2.1.3 Princípio da não maleficência

Como vimos anteriormente, no princípio da beneficência todo o esforço da equipe se dá no sentido de restabelecer a saúde do paciente. Ocorre, porém, que, a depender de cada caso, nem sempre é possível uma atitude positiva (fazer o bem), de maneira que o empenho da equipe de saúde, em tais circunstâncias, deve seguir no sentido de não fazer o mal ao enfermo. Por isso, às vezes, é impossível cumprir o princípio da beneficência. Por sua vez, o **princípio da não maleficência** (não fazer o mal ao paciente) sempre poderá ser seguido, ainda que imparcialmente.

Devemos ressaltar que, enquanto na beneficência são raras as vezes em que há razões para sanções legais quando se fracassa em seu cumprimento, na não maleficência, na maioria das vezes, o fracasso gera punições legais. Além disso, é possível atuar de maneira não maleficente com todas as pessoas, ao passo que é impossível agir de maneira beneficente com todas elas.

Por fim, resta dizer que o fracasso que ocorre na atuação beneficente não pode ser considerado imoral, enquanto aquele que ocorre na atuação não maleficente pode ser, sim, considerado imoral.

O princípio da não maleficência, em suma, traduz a ideia de que, se não é possível a realização do bem, que pelo menos o mal total seja evitado, tendo em vista que ele sempre é possível. Fazendo uso do exemplo mencionado anteriormente, se a equipe que assiste o paciente tem conhecimento de que a hidratação e a alimentação constituem-se num excesso terapêutico, elas devem ser deixadas de lado, evitando-se o mal do enfermo.

2.1.4 Princípio da justiça

E, por fim, há o **princípio da justiça**, que trata da obrigação de igualdade nos tratamentos médicos e de respeito por parte do Estado na distribuição equitativa dos recursos para prestar os serviços de saúde. Barbieri (2008) expõe que a justiça é o princípio final da bioética, de modo que ela somente aparece na relação entre o agente biomédico e o paciente quando os outros três princípios são aplicados conjuntamente.

Sobre esse princípio, Beauchamp e Childress (1994) o entendem como sendo a expressão da justiça distributiva, ou seja, aquela que oferece uma distribuição justa, equitativa e de acordo com a necessidade de cada cidadão.

Por fim, García (2006, p. 31, tradução nossa) acrescenta que, "no ato médico, ainda há um terceiro ator, a sociedade, na qual o médico e o paciente se inserem. Nela, todos os sujeitos merecem o mesmo respeito e têm direito a reivindicar seus direitos à vida, à saúde e à equidade na distribuição dos recursos sanitários".

2.2 Modelo personalista

A escola **personalista**, reconhecida também como *personalismo ontologicamente fundado*, surgiu na Europa, principalmente na Itália e na Alemanha, e foi inaugurada por Elio Sgreccia, fundador do Istituto di Bioetica da Università Cattolica del Sacro Cuore.

Segundo Urban (2003a), Sgreccia alimentou seu pensamento na filosofia clássica e no realismo moderado aristotélico-tomista. Ele entendia que o personalismo ontologicamente fundado deveria centralizar todas as suas atenções para a pessoa humana, sendo esta o fundamento, o ponto de partida e também o valor de referência sempre que houvesse discussões inerentes à bioética.

Em sua obra *Manual de bioética: fundamentos e ética biomédica*, Sgreccia (2002a, p. 79) argumenta:

> *A pessoa é entendida como* ens subsistens ratione praeditum *[ser subsistente dotado de razão] ou, como define Boécio,* rationalis individua substantia *[substância individual de natureza racional]. No homem, a personalidade subsiste na individualidade constituída por um corpo animado e estruturado por um espírito.*

Assim, a pessoa humana é constituída pela união entre corpo e espírito, formando uma unitotalidade que deve ser considerada em todas as suas dimensões – física, psíquica, espiritual, social e moral. A análise da pessoa humana sob o prisma dessa unitotalidade deve, antes de tudo, compreendê-la como estando num patamar muito acima de princípios e de normas de ação, justamente por ser o fundamento do qual surge toda a discussão bioética.

O modelo de bioética com fundamento no personalismo ontologicamente fundado enuncia alguns princípios, os quais orientam as intervenções médicas na vida humana. São os seguintes princípios: da defesa da vida física, da liberdade e da responsabilidade, da totalidade ou terapêutico e da socialidade e da subsidiaridade.

A seguir, discutiremos sobre cada um deles.

2.2.1 Princípio da defesa da vida física

O precursor do personalismo ontologicamente fundado elegeu o **princípio da defesa da vida física** como sendo o de maior relevância, pois é dele que derivam os demais princípios.

Para Sgreccia (2002a, p. 157), "o corpo é coessencial, é sua encarnação primeira, o fundamento único no qual e por meio do qual a pessoa se realiza e entra no tempo e no espaço, se expressa e se manifesta, constrói e exprime os demais valores, inclusive a liberdade, a socialidade e até o próprio projeto futuro". A irrestrita observância ao princípio da defesa da vida física ganha crucial importância no campo da bioética, justamente pelas inúmeras maneiras de supressão da vida que comumente provocam acalorados debates, como o homicídio, o aborto, a eutanásia, o genocídio e o suicídio, entre outros.

A vida humana é um dom único, irrepetível, insubstituível e inviolável. Dessa forma, o princípio da defesa da vida física transmite a ideia de que a vida é sagrada e merece ser respeitada, defendida e promovida em todas as suas fases de manifestação, desde o início, na concepção, até o momento da morte, não sendo possível, portanto, pensar na hipótese da supressão da vida de alguém para favorecer a vida de outros ou as condições político-sociais de outros, "pois a pessoa é uma totalidade de valor e não uma parte da sociedade" (Sgreccia, 2002a, p. 158).

2.2.2 Princípio da liberdade e da responsabilidade

O **princípio da liberdade e da responsabilidade** é uma consequência natural do princípio da defesa da vida física. Se a vida humana deve ser sustentada, é a pessoa que exerce o ato moral e livremente assume a responsabilidade tanto da defesa quanto do cuidado da própria vida e da vida das demais pessoas (Revello, 2010).

Apesar da evidente necessidade do cultivo do princípio da liberdade e da responsabilidade na defesa da vida humana, sua aplicação nos dias atuais desponta em inúmeros debates éticos, em virtude de questionamentos sobre testamento vital, diretivas antecipadas de vontade, direito a eutanásia, pesquisas envolvendo células tronco e embriões, tratamentos obrigatórios com doentes mentais e rejeição de terapias por motivos religiosos, entre outros.

Além disso, esse princípio é o que melhor se coaduna com o respeito que é devido ao paciente porque, conforme dissemos anteriormente, o personalismo ontologicamente fundado tem como base, como ponto de partida e como valor de referência para todas as decisões bioéticas a pessoa humana.

Nesse contexto, quando há respeito para com o princípio da liberdade e da responsabilidade do paciente, desde que não haja nenhum atentado contra a própria vida ou contra a vida de terceiros, ele é respeitado como pessoa humana em sua dignidade.

Para Sgreccia (2009), esse princípio encontra seu limite no princípio da defesa da vida física, visto que este é o primeiro princípio e, consequentemente, está num grau de superioridade em relação àquele. Nesse sentido, "Justifica-se essa afirmação pelo fato de que, para ser livre, é preciso estar vivo e, por isso, a vida é condição, a todos indispensável, para o exercício da liberdade" (Sgreccia, 2002a, p. 160).

Portanto, esse princípio vale tanto para o paciente quanto para os profissionais que estão envolvidos em seu tratamento. Para o primeiro, a liberdade e a responsabilidade encontram seus limites nos atentados contra a própria vida; para os outros, o limite encontra-se nos casos em que a vida humana não está em perigo, e o tratamento pode ser considerado *coação*. Assim, quando a vida do paciente não corre riscos, a liberdade e a responsabilidade daqueles que estão envolvidos com ele devem caminhar junto com seu consentimento.

No entendimento de Sgreccia (2002a), apesar de estar subentendido que o paciente, ao procurar ajuda, já carrega consigo um consentimento implícito, isso por si só não exime os profissionais de dialogar com o paciente e de informá-lo sobre os passos do tratamento.

> *Há um consentimento implícito desde o momento em que o paciente se põe nas mãos do médico ou da estrutura hospitalar para que o médico faça tudo o que for necessário para o tratamento e a recuperação da saúde. Este consentimento, todavia, não dispensa o médico do dever de informar o paciente sobre o andamento da terapia e de pedir ulterior*

e explícito consentimento todas as vezes que houver circunstâncias não previstas. (Sgreccia, 2002a, p. 161)

Assim, segundo o Comitê Internacional de Bioética da Itália (1994), citado por Joaquim Clotet (1995, p. 52), o "consentimento informado constitui a legitimação e o fundamento do ato médico" e expressa a vontade única e exclusiva do paciente, livre de qualquer coação ou ingerência externa, inclusive em relação às dúvidas que porventura surgirem. Comungando desse mesmo entendimento, o mestre Genival Veloso de França (2000, p. 55) lecionou que o consentimento informado é

> *aquele obtido de um indivíduo capaz civilmente e apto para entender e considerar razoavelmente uma proposta ou uma conduta, isenta de coação, influência ou indução. É, portanto, condição indispensável da relação médico-paciente. O consentimento não deve ser obtido apenas pela assinatura ou a simples leitura apressada do conteúdo de um formulário. Mas por meio da informação em linguagem acessível ao seu nível de conhecimento e compreensão. O consentimento presumido é discutível.*

Por fim, o princípio da liberdade e da responsabilidade põe "à prova a chamada 'aliança médico-paciente', já que ambas as liberdades (juntamente com as responsabilidades que de seus exercícios se derivam) devem interagir a favor de um projeto comum: a vida e a saúde do paciente" (Revello, 2010, p. 158, tradução nossa).

2.2.3 Princípio da totalidade ou terapêutico

Se, por um lado, a vida humana merece ser defendida e promovida em todos os seus sentidos, observando-se a liberdade e a responsabilidade, por outro, faz-se necessário que o corpo, que é formado por várias partes distintas, sofra uma intervenção em alguma dessas partes, justamente para salvaguardar a vida humana. Nesses casos, aplica-se o **princípio da totalidade ou terapêutico**.

Os principais questionamentos a esse princípio são relacionados justamente à proporcionalidade das terapias. Sobre isso, Revello (2010, p. 158, tradução nossa) argumenta que

> *este princípio justifica a intervenção sobre um órgão na medida que este ponha em risco a existência desse paciente. Sua aplicação exige certos cuidados, como: intervir sobre a parte enferma ou a causa direta do mal; que não existam outros recursos que permitam o mesmo resultado; que o êxito seja proporcionalmente maior ao risco que se exponha o paciente; sempre deve existir o consentimento informado do paciente.*

Por fim, como bem ressalta Sgreccia (2002a, p. 162), ao se realizarem esses procedimentos, o princípio da defesa da vida "não é negado, mas, ao contrário, posto em prática toda vez que, para salvar o todo e a própria vida do sujeito, é preciso intervir de maneira mutilante sobre uma parte do organismo".

2.2.4 Princípio da socialidade e da subsidiariedade

Alguns doutrinadores utilizam a palavra *socialidade* para fazer referência ao princípio em questão, ao passo que outros usam o termo *sociabilidade*. No presente tópico, faremos uso da primeira, pois é a utilizada por Sgreccia (2009).

Sabemos que o ser humano por sua essência é um ser eminentemente social, que depende da vida em sociedade para desenvolver-se nos mais variados aspectos. Desse entendimento surge a obrigação de mútua cooperação de toda a sociedade em prol da defesa e da promoção da vida de todo o grupo.

Segundo Sgreccia (2009), a socialidade está intimamente ligada à responsabilidade de todos os integrantes da sociedade em contribuir para o bem comum, com relação às questões relacionadas à saúde.

> *O princípio da socialidade obriga cada pessoa em particular a se realizar na participação da realização do bem dos próprios semelhantes. No caso da promoção da vida e da saúde, isso importa em que cada cidadão se obrigue a considerar a própria vida e a do outro como um bem não apenas pessoal, mas também social, e obriga a comunidade a promover a vida e a saúde de cada um, a promover o bem comum pela promoção do bem de cada um.* (Sgreccia, 2002a, p. 164)

Se, por um lado, a **socialidade** quer traduzir a ideia de cooperação mútua dos integrantes da sociedade, por outro, a **subsidiariedade** une-se à sociabilidade na medida em que os recursos devem ser direcionados às pessoas que mais necessitam. Assim, não basta que todos movam esforços conjuntamente para o bem comum, visando à promoção da vida e da saúde, mas é imprescindível que essa mútua cooperação seja direcionada aos mais necessitados.

2.3 Modelo contratualista

Assim como as ciências da saúde evoluíram ao longo dos tempos, também evoluíram os questionamentos éticos e as legislações inerentes a elas. Nesse sentido, o paternalismo médico inaugurado por Hipócrates passou a não ter mais espaço.

Conforme destacado pelos mestres Ruth R. Faden e Thomas L. Beauchamp (1988), a partir de 1914, passou-se a reconhecer a validação da autodeterminação do paciente. Desse modo, não se poderia mais ignorar a vontade do paciente na condução de um eventual tratamento.

Dessa forma, o modelo **contratualista** prega um acordo ético, no qual médico e paciente, conjuntamente, participam da condução do tratamento. Enquanto o médico tem sua parcela de autoridade sobre o paciente, em virtude dos conhecimentos técnicos que possui, este, por sua vez, também tem sua participação, já que, após ouvir os conselhos do profissional, toma decisões conforme seu estilo de vida e seus valores pessoais.

A crítica revelada por esse modelo ocorre no sentido de que somente podem ter participação ativa no acordo da relação entre médico e paciente a pessoa que tem condições éticas para tomar decisões. Nesse caso, a *pessoa* é considerada um conceito sociológico, e somente integram a comunidade ética aqueles que têm condições de decidir livremente.

Além disso, quem não é capaz de realizar acordos morais não pode ser considerado *pessoa*, de maneira que, invariavelmente, ocorre uma depreciação daqueles que ainda não são pessoas, assim como daqueles que não são mais pessoas. Por isso, se alguém deixa de ser pessoa porque não possui mais condições de decidir, há uma verdadeira discriminação e uma afronta ao princípio da igualdade.

2.4 Modelo sociobiologista

A sociedade humana, ao longo dos tempos, apresenta uma evolução e, por isso, a ética baseada no **modelo sociobiologista** entende que, necessariamente, deve haver um progresso dos valores morais, de maneira que eles acompanhem e se ajustem às transformações sociais.

Para o modelo sociobiologista, em virtude da evolução do ser humano e da própria sociedade, deve haver uma adequação dos valores e das normas, justamente para que eles possam atender às necessidades do homem evoluído. Em outras palavras, podemos dizer que as regras estabelecidas no passado não mais condizem com o momento presente, uma vez que não mantêm o equilíbrio evolutivo, tanto da mutação e da adaptação quanto do ecossistema (Sgreccia, 2009).

Esse modelo de bioética recebe como principal crítica justamente o incentivo que ele dá ao evolucionismo e ao reducionismo, pois reduz o homem a um momento historicista e naturalista do cosmos, de maneira que, em virtude da constante mutação, não haveria uma norma que fosse válida e eficaz eternamente ou por um longo período de tempo. Para os críticos desse modelo, é falsa a interpretação de que a constante mudança faz com que, com o passar dos tempos, uma norma perca sua eficácia por força da evolução da sociedade.

2.5 Modelo pragmático-utilitarista

O modelo **pragmático-utilitarista** se opõe às teorias baseadas nas crenças acerca de uma lei natural – que trata dos direitos naturais – a qual supõe deveres e obrigações independentes e anteriores, que são incorporados ao direito positivo.

Os utilitaristas analisam os problemas éticos baseados na relação de custo-benefício, a qual pondera riscos e benefícios previsíveis como fatores decisivos na intervenção terapêutica.

O ponto principal dessa corrente é a maior atenção à felicidade, de maneira que uma ação pode ser considerada boa na medida em que eleva a alegria em detrimento de um sofrimento.

> *A ideia central dessa corrente é que a moralidade tem sua origem na maximização da felicidade e na minimização do sofrimento. Uma ação é* ***boa*** *na medida em que tende para esse fim;* ***má*** *quando diminui a felicidade e aumenta o sofrimento; e* ***neutra*** *quando não provoca nenhum desses dois tipos de consequências. O julgamento moral depende, pois, da utilidade, do interesse e, por conseguinte, das* ***consequências*** *do ato.* (Durand, 2007, p. 278, grifo do original)

A corrente utilitarista entende que existe mais valor em um grupo de pessoas felizes do que em uma única pessoa. Defende, portanto, a maior felicidade para um maior grupo de pessoas.

Essa linha de pensamento visa considerar e impregnar nas pessoas uma qualidade de vida que vai totalmente contra a sacralidade da própria vida porque é baseado somente em fatores biológicos e econômicos. Durand (2007) afirma que, com o passar dos tempos, o utilitarismo sofreu grande evolução e várias interferências dos mais variados pensadores.

> *A corrente utilitarista evoluiu ao longo das épocas. Bentham havia elaborado toda uma aritmética dos prazeres individuais, segundo sua intensidade, sua duração, sua fecundidade. Mill abre um espaço para os prazeres do espírito e acrescenta que a pessoa também pode fazer abstração de seus interesses por altruísmo.* (Durand, 2007, p. 278)

Em sentido contrário ao pensamento dos utilitaristas está a visão de Sgreccia (2002a). Para o autor, a conduta que analisa a relação custo-benefício não pode ser aplicada indiscriminadamente. Segundo ele, essa relação é válida somente quando se refere a um mesmo valor e a bens homogêneos e hierarquizáveis.

> *Digamos logo que essa relação tem validade quando se refere a um mesmo valor e uma mesma pessoa em sentido homogêneo e subordinado, ou seja, quando não é tomado como princípio último, mas como fator de juízo a ser atribuído à pessoa humana e aos seus valores.* (Sgreccia, 2002a, p. 74-75)

Com efeito, a pessoa humana e seus valores jamais são negociáveis em base de cálculos quantitativos e é difícil – para não dizer que é impossível – prever todas as consequências de um ato para, posteriormente, elaborar um balanço sobre ele.

Entre as principais críticas ao utilitarismo apontadas por Sgreccia (2002a) está o desrespeito aos fracos e aos incapazes, os quais não são considerados *pessoas* e não possuem os mesmos direitos que os tidos como "normais", situação que viola os princípios de igualdade.

2.6 Modelo subjetivista

Para o modelo **subjetivista**, também conhecido como *liberal-radical*, os critérios morais não se fundamentam nos fatos nem nos valores objetivos transcendentes, mas tão somente na opção autônoma do sujeito. Para Sgreccia (2002a), existem várias correntes de pensamento que apresentam como ponto de encontro essa corrente da bioética. De acordo com esse autor, "Muitas correntes de pensamento têm sua confluência hoje no subjetivismo moral: o neoiluminismo, o liberalismo ético, o existencialismo niilista, o cientismo neopositivista, o emotivismo, o decisionismo" (Sgreccia, 2002a, p. 71).

Como os subjetivistas entendem que a moral tem sua fundamentação na opção autônoma do sujeito, o princípio da autonomia tem grande relevância. Essa liberdade do agir autônomo é considerada o supremo ponto de referência, de maneira que é lícito tudo aquilo que o sujeito quer e aceita como livremente elegido.

Justamente por entenderem que a eleição autônoma é o ponto fundamental de toda a moral, os subjetivistas apresentam extrema dificuldade em aceitar uma norma social, pois não aceitam autolimitações. O limite somente estaria presente na liberdade da outra pessoa, desde que ela tenha plena consciência disso, ou seja, a liberdade de um somente encontra limites no direito de outrem.

Esse modelo recebeu várias críticas desde que foi proposto. Aqueles que o criticam fundamentam seus argumentos no sentido de que indivíduos que não puderem expressar suas vontades sofrerão o risco de não terem seus direitos respeitados, como é o caso de embriões, fetos e incapazes, entre outros. Na visão dos críticos, o utilitarismo certamente facilitaria o posicionamento em relação a temas polêmicos, como a liberação do aborto, a escolha do sexo do nascituro, a exigência de fecundação *in vitro* e a decisão sobre o momento da morte.

Síntese

Conforme discutimos ao longo deste capítulo, a bioética, embora de maneira bastante tímida, está presente na sociedade desde os tempos remotos, porém só foi apresentada como estudo específico com base nos sólidos apontamentos realizados por Van Rensselaer Potter.

Além disso, a partir da década de 1970, o mundo passou a entender que seria necessária a criação de uma metodologia que fosse capaz de dirimir a ação humana na área de saúde. Desse entendimento, surgiu a bioética principialista, que prega que a solução dos conflitos éticos deveria ser conduzida à luz dos princípios elencados por essa corrente.

No entanto, com o passar dos anos, várias críticas foram feitas ao modelo de principialista, e a multiplicação de centros de bioética pelo mundo, aliados às revoluções tecnológicas e às descobertas tecnocientíficas, apresentaram novas questões – ou reformularam as antigas, que foram colocadas de maneira diferente –, provocando posturas diversas sobre valores e princípios éticos e causando intensos debates sobre a distinção justificadora do lícito e do ilícito.

Se, por um lado, o questionamento ético sobre as ciências da vida é um consenso universal, por outro, não há um padrão uniforme em relação à formulação dos modelos éticos de referência e às teorias que fundamentam o juízo ético.

Dessa forma, quando um modelo de bioética é utilizado em determinadas situações específicas, apresenta sua utilidade; porém, quando um modelo é aplicado de maneira absoluta ou ideológica, pode oferecer risco a determinados valores fundamentais, como o do respeito à vida.

Questões para revisão

1. Segundo a corrente personalista da bioética, para onde deve ser direcionado o centro das atenções? Por qual razão?

2. As normas sociais são facilmente aceitas pelos seguidores da corrente subjetivista? Justifique sua resposta.

3. Marque V para as afirmativas verdadeiras e F para as falsas:
   ( ) O desenvolvimento tecnológico na área da saúde não teve interferência na discussão ética ao longo dos anos.
   ( ) A bioética somente passou a existir com a elaboração do Relatório Belmont.
   ( ) O modelo principialista deveria ser aplicável na pesquisa com seres humanos e na prática clínica assistencial, segundo Beauchamp e Childress (1994).
   ( ) O modelo de bioética sociobiologista assevera que deve haver uma evolução dos valores morais, de maneira que estejam em conformidade com as transformações sociais.

   Agora, assinale a alternativa que apresenta a sequência correta:

   a) F, F, V, V.
   b) F, V, F, V.
   c) V, V, F, F.
   d) V, F, V, F.
   e) F, F, F, V.

4. Marque V para as afirmativas verdadeiras e F para as falsas:
   ( ) O princípio da autonomia teve interferência no embasamento do conceito do *consentimento informado*.
   ( ) Os utilitaristas argumentam que os fracos e os incapazes possuem os mesmos direitos das demais pessoas tidas como "normais", respeitando assim, o princípio da igualdade.

( ) Os criadores da bioética personalista foram James F. Childress e Thomas L. Beauchamp.

( ) O idealizador da bioética principialista foi Van Rensselaer Potter.

Agora, assinale a alternativa que apresenta a sequência correta:

a) V, F, F, F.
b) V, F, V, V.
c) F, F, V, F.
d) V, V, F, V.
e) F, F, F, V.

5. Marque V para as afirmativas verdadeiras e F para as falsas:

( ) O modelo sociobiologista aduz que existe a necessidade de uma evolução dos valores morais para que, assim, eles possam acompanhar a evolução da sociedade.

( ) O modelo contratualista pressupõe que a decisão do médico durante um tratamento jamais pode ser questionada, nem mesmo o próprio paciente pode manifestar seu posicionamento.

( ) O idealizador da bioética principialista foi Elio Sgreccia.

( ) O princípio da autonomia estabelece a oportunidade de uma participação maior do paciente no tratamento.

Agora, assinale a alternativa que apresenta a sequência correta:

a) F, F, V, V.
b) V, F, F, V.
c) F, V, V, F.
d) V, V, F, V.
e) F, F, F, V.

Questões para reflexão

1. Você concorda com as críticas feitas ao modelo principialista? Por quê?

2. Como o modelo contratualista oferece segurança e respeito a todos os seres humanos?

3. Atualmente, podemos identificar que o modelo da bioética que tem fundamento no subjetivismo está ganhando bastante espaço em relação às demais correntes. Reflita sobre as razões pelas quais isso ocorre.

Para saber mais

ANGOTTI NETO, H. **A morte da medicina**. Campinas: Vide Editorial, 2014.

Este livro apresenta uma abordagem inusitada sobre um dos temas mais polêmicos da atualidade: o aborto. Hélio Angotti Neto procura refutar as ideias de um artigo que propõe a realização de "abortos pós-nascimento", ou seja, o infanticídio de crianças que apresentam características, deficiências ou condições indesejáveis a seus genitores, mas que somente foram descobertas após o nascimento delas – isto é, após ultrapassado período aceitável para o aborto. Dessa forma, o autor estabelece uma discussão acalorada, atual e muito prática sobre alguns temas da bioética e da dignidade da pessoa humana.

Indicação cultural

UMA PROVA de amor. Direção: Nick Cassavetes. EUA: PlayArte Pictures, 2009. 107 min.

Para refletir sobre temas atuais de bioética, particularmente sobre o uso de alta tecnologia e os cuidados ao final da vida, indicamos esse filme, que apresenta a história de uma família cuja filha (Kate) tem leucemia. Os pais recorrem à fertilização e à seleção genética para gerarem outro filho compatível geneticamente com Kate, a fim de possibilitar o transplante de medula. Além disso, são discutidos outros problemas relacionados à saúde de Kate que envolvem conceitos éticos.

Capítulo 3

Bioética e saúde pública

Carolina Becker Bueno de Abreu

Conteúdos do capítulo:

- Conceito de *saúde* e de *saúde pública*.
- Políticas de saúde.
- Gestão em saúde.
- Bioética e questões de saúde pública.

Após o estudo deste capítulo, você será capaz de:

1. compreender o que é saúde pública;
2. identificar problemas éticos relacionados à saúde pública.

Ao longo do tempo, o conceito de *saúde* evoluiu muito, bem como as formas de promovê-la. Desde 1948, a Organização Mundial da Saúde (OMS) compreende *saúde* como um estado de completo bem-estar físico, mental e social, e não apenas como a ausência de doenças, embora essa definição seja alvo de críticas por parte de quem, por exemplo, considera-a uma utopia. Essa discussão já abriu espaço para a consideração da saúde como algo amplo e influenciado e determinado por diversos fatores. Neste capítulo, analisaremos as características da saúde pública e das políticas de saúde e as relacionaremos à bioética.

3.1 Saúde pública

Atualmente, os fatores que influenciam a saúde de um indivíduo são reconhecidos como biológicos, ambientais, assistenciais e relacionados ao estilo de vida. A Lei n. 8.080, de 19 de setembro de 1990, que regulamenta o Sistema Único de Saúde (SUS), afirma:

> *Art. 3º Os níveis de saúde expressam a organização social e econômica do País, tendo a saúde como fatores determinantes e condicionantes, entre outros, a alimentação, a moradia, o saneamento básico, o meio ambiente, o trabalho, a renda, a educação, o transporte, o lazer e o acesso aos bens e serviços essenciais.* (Brasil, 1990b)

Devemos refletir sobre como as condições de vida e trabalho influenciam nossa saúde. Pensemos, por exemplo, em questões como renda familiar, qualidade dos meios de transporte, segurança pública, tempo livre para lazer, rotina e atividades profissionais, acesso à informação, alimentação etc. Enfim, entre tantos fatores, podemos analisar quais deles são facilitadores e quais são obstáculos para que nós e nossas famílias tenhamos saúde conforme o conceito adotado pela OMS. Uma consequência de considerarmos a saúde como resultante dessa variedade de fatores é a ampliação da compreensão sobre as ações que a promovem e, assim, comprovarmos que a saúde não é algo individual, mas coletivo.

Vejamos o exemplo da situação epidemiológica recente relacionada às doenças transmitidas pelo mosquito *Aedes aegypti*. O comportamento de cada pessoa, tanto em casa quanto nos espaços públicos, pode favorecer ou evitar a proliferação do mosquito, o que influencia nas ações de prevenção das doenças das quais ele é vetor.

Observamos, assim, que ***saúde pública*** é, conforme argumentam Paulo Antônio de Carvalho Fortes e Elma Lourdes Campos Pavone Zoboli (2004, p. 14), "o que a sociedade faz coletivamente para assegurar as condições nas quais as pessoas podem ser saudáveis, o conjunto de práticas e saberes que objetivam um melhor estado de saúde possível das populações". Trata-se, assim, de interferir no processo saúde-doença da coletividade, atuando em seus condicionantes, desencadeantes e determinantes em múltiplos setores da atividade humana, com a finalidade de proporcionar um melhor estado de saúde das populações (Fortes; Zoboli, 2004).

Vejamos uma definição mais completa elaborada pela OMS (citada por Barchifontaine, 2005, p. 11):

> *Saúde pública é a ciência e a arte de prevenir as enfermidades, melhorar a qualidade, a esperança de vida, e contribuir para o bem-estar físico, mental, social e ecológico da sociedade. Isso se alcança mediante um esforço concentrado da comunidade que permita o saneamento e a preservação do meio ambiente, assim como o controle das enfermidades. O que demanda serviço de atenção à saúde para diagnóstico e tratamento*

precoces das enfermidades, conhecimento de princípios de higiene que possibilitem a todas as pessoas participarem no melhoramento da saúde individual e coletiva.

No Brasil, é comum a utilização de uma expressão muito semelhante à *saúde pública*, que é *saúde coletiva*, explicada por Everardo Duarte Nunes (2012) como um campo de conhecimentos e práticas interdisciplinares dentre os quais devem ser consideradas as ciências sociais, a epidemiologia e a política e planejamento. Veremos a seguir cada uma delas.

- **Ciências sociais** – As disciplinas desse campo, como antropologia, filosofia, sociologia, política e história, têm ferramentas próprias que nos permitem compreender os processos relacionados à saúde, ao adoecimento, à morte, ao trabalho (e suas relações com a saúde) e às atividades profissionais e de cuidado. São, dessa forma, muito importantes na elaboração e na implementação de estratégias para a promoção da saúde.
- **Epidemiologia** – A principal atribuição é estudar

> *o processo saúde-doença em coletividades humanas, analisando a distribuição e os fatores determinantes das enfermidades, danos à saúde e eventos associados à saúde coletiva, propondo medidas específicas de prevenção, controle, ou erradicação de doenças, e construindo indicadores que sirvam de suporte ao planejamento, administração e avaliação das ações de rotina, em consonância com as políticas de promoção da saúde.* (Rouquayrol, 2012, p. 345)

Entre as ferramentas da epidemiologia, estão os indicadores que, ao permitirem conhecer o estado de saúde de uma população e o desempenho do sistema de saúde de uma região, servem de base para a vigilância das condições sanitárias. Dos principais indicadores, destacamos os seguintes:

de mortalidade, morbidade e de incidência de doenças. A análise dessas informações produz o conhecimento necessário para a definição de ações em cada serviço e para a organização do sistema de saúde como um todo.

- **Política e planejamento** – As estratégias de organização da promoção e da assistência à saúde, bem como as características de gestão e de financiamento, são determinadas socialmente, conforme as políticas sociais de cada comunidade, e influenciadas por fatores econômicos, epidemiológicos e demográficos. O SUS, sobre o qual discutiremos mais adiante, por exemplo, concretizou muitas propostas do movimento sanitário das décadas de 1970 e de 1980 no contexto de uma reforma dessa área no país.

> Para além de ser um sistema de prestação de serviços, o SUS coordena e integra as ações de saúde (vigilância e assistência), articulando promoção da saúde, prevenção de doenças, ações de cura e reabilitação. Para tanto, baseia-se em princípios doutrinários e em diretrizes organizativas (Vasconcelos; Pasche, 2012).

A fim de sermos fiéis ao tema deste livro, chamamos a atenção para a importância que os valores e os princípios têm na definição das políticas públicas e no norteamento da gestão e das ações em saúde (Cortella; Pacini; Lotta, 2011):

- **Valores** – São referenciais abstratos da natureza moral da conduta humana. Refletem as expectativas culturais de uma sociedade ou de grupo sobre o comportamento de seus membros.

- **Princípios** – São conceitos baseados em valores, formulados geralmente como afirmações que devem nortear as políticas e as ações. Dessa forma, princípios funcionam como parâmetros sobre o que deve ou não ser feito e também em relação aos modos de como fazê-lo.

3.2 Políticas de saúde

A Constituição Federal (Brasil, 1988a), em seu art. 196, considera a saúde como direito dos cidadãos, sendo dever do Estado provê-la. Dessa forma, na década de 1990, o SUS começou a ser estruturado e implementado, seguindo as diretrizes de integralidade, descentralização e participação da comunidade.

- **Integralidade** – Significa que a atenção à saúde deve ser integral, englobando ações preventivas e de assistência, individual ou coletiva, nos diversos níveis de complexidade do sistema (atenção básica, de média e de alta complexidade).
- **Descentralização** – Refere-se à distribuição de recursos e de responsabilidades entre cada esfera do governo (federal, estadual/distrital e municipal) e também à disposição espacial dos serviços, atendendo, assim, às necessidades da população conforme cada região.
- **Participação social** – É o controle dos diversos atores sociais, incluindo os próprios usuários, por meio dos conselhos de saúde nos três níveis de governo. A iniciativa privada, nesse caso, atua de maneira suplementar ao sistema público, compondo, com ele, o sistema de saúde brasileiro.

De acordo com o art. 7° da Lei n. 8.080/1990, o SUS obedece aos seguintes princípios:

[...]

I – universalidade de acesso aos serviços de saúde em todos os níveis de assistência;

II – integralidade de assistência, entendida como conjunto articulado e contínuo das ações e serviços preventivos e curativos, individuais e coletivos, exigidos para cada caso em todos os níveis de complexidade do sistema;

III – preservação da autonomia das pessoas na defesa de sua integridade física e moral;

IV – igualdade da assistência à saúde, sem preconceitos ou privilégios de qualquer espécie;

V – direito à informação, às pessoas assistidas, sobre sua saúde;

VI – divulgação de informações quanto ao potencial dos serviços de saúde e a sua utilização pelo usuário;

VII – utilização da epidemiologia para o estabelecimento de prioridades, a alocação de recursos e a orientação programática;

VIII – participação da comunidade;

IX – descentralização político-administrativa, com direção única em cada esfera de governo:

a) ênfase na descentralização dos serviços para os municípios;

b) regionalização e hierarquização da rede de serviços de saúde;

X – integração em nível executivo das ações de saúde, meio ambiente e saneamento básico;

XI – conjugação dos recursos financeiros, tecnológicos, materiais e humanos da União, dos Estados, do Distrito Federal e dos Municípios na prestação de serviços de assistência à saúde da população;

XII – capacidade de resolução dos serviços em todos os níveis de assistência; e

XIII – organização dos serviços públicos de modo a evitar duplicidade de meios para fins idênticos;

XIV – organização de atendimento público específico e especializado para mulheres e vítimas de violência doméstica em geral, que garanta, entre outros, atendimento, acompanhamento psicológico e cirurgias plásticas reparadoras [...]. (Brasil, 1990b)

3.3 Bioética e questões de saúde pública

Os serviços de saúde e, particularmente, os hospitais são espaços privilegiados onde ocorrem, com muita frequência, o início e o fim da vida humana e momentos críticos na vida das pessoas, nos quais pode haver uma série de conflitos éticos.

De fato, temas muito discutidos na bioética, como a *reprodução assistida*, o *aborto*, a *eutanásia* e a *distanásia*, estão presentes nos serviços de saúde. São problemas desafiadores para todos os envolvidos e, por vezes, podem requerer atenção da gestão do sistema de saúde e dos serviços.

Na clínica, há questões práticas que requerem tomadas de decisão fundamentadas não apenas em dados clínicos e na disponibilidade de tecnologias, mas também na ética.

Como exemplo, podemos citar os seguintes casos: notificação de acidentes de trabalho, comunicação de um diagnóstico ou de um prognóstico difícil, decisão sobre utilizar ou não tecnologia de sustentação da vida para pessoa em estágio final de doença grave, entre outros

Na saúde em geral – e, sobretudo, na pública –, diversas questões éticas surgem no dia a dia. Como ampliamos essa discussão no Capítulo 2 deste livro, estamos longe agora de pretender abordar toda a variedade de problemas. Optamos, assim, por refletir sobre as seguintes situações: conflitos entre liberdade individual e bem comum, alocação de recursos escassos e cuidados na terminalidade da vida.

3.3.1 Conflitos entre liberdade individual e bem comum

Por vezes, ocorrem conflitos entre a liberdade individual e o bem-estar da coletividade. Consideremos, por exemplo, o tabagismo. No Brasil, o consumo de tabaco é lícito, e qualquer indivíduo com mais de 18 anos pode adquirir cigarros. Entre as décadas de 1970 e 1990, havia muita propaganda de cigarros e seu consumo era incentivado. Os anúncios foram proibidos no país somente em 2001, como uma das ações resultantes do movimento antitabagista. Isso foi possível depois da compreensão do tabagismo como problema de saúde pública.

De acordo com Mary Jane Paris Spink, Milena Silva Lisboa e Flávia Regina Guedes Ribeiro (2009), a consideração do tabagismo como problema de saúde pública é uma construção social resultante de processos complementares: por um lado, pesquisas biomédicas e epidemiológicas foram apontando as consequências danosas à saúde individual e coletiva, bem como os custos econômicos (previdenciários e de absenteísmo no trabalho, por exemplo); por outro lado, o tema foi assumido na agenda de órgãos internacionais, como a OMS, incentivando, assim, políticas transnacionais de combate ao tabagismo.

No Brasil, vale citar o Programa Nacional de Controle do Tabagismo (PNCT), que estruturou estratégias para a redução dos índices de consumo e para a proteção da população da exposição ambiental ao tabaco. Além de medidas legislativas e de impacto econômico, foram sendo adotadas, ao longo do tempo, ações educativas e de atenção à saúde. Como exemplo dessas ações, podemos citar a proibição da venda de cigarros para menores de 18 anos, a determinação de espaços livres do fumo e a proibição da propaganda e do *marketing* desses produtos.

Atualmente, o combate ao tabagismo é considerado uma estratégia de promoção da saúde. Em ordem inversa à das antigas propagandas, que incentivavam o consumo, foi adotada, para coibir o hábito, a obrigatoriedade de ilustrar os versos das embalagens com advertências sobre seus malefícios.

3.3.2 **Alocação de recursos escassos e justiça distributiva**

Em termos gerais, podemos afirmar que todos os investimentos em saúde são justificáveis, uma vez que protegem e promovem a vida, que, por sua vez, é um bem substancial. Entretanto, constatamos diariamente (basta abrir um jornal, ligar a televisão ou enfrentar uma fila para atendimento médico) que os recursos humanos e técnicos disponíveis para a saúde são inevitavelmente limitados e, por vezes, até escassos.

Diante disso, verificamos a necessidade de se investir mais nessa área, conforme as possibilidades orçamentárias da seguridade social, e também prezar pela eficácia e a eficiência das ações em saúde. Ambas são alternativas desejáveis, mas, ainda assim, em muitas situações haverá a necessidade de se estabelecerem prioridades na distribuição dos recursos disponíveis (Fortes, 2008).

De fato, muitos políticos, legisladores, gestores e prestadores de serviço no campo da saúde enfrentam verdadeiros dilemas relacionados à alocação de recursos. Alguns fenômenos podem acentuar a dificuldade de tomar decisões nesse campo, como a incorporação de novas tecnologias, que possibilitam novas intervenções, mas também aumentam os custos da assistência. Outros fenômenos são o processo de envelhecimento populacional, a rápida urbanização e as desigualdades sociais, entre outros.

Lembremos o dilema enfrentado pelo primeiro centro especializado em hemodiálise, nos Estados Unidos, logo que a técnica foi desenvolvida, em 1961. Não havia, naturalmente, recursos suficientes para atender à necessidade de cerca de 15 mil cidadãos norte-americanos cuja sobrevivência dependia do acesso ao procedimento. A fim de possibilitar escolhas, foi criado um comitê composto por nove pessoas (dentre as quais apenas dois médicos) que estabeleceu e aplicou critérios sociais, como produtividade ou "bom comportamento" para eleger os pacientes que seriam submetidos à hemodiálise. Embora haja críticas sobre a utilização de critérios sociais, esse acontecimento levantou questões importantes sobre decisões que envolvem a alocação de recursos escassos (Durand, 2007).

Podemos questionar, então: Quais critérios ou princípios éticos podem orientar a justa distribuição de recursos no campo da saúde?

Um parâmetro comumente utilizado na saúde pública é o da **utilidade social**, que parte da avaliação das consequências de uma determinada ação a fim de verificar o que proporciona o maior bem-estar para o maior número possível de pessoas. Nesse sentido, na dúvida entre investir em uma ou em outra intervenção, deve-se escolher aquela que trará maior benefício e menor custo ou dano ao maior número de pessoas. Essa lógica justifica, por exemplo, investimentos na imunização de grande parte da população contra determinadas doenças, ainda que se saiba que nem todos os indivíduos provavelmente seriam expostos efetivamente ao risco de contraí-las. Além de prevenirem um potencial mal aos indivíduos, programas de imunização evitam gastos maiores com o tratamento de doenças.

Por outro lado, de acordo com Paulo Antonio de Carvalho Fortes (2008), a aplicação estrita do utilitarismo pode se contrapor à justiça distributiva e, mesmo, ao ideal de se maximizar os benefícios dos recursos disponíveis. Seria o caso, por exemplo, da aplicação da lógica utilitarista em sociedades em que os mais vulneráveis do ponto de vista social são a minoria e, portanto, ficariam à margem dos investimentos.

Nesse caso, o princípio da utilidade social pode se contrapor ao princípio da equidade que, por um lado, confirma a igual dignidade de todos os seres humanos e, por outro, reconhece diferenças entre eles no que se refere a suas necessidades e a suas condições de vida. A fim de estabelecer igual acessibilidade à saúde, faz-se necessário redistribuir os recursos de forma diferenciada, dando a cada um conforme sua necessidade.

Vale reforçar que o sistema de saúde brasileiro propõe como um de seus princípios a equidade, embora muitas vezes as decisões sobre a alocação de recursos o mesclem ao princípio utilitarista.

É o caso, por exemplo, da Estratégia Saúde da Família (ESF) que, priorizando territórios onde a população é mais vulnerável dos pontos de vista social e sanitário, tende a diminuir as desigualdades, sendo, dessa forma, coerente com o princípio da equidade. Ao mesmo tempo, priorizando ações diagnósticas e terapêuticas relacionadas a doenças crônicas como diabetes e hipertensão – que são ações eficientes na prevenção de agravos cardiovasculares e renais cujos tratamentos são de alto custo –, a ESF atende ao princípio da utilidade social (Fortes, 2008).

3.3.3 Cuidados no fim da vida humana

Prover cuidados a pessoas que estão em fase avançada de uma doença que ameaça a vida é um imperativo ético. Embora possamos considerar essa afirmação óbvia, durante décadas a sociedade direcionou os esforços da assistência à saúde para a cura de doenças, negligenciando, por vezes, a assistência àqueles que não têm mais chances de cura.

Diante da triste realidade de inúmeros doentes morrendo em condições precárias, com muita dor e outros sintomas desagradáveis, às vezes abandonados à solidão ou submetidos a procedimentos invasivos e que prolongavam o processo de morte, na década de 1960 iniciou-se um movimento para desenvolver estratégias, tecnologias e, principalmente, uma filosofia de cuidado às pessoas com doenças graves. Assim, surgiram os **cuidados paliativos**, definidos pela OMS (WHO, 2017, tradução nossa) como

> *uma abordagem que melhora a qualidade de vida de pacientes (adultos e crianças) e seus familiares diante de problemas relacionados à doença que ameaça a continuidade da vida. Ela previne e alivia o sofrimento por meio da identificação precoce, avaliação correta e tratamento da dor e outros problemas de natureza física, psicossocial ou espiritual.*

Dessa forma, conforme explica Carolina Becker Bueno de Abreu (2014, p. 20-21), mencionando a OMS (WHO, 2002):

> *os Cuidados Paliativos não propõem protocolos, mas se guiam a partir de ideias norteadoras. A própria OMS (2002) sugere como princípios:*
>
> - *Promover o alívio da dor e de outros sintomas desagradáveis;*
> - *Afirmar a vida e considerar a morte um processo normal da vida;*
> - *Não acelerar nem adiar a morte;*
> - *Integrar os aspectos psicológicos e espirituais no cuidado ao paciente;*

- *Oferecer um sistema de suporte que possibilite ao paciente viver tão ativamente quanto possível até o momento da sua morte;*
- *Oferecer sistema de suporte para auxiliar os familiares durante a doença do paciente e o luto;*
- *Oferecer abordagem multiprofissional para focar as necessidades dos pacientes e seus familiares, incluindo acompanhamento no luto;*
- *Melhorar a qualidade de vida e influenciar positivamente o curso da doença;*
- *Iniciar o mais precocemente possível o Cuidado Paliativo, juntamente com outras medidas de prolongamento da vida, e incluir todas as investigações necessárias para melhor compreender e controlar situações clínicas estressantes.*

Ressaltamos que não estamos de nenhum modo defendendo a **eutanásia**, que, inclusive, é considerada crime no Brasil.

> *Eutanásia etimologicamente significa "boa morte", e consiste em ação ou omissão que, em si ou na intenção, gera a morte de um paciente em fase terminal a fim de suprimir seu sofrimento. Pode ser voluntária, ou seja, quando a pedido do paciente, ou involuntária, quando não há seu expresso consentimento.* (Felix et al., 2013, citados por Abreu, 2014, p. 36)

Na realidade, a proposta dos cuidados paliativos não é abreviar a vida de alguém, mas respeitar a morte como um processo natural e evitar a **distanásia**, que também atenta contra a dignidade do ser humano. *Distanásia* é o prolongamento exagerado do processo de morte de um paciente e ocorre quando são utilizados procedimentos médicos extraordinários ou desproporcionais aos resultados esperados, levando ao prolongamento não da vida, mas do processo de morte de uma pessoa que está em fase terminal ou em agonia (Pessini, 2001).

Outro conceito relacionado à forma como as pessoas morrem, de acordo com o tratamento oferecido – ou omitido – a ela no período final da vida, é o da **ortotanásia**, explicada desta maneira por Abreu (2014, p. 36):

> *A ortotanásia, que etimologicamente significa "morte correta", procura a síntese ética entre morrer com dignidade e o respeito à vida humana, negando tanto a eutanásia como a distanásia. Dessa forma, caracteriza-se por uma assistência que não procura nem a abreviação nem o prolongamento da vida humana. Identifica-se com a filosofia dos Cuidados Paliativos, uma vez que tal assistência requer necessariamente uma abordagem ativa de cuidados para o controle de sintomas e atendimento a demandas espirituais, psicológicas e sociais de pacientes que têm uma doença que não responde ao tratamento modificador de doença, levando em consideração, inclusive, outras pessoas envolvidas, como familiares e cuidadores.*

Embora o Brasil ainda careça de políticas públicas relacionadas aos cuidados paliativos, há diversas iniciativas nesse sentido. Em todos os níveis de assistência à saúde podem ser promovidos cuidados paliativos e praticamente todos os contextos hospitalares podem oferecê-los, desde a assistência domiciliar até as unidades de terapia intensiva (UTI).

O papel dos gestores é fundamental para prover a estrutura necessária à oferta de cuidados paliativos. É preciso, para tanto, a sensibilização sobre a necessidade de acesso rápido e qualificado às medidas de controle de sintomas, infraestrutura que permita conforto ao paciente e à família e disponibilidade de equipe interdisciplinar capacitada para atender à complexidade das demandas desse tipo de cuidado.

O ambiente humanizado também é fundamental para o bem-estar do paciente e de sua família. Consideremos, por exemplo, o quanto um ambiente arquitetônico que permita algum contato com a arte e a natureza pode ajudar os indivíduos a se sentirem bem. A possibilidade da presença de pessoas importante para o paciente e, por vezes, até de animais de estimação, desde que tomadas as precauções cabíveis, também evitam a sensação de solidão que pode gerar sofrimento intenso a quem está se despedindo da vida.

A flexibilidade das rotinas e dos horários também ajuda muito, uma vez que, frequentemente, os enfermos têm alterado seu ciclo vigília-sono e não sentem fome no horário das refeições ou não desejam – e, por vezes, não conseguem – comer o que o hospital lhes oferece. Além disso, a realização de atividades significativas e a resolução de assuntos pessoais pendentes, auxiliada geralmente pela atuação do terapeuta ocupacional, são fundamentais para o bem-estar do paciente.

Síntese

Nosso enfoque neste capítulo foi a discussão sobre a aplicação da bioética na saúde pública. Dessa forma, observamos que a vida e a saúde são reconhecidas como bens fundamentais, que devem ser protegidos de maneira tanto individual quanto coletiva. Por isso, o conceito de saúde e as formas de promovê-la têm evoluído ao longo do tempo, adequando-se às novas demandas da sociedade.

Verificamos que diversos fatores biológicos, ambientais, assistenciais e relacionados ao estilo de vida influenciam a saúde dos indivíduos e, por conseguinte, das coletividades, o que leva a saúde pública a atuar sobre esses fatores a fim de intervir nos processos saúde-doença que envolvem a população.

Dessa maneira, o Brasil tem estruturado um sistema de saúde guiado por princípios que expressam os valores de nossa sociedade com vistas a proteger e a promover a saúde, a tratar as doenças, a reabilitar as pessoas que desenvolvem incapacidades e a cuidar sempre da saúde dos cidadãos.

Porém, a assistência à saúde enfrenta, cotidianamente, inúmeros desafios e dilemas que envolvem valores e, portanto, são de natureza ética. Analisamos alguns deles, introduzindo ao assunto, de forma mais concreta, os referenciais da bioética.

Entre esses problemas, destacamos os conflitos entre a liberdade individual e o bem comum, exemplificados nas políticas públicas relacionadas ao consumo de tabaco; a alocação de recursos escassos e o princípio da justiça distributiva; e os cuidados a pessoas em fase avançada de doenças que ameaçam a vida. Conhecer esses assuntos e seus pormenores facilita a compreensão da contribuição da bioética às tomadas de decisão que devem ser realizadas pelos responsáveis pelos diferentes níveis de gestão: pública, de serviços de saúde e de cuidados.

Questões para revisão

1. O que são valores?

2. O que são princípios?

3. Marque V para as afirmativas verdadeiras e F para as falsas:
   ( ) A saúde pública trata das questões pertinentes à saúde e ao bem-estar das coletividades.
   ( ) Os cuidados paliativos são oferecidos exclusivamente pelos profissionais de saúde.

( ) Dentre os diversos fatores determinantes e condicionantes de saúde reconhecidos, podemos destacar: alimentação, moradia, saneamento básico e educação.
( ) O Sistema Único de Saúde (SUS) é somente um sistema de prestação de serviços.

Agora, assinale a alternativa que apresenta a sequência correta:

a) V, F, V, F.
b) F, F, V, V.
c) F, V, V, F.
d) V, V, F, V.
e) F, F, F, V.

4. Marque V para as afirmativas verdadeiras e F para as falsas:
( ) O referencial bioético mais justo nas decisões relativas à saúde pública é sempre o utilitarismo.
( ) O Sistema Único de Saúde (SUS) carece de princípios nos quais os atores sociais possam se basear para estruturar a assistência à saúde no Brasil.
( ) As decisões clínicas devem ser tomadas levando-se em conta a disponibilidade de recursos, as possibilidades técnicas e as questões éticas.
( ) Uma vez que a saúde é um direito de todos e dever do Estado, sempre haverá recursos suficientes para atender a todas as demandas da população.

Agora, assinale a alternativa que apresenta a sequência correta:

a) V, F, V, V.
b) F, F, V, V.
c) F, F, V, F.
d) V, V, F, V.
e) F, F, F, V.

5. Marque V para as afirmativas verdadeiras e F para as falsas:
   ( ) A epidemiologia é de fundamental importância para o planejamento das ações e das políticas relacionadas à saúde.
   ( ) Uma vez reconhecida a soberania do direito de expressão e das liberdades individuais, a sociedade não deve interferir nas dinâmicas de comércio e propaganda de produtos que podem ser nocivos à saúde.
   ( ) O parâmetro de utilidade social se baseia na avaliação das consequências de uma determinada ação a fim de verificar o que proporciona o maior bem-estar para o maior número possível de pessoas.
   ( ) Os seguintes princípios dos cuidados paliativos reforçam que sua proposta se distancia de promover tanto a eutanásia quanto a distanásia: afirmar a vida e considerar a morte um processo normal da vida; não acelerar nem adiar a morte.

   Agora, assinale a alternativa que apresenta a sequência correta:

   a) V, F, F, V.
   b) F, F, V, V.
   c) F, V, V, F.
   d) V, V, F, V.
   e) V, F, V, V.

Questões para reflexão

1. Procure por matérias jornalísticas que relacionem doenças a fatores ambientais, sociais ou de estilo de vida e reflita sobre possíveis (e viáveis) ações sanitárias para preveni-las.

2. Identifique, entre os princípios do Sistema Único de Saúde (SUS), pelo menos um item relacionado à bioética e reflita sobre um exemplo de ação prática que os profissionais ou os gestores de saúde podem realizar baseados nesse princípio.

3. Pesquise sobre qual instrumento prático há, no Brasil, para que um paciente possa manifestar aceitação ou recusa a determinado procedimento médico e, em caso de indivíduos impossibilitados de se manifestar, analise como eles podem indicar a forma pela qual desejam ser cuidados em termos de saúde.

Para saber mais

BRASIL. Ministério da Saúde. Instituto Nacional de Câncer José Alencar Gomes da Silva. **Programa Nacional de Controle ao Tabagismo**. Disponível em: <http://www2.inca.gov.br/wps/wcm/connect/acoes_programas/site/home/nobrasil/programa-nacional-controle-tabagismo>. Acesso em: 21 set. 2017.

O *site* do Instituto Nacional do Câncer (Inca) traz informações importantes sobre o Programa Nacional de Controle do Tabagismo e deve ser consultado todas as vezes em que surgirem dúvidas ou forem necessárias orientações sobre o assunto.

FORTES, P. A. de C.; ZOBOLI, E. L. C. P (Org.). **Bioética e saúde pública**. 2. ed. São Paulo: Centro Universitário São Camilo; Loyola, 2004.

Esse livro apresenta a bioética e a saúde pública como assuntos interligados, que demandam abordagens de interdisciplinaridade e foco de atuação sobre a saúde e a vida humanas.

Os diversos autores discutem questões atuais e relevantes na estruturação da integralidade da assistência à saúde da população. Nesse sentido, a bioética é apontada como ferramenta de análise para os profissionais envolvidos com a saúde pública, incluindo os gestores, que têm um importante papel na definição de prioridades e na mediação de interesses conflitantes, entre outras ações que revelam claramente a dimensão moral de sua atuação profissional.

Indicação cultural

UMA LIÇÃO de vida. Direção: Mike Nichols. EUA: Flashstar, 2001. 98 min.

Nessa adaptação da peça *Wit*, de Margaret Edson, a atriz Emma Thompson interpreta Vivian Bearing, uma professora de literatura inglesa que descobre que tem câncer no ovário. Além de o filme mostrar como a protagonista passa a encarar a morte, até então concebida por ela apenas dentro de seu campo de pesquisa, a obra também revela como é a rotina hospitalar dos pacientes e o tratamento imparcial que eles recebem dos profissionais da saúde.

Capítulo 4

Bioética e humanização em saúde

Maria Letícia Cascelli de Azevedo Reis

Conteúdos do capítulo:

- Antropologia da pessoa.
- Humanização da assistência hospitalar.
- Desumanidade na assistência hospitalar.
- Legislação do direito à saúde.
- Ações interdisciplinares de humanização nas unidades de saúde.

Após o estudo deste capítulo, você será capaz de:

1. identificar comportamentos e atitudes voltados (ou não) para a dignidade ética dos pacientes;
2. ponderar sobre o impacto da tecnologia em relação aos valores pessoais, culturais, religiosos e socioeconômicos dos pacientes;
3. vislumbrar alternativas que ajudem a conciliar os interesses da equipe multidisciplinar responsável pelos cuidados aos pacientes.

A vida humana é um valor que precisa ser defendido, e o cuidado com a saúde expressa essa ideia. A *saúde* foi definida pela Organização Mundial da Saúde (OMS), em 22 de julho de 1946, como "um estado de completo bem-estar físico, psíquico e social, e não consiste apenas na ausência de doença ou de enfermidade" (OMS, 1946). Podemos acrescentar a essa definição, sem mencionarmos uma religião específica, uma dimensão espiritual, que tem sempre se apresentado como um dos alicerces no suporte às pessoas enfermas.

A consciência do valor da vida e as ações para sua manutenção e recuperação são direitos de todo ser humano. A doença, o sofrimento e a dor não têm valor positivo em si, mas podem proporcionar o amadurecimento dos pacientes, proporcionando-lhes aprendizagens sobre seus próprios limites e sobre possibilidades de renúncias pessoais e possibilitando que terceiros se sintam úteis ao se inserirem nos cuidados dos doentes.

Nesse sentido, a tarefa da medicina é a de se ocupar com o todo do ser humano, visando não somente à cura das doenças mas também a sua prevenção (Bento, 2008). As doenças manifestam a fragilidade e a finitude constitutiva das pessoas, e, mesmo quando são incuráveis, os enfermos não perdem o "sentido da vida" e aprendem a conviver com seu mal, procurando eliminar qualquer rastro de desespero. Por isso, não podemos desconsiderar as condições psicológicas, sociais, familiares, morais e religiosas dos doentes. Infelizmente, na medicina contemporânea, está ocorrendo a passagem de uma "medicina menos científica e mais humana para uma medicina mais científica e menos humana" (Pessini; Barchifontaine, 2007, p. 196).

O objetivo deste capítulo é analisarmos o que é a humanização hospitalar e por qual motivo devemos humanizar a assistência à saúde. Serão abordados aspectos antropológicos – referentes ao homem, sujeito em função do qual são realizadas as atividades da saúde, sua dignidade e seus direitos como pessoa – relacionados à humanização da assistência hospitalar propriamente dita.

Dessa forma, trataremos de temas como o surgimento da assistência aos doentes, a criação dos hospitais, a necessidade de uma visão integral da pessoa, as personalidades que foram expoentes na humanização da assistência hospitalar e os fatores que podem explicar sua desumanização, a legislação pertinente ao assunto e, por fim, apresentaremos sugestões de ações interdisciplinares nas unidades de saúde visando à humanização dessas instituições.

4.1 Antropologia da pessoa

A **questão antropológica** é o primeiro desafio que devemos enfrentar quando tratamos de assuntos relacionados à bioética.

A ética, mediante a educação, resulta na construção integral das pessoas e, por consequência, de uma sociedade verdadeiramente humana. São evidentes e indiscutíveis a nobreza e a sublimidade do homem, o qual deve conservar inalienáveis sua dignidade e seus direitos mesmo quando adoece. Ele não pode ser reduzido simplesmente a um "indivíduo da espécie", pois é um sujeito com dimensões que ultrapassam as esferas biológicas, biofísicas e psicológicas, chegando aos níveis transcendental e divino. Em suma, o homem é alguém, e não algo (Spaemann, 2015).

Dadas sua constituição e sua dignidade, a pessoa, portanto, deve ser o fim das ações e das instituições, e nunca um meio para algum fim (Sgreccia, 2009). A pessoa antecede os valores, pois constitui-se como qualidade transcendente e sua dignidade se baseia em sua identidade ôntica participativa de Deus, do qual os valores emergem. Por isso, a perda da noção de Deus acarreta a perda da consciência do homem (Silva, 2014).

Essa dignidade não se outorga, pois é própria de cada um, independentemente de seu desenvolvimento e de suas características físicas, emocionais, espirituais, sexuais, étnicas ou comportamentais, abrangendo desde o momento de sua concepção até sua morte. Dessa forma, a pessoa é uma síntese substancial e dinâmica de corpo, psiquismo e espírito (Sgreccia, 2009). Para melhor exemplificar esse conceito, imaginemos uma limonada: uma vez misturados o limão, o açúcar e a água, teremos uma nova substância na qual os constituintes estão imbricados, impossibilitando sua separação. Podemos comparar esse amálgama ao homem integral – composto por corpo, psique e espírito –, intrinsecamente constituído.

É sobre a base da visão antropológica que devem ser enfatizados a dignidade e os direitos do homem como pessoa quando estiver na condição de enfermo.

Atualmente, vivenciamos uma crise do valor da pessoa, com reducionismos de várias dimensões, fragmentando a noção do *ser*. Porém, a dignidade humana não depende de critérios que sigam a utilidade social, a conveniência ou as características pessoais, ou seja, fatores externos aos indivíduos e cerceados por convenções jurídico-sociais, visto que ela é própria de cada indivíduo justamente pelo fato de tratar-se de algo relacionado a seres humanos.

Dessa forma, **a pessoa é o ser humano**, e não uma qualidade dele (Spaemann, 2015). Assim, sua afirmação como *pessoa*, fazendo justiça a seu *ser*, é o que conceituamos como **amor**, a norma ética fundamental que aperfeiçoa a pessoa na ação sem instrumentalizá-la (Silva, 2014).

4.2 Humanização da assistência hospitalar

Humanizar a medicina é valorizar os desejos do paciente, reconhecendo suas vontades e suas demandas. É dialogar não só com ele mas também com seus acompanhantes e com cada integrante da equipe responsável por seu tratamento.

É notório que, na assistência hospitalar, há o desaparecimento de atitudes que denotem sensibilidade, emotividade, compaixão e empatia. Por isso, humanizar a assistência aos doentes implica tomar conta e cuidar do doente considerado pessoa integral, assisti-lo e atender a seus anseios, percebendo que, na dor e no sofrimento, suas necessidades de afeto e de acolhimento se intensificam.

Diante da invasão da tecnologia e da massificação dos hospitais, são relevantes as relações entre os pacientes e o pessoal da saúde, pois, sem essa atenção, há o risco de transformá-los de sujeitos a objetos dentro da tecnologia. Esta, em vista da atual crise de humanismo, embora seja de grande utilidade, causa preocupação, principalmente no nível ético, pois um tecnicismo frio no ambiente médico ergue uma barreira, um distanciamento entre o paciente e os envolvidos em sua assistência. Por isso, conforme Luis Antonio Bento (2008, p. 319), "Nenhuma ciência pode estar ausente do mundo dos valores humanos". Indo além desse entendimento, "A medicina deve colocar o doente no centro das atenções, sem instrumentalizá-lo, desrespeitando sua dignidade ao **coisificá-lo** como mercadoria comercializável" (Cascelli; Cascelli, 2016, p. 2, grifo nosso).

Constatamos, assim, que a medicina biotecnológica está enveredando por rumos contrários ao do homem, tornando-se cada vez mais desumana. Mas seria possível alcançarmos uma medicina integralmente humana, capaz de respeitar cada indivíduo em seu próprio sofrimento?

Essa humanização da medicina, em nome do ser humano-pessoa, deve "indicar orientações e limites à pesquisa e às intervenções biomédicas" (Faggioni, 2004, p. 13, tradução nossa).

No Brasil, precisamos recuperar o valor da dignidade da pessoa humana e resgatar a consideração do doente como pessoa. A degradação da humanidade no mundo da saúde torna a conquista desses objetivos árdua por causa da crise existente na escala de valores éticos. O hospital que recebe uma pessoa doente muitas vezes se apresenta para ela como um local triste, sem esperança, com estruturas precárias e anti-higiênicas. Há ausência de privacidade, longas e desconfortáveis esperas em macas e filas e incertezas quanto aos atendimentos e a seus desfechos, entre outros problemas.

Dessa forma, a humanização da medicina deve ser o propósito da busca da ciência pela possibilidade de ajudar um ser humano desiludido, por meio do trabalho de médicos fiéis à humanidade, tornando, assim, a prática médica impregnada de responsabilidade. Essa atitude deve abranger não só o diagnóstico da doença mas também os aspectos psicoafetivos e a salutar colaboração do paciente, considerando, enfim, todos os questionamentos do doente.

A relação médico-paciente deve basear-se num diálogo respeitoso, confiante e autenticamente interessado; deve ter caráter informativo, terapêutico e decisório, tomando o doente como sujeito digno da máxima atenção. Dessa forma, o sofrimento será humanizado, promovendo uma comunicação ética e reconhecendo a nobreza das relações interpessoais.

O Ministério da Saúde, por meio da Política Nacional de Humanização (Brasil, 2004), entende *humanizar* como ofertar atendimento de qualidade, articulando os avanços tecnológicos com acolhimento e com melhoria dos ambientes de cuidado e das condições de trabalho dos profissionais. Além disso, pondera que

> *a fragmentação e a verticalização dos processos de trabalho esgarçam as relações entre os diferentes profissionais da saúde e entre estes e os usuários; o trabalho em equipe, assim como o preparo para lidar com as dimensões sociais e subjetivas presentes nas práticas de atenção, fica fragilizado. [...]*
>
> *O debate sobre os modelos de gestão e de atenção, aliados aos de formação dos profissionais de saúde e aos modos com que o controle social vem se exercendo, é, portanto, necessário e urgente. Necessário para que possamos garantir o direito constitucional à saúde para todos, e urgente porque tal debate é uma condição para viabilizar uma saúde digna para todos, com profissionais comprometidos com a ética da saúde e com a defesa da vida. [...]*
>
> *Portanto, [...] a Humanização deve ser vista como uma das dimensões fundamentais, não podendo ser entendida como apenas um "programa" a mais a ser aplicado aos diversos serviços de saúde, mas como uma política que opere transversalmente em toda a rede SUS. [...]*
>
> *É neste ponto indissociável que a Humanização se define: aumentar o grau de corresponsabilidade dos diferentes atores que constituem a rede SUS, na produção da saúde, implica mudança na cultura da atenção dos usuários e da gestão dos processos de trabalho. Tomar a saúde como valor de uso é ter como padrão na atenção o vínculo com os usuários, é garantir os direitos dos usuários e seus familiares, é estimular a que eles se coloquem como atores do sistema de saúde por meio de sua ação*

de controle social, mas é também ter melhores condições para que os profissionais efetuem seu trabalho de modo digno e criador de novas ações e que possam participar como cogestores de seu processo de trabalho.

Nesse sentido, a Humanização supõe troca de saberes (incluindo os dos pacientes e familiares), diálogo entre os profissionais e modos de trabalhar em equipe. E aqui vale ressaltar que não estamos nos referindo a um conjunto de pessoas reunidas eventualmente para "resolver" um problema, mas à produção de uma grupalidade que sustente construções coletivas, que suponha mudança pelos encontros entre seus componentes.

Levar em conta as necessidades sociais, os desejos e os interesses dos diferentes atores envolvidos no campo da saúde constitui a política em ações materiais e concretas. Tais ações políticas têm a capacidade de transformar e garantir direitos, constituir novos sentidos, colocando-se, assim, a importância e o desafio de se estar, constantemente, construindo e ampliando os espaços da troca, para que possamos caminhar na direção do SUS que queremos. (Brasil, 2004, p. 5-7)

4.2.1 História da assistência aos doentes

As civilizações antigas já correlacionavam o sagrado e a medicina, a saúde e a doença, os deuses e o homem doente ou sofredor. Templos eram dedicados às divindades ligadas à saúde. Esse laço ainda se faz presente.

Asclépio (ou Esculápio), na Grécia, era considerado o deus da medicina, e suas filhas Higeia e Panaceia, a deusa da medicina e a deusa dos medicamentos, respectivamente. Asclépio era representado como um homem barbado, apoiado a um cajado no qual se enroscava uma serpente. O tratamento dos doentes era realizado em domicílio ou nos templos das divindades.

Hipócrates, por sua vez, é considerado o pai da medicina científica, além de ter apregoado o respeito à intimidade e à confidencialidade. No judaísmo, encontramos citações concernentes ao tema, como no livro do Eclesiástico, do Antigo Testamento: "Depois [de orar e fazer oferendas a Deus] dá lugar ao médico, porque o Senhor também o criou, não o afastes de ti, porque dele tens necessidade. Há ocasião em que a saúde está entre suas mãos" (Bíblia. Eclesiástico, 2002, 38: 12-12).

Com o advento do cristianismo, a assistência aos doentes ganhou impulso, sobretudo com as atitudes de Jesus nesse sentido. No Novo Testamento, vemos a preocupação de Cristo com os doentes e com o dever de assisti-los e há várias descrições de curas milagrosas realizadas por ele. Ao prometer o Reino a seus seguidores, inclusive, Jesus menciona a ação daqueles que curam: "Estive [...] doente e me visitastes" (Bíblia. Mateus, 2002, 25: 36).

4.2.2 **Locais de solidariedade humana**

Ao longo dos milênios, foram criados diversos ambientes destinados ao acolhimento de pessoas doentes para que fossem tratadas e, se possível, curadas.

Na Europa, esse fato remonta aos romanos, que, por volta de 100 a.C., ergueram locais destinados a cuidar dos soldados feridos em batalha. Porém, o aumento do número desses estabelecimentos só ocorreu a partir do século IV, com o crescimento do cristianismo, que promoveu sua expansão. Comandados por sacerdotes e religiosos, os monastérios passaram a servir de refúgio para viajantes e doentes pobres. Esses lugares tinham um *infirmitorium*, espaço nos quais os pacientes eram tratados e onde havia uma farmácia e um jardim com plantas medicinais. Foram esses recintos que serviram de modelo para a estrutura dos hospitais modernos. Na Idade Média, as ordens religiosas continuaram a liderar a criação de estabelecimentos de saúde – calcula-se que só os beneditinos abriram mais de 2 mil deles.

De forma resumida, podemos destacar alguns santos da Igreja Católica que tiveram um papel importante na humanização da assistência à saúde:

- **São Basílio** – Realizou a construção de pavilhões separados, destinados, cada um, a uma doença diferente, num verdadeiro acolhimento aos enfermos.
- **São Bento** – Ofereceu seus serviços aos enfermos, sem negligenciar as necessidades deles.
- **São Cipriano** – Prestou assistência aos atingidos pela peste em Cartago.
- **São Jerônimo** – Foi quem encabeçou e prestou orientações para a construção do primeiro hospital de Roma destinado aos doentes das ruas.
- **São Policarpo** – Defendia que era preciso ser misericordioso para com todos os enfermos.

Além disso, no Concílio de Niceia, houve o estabelecimento de um local para receber enfermos pobres, dirigido por um monge e pelos Cavaleiros Templários. Eram as **casas de misericórdia** – nos três primeiros séculos da história do Brasil, essas enfermarias jesuíticas eram as únicas unidades de assistência hospitalar disponíveis à população – "confrarias" estruturadas para o atendimento aos enfermos.

Posteriormente, a Igreja Católica passou a proibir o exercício da medicina aos monges e aos sacerdotes, por entender que assistir os doentes deveria ser um meio, e não fim. A Igreja considerava que a caridade não deveria envolver atividades lucrativas, pois a assistência aos doentes tinha se tornado uma fonte inadequada de ganhos para a vida religiosa. Mas, de maneira caritativa, nessa época despontou **São João de Deus**, que realizou a divisão de doentes por categorias, com leitos individuais, sem brutalidade, e criou a *Fatebenefratelli*, nome popular da Ordem Hospitaleira de São João de Deus, da qual se originou o conceito de *hospitalidade*. Citamos, ainda, **São Vicente de Paulo**, que deu origem à doutrina social da Igreja Católica.

Mas o grande ícone da cristandade na assistência hospitalar humanizada é **São Camilo de Lellis**, que decidiu empregar sua existência para prestar serviços aos "últimos" – excluídos, desassistidos, abandonados – e realizou uma reforma na assistência aos doentes, culminando com o início do voluntariado hospitalar.

Lellis era um homem de oração e conhecido por sua grande caridade e pela seguinte frase: "Quando vocês se dedicarem aos doentes, coloquem mais coração nas mãos" (Cascelli; Cascelli, 2016, p. 2). Ele entendia que apenas a eficiência não é o suficiente para curar os doentes, pois também eram necessários o conforto e a esperança, e ponderava que o coração é a fonte da generosidade, da atenção materna e da compaixão. Inaugurou uma nova escola de caridade, por meio do carinho, da higiene e do entusiasmo. Ensinava seus companheiros a se abrirem para Deus e para o próximo, testemunhando o amor cristão, e enxergava o doente como a pessoa do Cristo. Foi ele quem deu origem aos **camilianos**, presentes no mundo até a atualidade (Spinelli, 2010).

4.2.3 Normas camilianas

São Camilo, quando esteve hospitalizado, devido a uma chaga na perna direita, impressionado pelas péssimas condições do hospital e do modo como eram tratados os doentes, comprometeu-se a mudar a forma de prestar assistência aos enfermos, sem mais brutalidades e com carinho maternal, sem imundícies e com higiene adequada. Até as relações entre médicos, pacientes, equipes de enfermagem, familiares e demais profissionais da área de saúde foram normatizadas por São Camilo. Podemos afirmar que ele tinha uma visão integral do doente, e o que posteriormente foi escrito sobre a assistência aos doentes tem aperfeiçoado suas normas.

São Camilo "inventou" a espátula – bastão de madeira envolto com tecido de algodão para limpeza da língua – e criou um processo semelhante a uma "linha de montagem" para a admissão dos doentes. Cada camiliano desempenhava uma função específica – como dar banho, trocar a roupa, alimentar ou medicar os pacientes. Além disso, ele estipulou a rotina de passagem de plantão, quando os cuidadores de um turno transmitem as informações pertinentes a seu horário de trabalho à equipe que assume o próximo período de serviços. Ele também organizou as visitas hospitalares envolvendo médicos, equipes de enfermagem e leigos e as relações entre médicos, ajudantes, voluntários, pacientes e familiares. Criou, ainda, os expurgos, locais para os quais eram levados os materiais sujos e contaminados, e enfatizou o cuidado com a alma e a liberdade religiosa dos pacientes. Havia quem o ajudasse nos momentos das refeições, deixando-o livre para ocupar-se principalmente daqueles com dificuldade para se alimentarem sozinhos. Foi assim que ele criou o conceito de **voluntariado**, promovendo a troca de lençóis das camas sempre que necessário e a assistência dos moribundos (Mezzomo, 2010).

Por volta de 1773, os reis europeus agiram de forma a extinguir as ordens religiosas, causando a alienação de seus bens e a suspensão de auxílios para os hospitais. Com isso, houve uma piora importante no atendimento à saúde da época, culminando com o retorno das ordens religiosas. Na ocasião, houve a percepção de que as obras assistenciais tinham caráter social, mas as motivações e as inspirações para a realização delas eram religiosas e espirituais (Piacentini, 1957).

4.2.4 Situação atual da humanização hospitalar

Ao longo dos anos, houve uma substituição dos valores de caridade, misericórdia, compaixão e acolhimento pelo conceito de *humanização*. Nesse sentido, Sgreccia (2002a, p. 189) explicita que:

> *É certo que o emprego dos meios diagnósticos [...] – uma vez que eles comportam, por sua natureza, os caracteres da reprodutibilidade, da estandardização, da firmeza definidora e da memorização do dado –, implica uma dupla operação epistemológica: a setorização parcelada do diagnóstico e a despersonalização da doença. A doença tem uma história, tem um ambiente em que surge, tem um sujeito em quem vive, e se exprime por símbolos, mais do que por "dados".*

De posse dos exames do paciente, o médico pode acreditar que já saiba tudo sobre ele, antes mesmo de tê-lo avaliado ou ouvido suas reclamações. Portanto, o recurso tecnológico dos exames complementares, em vez de proporcionar maior disponibilidade de tempo para dialogar com o paciente, pode levar a sua redução.

A tecnologia também pode ocasionar uma desmedida manipulação da corporeidade humana, uma verdadeira "obstinação terapêutica", motivada, inclusive, por fins lucrativos. O fator financeiro e as ponderações de economicidade das terapias podem gerar decisões terapêuticas ilícitas e até desumanas. Há ainda a dificuldade de acesso a assistência sanitária, a medicamentos e a diagnósticos adequados.

Além de todos esses problemas, poderíamos elencar alguns fatores que concorrem para a desumanização hospitalar, entre os quais, destacamos (Mezzomo, 2010):

- ausência de empenho programático, ou seja, de normas-guias, com o ser humano como ponto de referência e como medida entre o lícito e o não lícito (visão personalista);
- excesso de tecnologia na rotina médica, causando falta de tempo para que ocorra a relação médico-paciente;
- falta de informação sobre a terapia para os pacientes;
- existência uma burocracia organizativa exagerada, tomando o tempo da equipe médica;
- número elevado de solicitações de exames, com o objetivo de evitar possíveis desavenças com familiares, além de erros médicos e acusações de negligência, o que acarreta sobrecarga econômica abusiva;
- exigência, por parte do doente ou de seus familiares, do direito de ser curado, apesar de o médico ter o dever de tratar do paciente para que ele sare;
- visão distorcida do paciente como algo a ser reparado, como se fosse uma máquina, revelando uma crise de humanismo ético;
- presença de ambientes hospitalares labirínticos, o que gera a desorientação de pacientes e de familiares;
- desconsideração dos valores culturais e religiosos do paciente;
- ocorrência de indevidas tentativas de manter o paciente vivo a qualquer custo;
- presença de uma imaturidade emocional dos profissionais de saúde, que fogem das relações humanas, principalmente

quando os pacientes estão em fase terminal, visto que a formação universitária não os prepara para isso;

- informação escassa sobre o sentido da vida e de sua dignidade, com um despreparo para ouvir, dialogar e interagir;
- formação médica tecnicista e menos humanitária;
- ausência de recursos e de equipes que valorizem a humanização.

Apesar desse cenário, temos avançado na busca por superá-lo, com a promoção de políticas e de ações que visam à humanização. Sgreccia (2009) salienta que a pessoa deveria ser o verdadeiro fundamento do dever de promover o bem do outro no respeito de sua autonomia.

4.3 Legislação: direito à saúde

A Constituição Federal de 1988 afirma que

> *Art. 196. A saúde é direito de todos e dever do Estado, garantido mediante políticas sociais e econômicas que visem à redução do risco de doença e de outros agravos e ao acesso universal e igualitário às ações e serviços para sua promoção, proteção e recuperação.* (Brasil, 1988a)

A Lei n. 8.080, de 19 de setembro de 1990 (Brasil, 1990b), conhecida como *Lei Orgânica da Saúde*, em seu art. 2°, também assegura que "A saúde é um direito fundamental do ser humano, devendo o Estado prover as condições indispensáveis ao seu pleno exercício". O parágrafo 1° desse art., corrobora o enunciado do art. 196 da Constituição Federal:

[...]

§ 1º O dever do Estado de garantir a saúde consiste na formulação e execução de políticas econômicas e sociais que visem à redução de riscos de doenças e de outros agravos e no estabelecimento de condições que assegurem acesso universal e igualitário às ações e aos serviços para a sua promoção, proteção e recuperação. (Brasil, 1990b)

Esses direitos do paciente são alicerçados sobre os deveres que médicos e paramédicos têm de proporcionar aos doentes, sustentados pela dignidade da pessoa, conforme expresso na *Carta Brasileira dos Direitos do Paciente* (Carta..., 1984). Cabe, nesse caso, a premissa de que todos são iguais e o atendimento deve seguir as normas recomendadas pela OMS e pelo Ministério da Saúde – e as instituições são responsáveis por fornecer condições dignas e recursos necessários para o exercício adequado da profissão.

4.3.1 Direito ao consentimento livre e esclarecido e direito à verdade

O Conselho Federal de Medicina (CFM) publicou, em 2009, uma nova versão do **Código de Ética Médica**, por meio da Resolução CFM n. 1.931, de 17 de setembro de 2009 (CFM, 2009), o qual, no "Capítulo IV – Direitos Humanos", estabelece que:

É vedado ao médico:

Art. 22. Deixar de obter consentimento do paciente ou de seu representante legal após esclarecê-lo sobre o procedimento a ser realizado, salvo em caso de risco iminente de morte.

Além disso, no "Capítulo XII – Ensino e pesquisa médica", no art. 101, ao referir-se à pesquisa médica envolvendo seres humanos, proíbe ao médico sua realização sem

> *Art. 101. Deixar de obter do paciente ou de seu representante legal o termo de consentimento livre e esclarecido para a realização de pesquisa envolvendo seres humanos, após as devidas explicações sobre a natureza e as consequências da pesquisa.* (CFM, 2009)

Nesse contexto, é importante que o direito de saber a verdade seja respeitado, ainda que deva ser usado com prudência, visando à informação do paciente e servindo como base para decisões futuras. No caso de pessoas capazes de juízo, este deve ser respeitado; porém, no caso de pessoas incapazes, as decisões deverão ser tomadas por seus representantes legais (Bento, 2008).

4.3.2 Respeito à intimidade (confidencialidade)

Sobre a **confidencialidade**, podemos citar o inciso X do art. 5º da Constituição Federal (Brasil, 1988a), que garante a inviolabilidade da intimidade, a vida privada, a honra e a imagem das pessoas.

Já o Código de Direito Canônico defende, no cânone 220, que "Ninguém tem o direito de lesar ilegitimamente a boa fama de que outrem goza, nem de violar o direito de cada pessoa a defender a própria intimidade" (João Paulo II, 1983, Cân. 220).

O pai da medicina, Hipócrates, por sua vez, afirmava: "Guardarei segredo sobre o que vir ou ouvir na sociedade e não seja preciso que se divulgue, seja ou não no exercício de minha profissão, considerando a discrição como um dever em tais casos" (Hipócrates, citado por Gottschall, 2007, p. 52)[1].

Percebemos, portanto, que aquilo que pertence à esfera da intimidade de cada pessoa deve ser respeitado.

4.3.3 **Programa Nacional de Humanização da Assistência**

Em 2001, o Ministério da Saúde lançou a Política Nacional de Humanização da Assistência (HumanizaSUS) buscando enfrentar os desafios inerentes à melhora da qualidade do atendimento na esfera da saúde, bem como a valorização dos profissionais da área. Propondo-se a reduzir as dificuldades encontradas durante o tratamento, a política enfatiza a recuperação da comunicação entre a equipe de profissionais de saúde e o paciente, incluindo sua família, diante do momento de fragilidade emocional pelo qual ele passa.

De acordo com o HumanizaSUS (Brasil, 2004), há diretrizes médicas específicas por nível de atenção, como podemos observar no Quadro 4.1.

---

1 Trecho do *Juramento de Hipócrates*, também conhecido como *Juramento médico*. Existem várias versões do *Juramento de Hipócrates* em português. A que usamos nessa citação encontra-se na obra *Medicina hipocrática: antes, durante e depois*, de Carlos Antonio Mascia Gottschall (2007), escrito para a *Coleção Cremers*, do Conselho Regional de Medicina do Rio Grande do Sul.

Quadro 4.1 – Diretrizes médicas

Na atenção básica	1. Elaborar projetos de saúde individuais e coletivos para usuários e sua rede social, considerando as políticas intersetoriais e as necessidades de saúde. 2. Incentivar práticas promocionais de saúde. 3. Estabelecer formas de acolhimento e inclusão do usuário que promovam a otimização dos serviços, o fim das filas, a hierarquização de riscos e o acesso aos demais níveis do sistema. 4. Comprometer-se com o trabalho em equipe, de modo a aumentar o grau de corresponsabilidade, e com a rede de apoio profissional, visando a maior eficácia na atenção em saúde.
Na urgência e emergência, nos pronto-socorros, nos pronto-atendimentos, na assistência pré-hospitalar e outros	1. Acolher a demanda por meio de critérios de avaliação de risco, garantindo o acesso referenciado aos demais níveis de assistência. 2. Comprometer-se com a referência e a contrarreferência, aumentando a resolução da urgência e emergência, provendo o acesso à estrutura hospitalar e a transferência segura, conforme a necessidade dos usuários. 3. Definir protocolos clínicos, garantindo a eliminação de intervenções desnecessárias e respeitando as diferenças e as necessidades do sujeito.
Na atenção especializada	1. Garantir agenda extraordinária em função da análise de risco e das necessidades do usuário. 2. Estabelecer critérios de acesso, identificados de forma pública, incluídos na rede assistencial, com efetivação de protocolos de referência e contrarreferência. 3. Otimizar o atendimento ao usuário, articulando a agenda multiprofissional em ações diagnósticas, terapêuticas que impliquem diferentes saberes e terapêuticas de reabilitação. 4. Definir protocolos clínicos, garantindo a eliminação de intervenções desnecessárias e respeitando as diferenças e as necessidades do sujeito.

(continua)

(Quadro 4.1 – conclusão)

Na atenção hospitalar Neste âmbito, propomos dois níveis crescentes (B e A) de padrões para adesão à PNH:	**Parâmetros para o nível B:** ◆ Existência de Grupos de Trabalho de Humanização (GTH) com plano de trabalho definido. ◆ Garantia de visita aberta por meio da presença do acompanhante e de sua rede social, respeitando a dinâmica de cada unidade hospitalar e as peculiaridades das necessidades do acompanhante. ◆ Mecanismos de recepção com acolhimento aos usuários. ◆ Mecanismos de escuta para a população e os trabalhadores. ◆ Equipe multiprofissional (minimamente com médico e enfermeiro) de atenção à saúde para seguimento dos pacientes internados e com horário pactuado para atendimento à família e/ou à sua rede social. ◆ Existência de mecanismos de desospitalização, visando a alternativas às práticas hospitalares, como as de cuidados domiciliares. ◆ Garantia de continuidade de assistência com sistema de referência e contrarreferência. **Parâmetros para o nível A:** ◆ Grupo de Trabalho de Humanização (GTH) com plano de trabalho implantado. ◆ Garantia de visita aberta por meio da presença do acompanhante e de sua rede social, respeitando a dinâmica de cada unidade hospitalar e as peculiaridades das necessidades do acompanhante. ◆ Ouvidoria em funcionamento. ◆ Equipe multiprofissional (minimamente com médico e enfermeiro) de atenção à saúde para seguimento dos pacientes internados e com horário pactuado para atendimento à família e/ou à sua rede social. ◆ Existência de mecanismos de desospitalização, visando a alternativas às práticas hospitalares, como as de cuidados domiciliares. ◆ Garantia de continuidade de assistência com sistema de referência e contrarreferência. ◆ Conselho gestor local com funcionamento adequado. ◆ Existência de acolhimento com avaliação de risco nas áreas de acesso (pronto-atendimento, pronto-socorro, ambulatório, serviço de apoio diagnóstico e terapia). ◆ Plano de educação permanente para trabalhadores com temas de humanização em implementação.

Fonte: Adaptado de Brasil, 2004, p. 13-16.

Antes desse marco, houve, em 1994, o Programa de Humanização de Saúde da Família, que pressupunha atenção integral para o indivíduo e para sua família, com ações multidisciplinares nas unidades de saúde, nos domicílios e nas comunidades. Houve, ainda, o Programa de Humanização no Pré-Natal e no Nascimento, por meio da Portaria n. 569, de 1º de junho de 2000 (Brasil, 2000b), do Gabinete do Ministro do Ministério da Saúde.

4.4 Sugestões de ações de humanização hospitalar

Após tudo o que explicamos neste capítulo, chegamos ao momento de apresentar ações que priorizam a humanização e que podem ser adotadas pelos estabelecimentos de atendimento à saúde. São elas:

- Centralizar a atenção da assistência na pessoa humana doente, impedindo que ele seja objeto de manipulação de médicos, administradores, sindicatos etc.
- Oferecer ao paciente uma acolhida digna.
- Propiciar condições para que haja um ambiente humano, visto que já é terapêutico.
- Desenvolver relações de confiança no trabalho de grupo.
- Estimular a formação contínua dos profissionais de saúde.
- Possibilitar que o paciente tenha acesso, se possível, aos ambientes hospitalares antes de se submeter aos procedimentos, como a sala de parto (para gestantes), a sala de cirurgias etc.
- Promover ações de justiça e de caridade, como a utilização de *comadres* e *compadres* (instrumentos para mulheres e homens,

respectivamente, urinarem) com discrição; a administração de injeções com delicadeza e paciência; a remoção de curativos com gentileza; o diálogo com o paciente, chamando-o por seu nome; a não utilização de campainhas à noite, para não atrapalhar o descanso dos doentes.

- Incentivar o voluntariado, os serviços religiosos e os comitês de humanização.
- Prestar atenção primeiro à pessoa e depois à sua fisiologia, como desejar-lhe um "bom dia", uma "boa tarde" ou uma "boa noite".
- Fomentar o ensino do valor e da dignidade de cada indivíduo.
- Evitar causar danos aos pacientes.

Se pensarmos, então, na gestão da política de humanização, podemos nos reportar mais uma vez à Política Nacional de Humanização, que orienta:

> *A dimensão transversal da Política de Humanização da Atenção e da Gestão em Saúde no SUS implica, necessariamente, para sua efetuação, um construir coletivo. Isso significa processos de pactuação no âmbito do Ministério da Saúde, assim como nas diversas instâncias do SUS.*
>
> *Mapear programas, projetos e iniciativas de humanização já existentes, articulá-los e, a partir daí, propor diretrizes, traçar objetivos e definir estratégias de ação na composição da PNH, num constante diálogo com as especificidades das áreas da saúde, são tarefas das quais não podemos abrir mão se, de fato, queremos operar transversalmente.*
>
> *O que estamos querendo dizer é que afirmar a Humanização como eixo norteador das práticas em saúde supõe uma indissociabilidade com o próprio método de sua construção. Para a política ser transversal é necessário que seu modo de operar também o seja.*

Dessa forma, decidimos integrar as contribuições das áreas da saúde, assim como de programas e projetos, na construção da Política de Humanização. Seu caráter, portanto, é de abertura, significando que outras experiências e propostas a ela se agregarão.

O aspecto a se destacar é o fato de que as diretrizes pactuadas expressam compromissos do Ministério da Saúde em qualificar os princípios do SUS, impondo a todos a tarefa de definirem seus núcleos de responsabilidades e competências.

É nesse sentido que se torna importante definir um ***modo de gestão*** *da PNH.* (Brasil, 2004, p. 16-17, grifo do original)

Em suma, vemos que humanizar implica estabelecer relações com os indivíduos, respeitando a dignidade e os direitos de cada um. Para que isso aconteça, é preciso trabalhar com a interdisciplinaridade, com o desenvolvimento de interações respeitosas dos profissionais da saúde e com a promoção de um ambiente familiar, motivando uma parceria entre doentes e familiares como agentes ativos para plena humanização.

Síntese

Pelo exposto, podemos concluir que os cuidados ao paciente devem ser centrados na pessoa do próprio paciente, iniciando com seu acolhimento afetuoso e compreensivo já no momento de sua chegada à unidade de assistência hospitalar. A comunicação deve ser realizada de maneira clara e compassiva por parte de toda a equipe multidisciplinar que abordará o paciente. Durante todo o período da hospitalização, é fundamental que haja um envolvimento do corpo clínico, dos familiares, cuidadores, além do próprio paciente ante as condutas adotadas no conduzir de sua doença. Finalmente, o emprego dos recursos tecnológicos deve ser pautado pelo respeito à pessoa humana doente em sua integralidade.

Questões para revisão

1. Segundo a Organização Mundial da Saúde (OMS), qual é o conceito de *saúde*?

2. Cite algumas atitudes adotadas pela equipe hospitalar que podem promover e melhorar a humanização na assistência aos doentes.

3. Na concepção da antropologia personalista, o ser humano é:
   a) pessoa, como ponto de referência, com corpo, psiquismo e espírito.
   b) resumido a seu corpo.
   c) passível de ser renegado em favor de um universalismo radical, no qual nem o agente, nem os atingidos pelo agir seriam "pessoas".
   d) algo, o que pressupõe o desaparecimento da pessoa, negligenciando que a dimensão religiosa figura na órbita das possibilidades humanas.
   e) sua vontade, tendo como última medida seu próprio "eu".

4. A humanização da assistência à saúde é:
   a) valorizar as palavras do paciente, reconhecendo suas demandas.
   b) dialogar, falar e ouvir não só o paciente, mas também seus acompanhantes, além de cada integrante da equipe responsável por aquela pessoa fragilizada pela doença.
   c) assistir o paciente, cuidar e tomar conta dele e atender a seus anseios, considerando-o uma pessoa integral.

d) exercer a ciência com o propósito de buscar a possibilidade de ajudar um ser humano desiludido, por meio do trabalho de médicos fiéis à humanidade, tornando, assim, a prática médica impregnada de responsabilidade.
e) Todas as alternativas anteriores estão corretas.

5. São Camilo de Lellis é um ícone da humanização hospitalar, pois suas normas ainda se fazem presentes nos ambientes de saúde. Entre suas contribuições, destacam-se:
   a) Estipulou que, assim que houvesse a admissão de um doente, cada camiliano desempenharia uma função específica, como dar-lhe banho, trocar sua roupa, alimentá-lo e medicá-lo.
   b) Definiu a rotina da passagem de plantão, quando os cuidadores de um turno transmitem as informações pertinentes a seu horário de trabalho aos profissionais que irão substituí-los no próximo período de serviços.
   c) Organizou as visitas hospitalares, envolvendo médicos, equipe de enfermagem e leigos, e as relações entre médicos, paramédicos, pacientes e familiares.
   d) Criou os expurgos, locais para onde eram levados os materiais sujos e contaminados, e enfatizou o cuidado com a alma e com a liberdade religiosa dos pacientes.
   e) Todas as alternativas anteriores estão corretas.

Questões para reflexão

1. A humanização implica mudanças culturais no ambiente de trabalho e nas atitudes dos profissionais envolvidos. Reflita sobre como você elaboraria um programa para promover a humanização na assistência aos pacientes de maneira eficiente e eficaz (atingindo o maior número possível de profissionais).

Tente vislumbrar os obstáculos e as possibilidades encontrados nas peculiaridades de cada setor hospitalar e as contribuições dos profissionais da saúde envolvidos nessa ação. Pense, também, nas relações interpessoais – entre médicos, pacientes, equipes de enfermagem e familiares – e intersetoriais.

2. Pondere sobre a pertinência de estabelecer-se cuidados paliativos no contexto da humanização hospitalar e como eles poderiam ser aplicados.

3. Analise se estratégias como eventos de arte, música, terapia ocupacional ou *pet* terapia poderiam ser utilizadas como fatores de humanização.

Para saber mais

BENTO, L. A. **Bioética**: desafios éticos no debate contemporâneo. São Paulo: Paulinas, 2008.

Luis Antonio Bento almeja despertar uma maior consciência em relação ao respeito à vida humana, desde seu instante inicial até seu fim natural. Com leitura fluente, a obra aborda temas polêmicos e apresenta documentos que balizam a reflexão proposta pelo autor sobre as questões da bioética, dentre as quais destaca-se a humanização da saúde.

DRANE, J.; PESSINI, L. **Bioética, medicina e tecnologia**: desafios éticos na fronteira do conhecimento humano. São Paulo: Centro Universitário São Camilo; Loyola, 2005.

Nesta obra, os autores conduzem o leitor a aprofundar a compreensão sobre o significado de uma medicina mais humana.

MEZZOMO, A. A. **Humanização hospitalar**: fundamentos antropológicos e teológicos. São Paulo: Loyola, 2010.

A obra aborda os fundamentos antropológicos e teológicos da humanização hospitalar, apresentando o assunto sob as dimensões sociológica, filosófica e teológica ao longo dos séculos. De linguagem fácil, é uma ferramenta elucidativa e atualizada sobre o tema.

SGRECCIA, E. **Manual de bioética**: fundamentos e ética biomédica. 3. ed. Tradução de Orlando Soares Moreira. São Paulo: Loyola, 2009. v. 1.

Nesta obra, Elio Sgreccia apresenta os fundamentos da ética biomédica, abrangendo seus diversos aspectos. Ele explica que, na realidade, ela não é considerada uma ciência, uma vez que o método que emprega é plurirreferencial e, portanto, constitui-se num sistema de estudos que abrange dimensões científicas. Para o autor, a humanização da assistência aos doentes encontra-se dentro do universo científico. Embora o assunto tratado no livro seja muito complexo, sua leitura é de grande valia para quem deseja aprofundar-se nesse tema.

SPINELLI, M. **Camilo de Lellis**: "Mais coração nas mãos!". São Paulo: Paulinas, 2010.

Mario Spinelli versa sobre a vida de Camilo de Lellis, no século XVI, que lançou a base para a humanização hospitalar.

Indicações culturais

O HOMEM elefante. Direção: David Lynch. EUA: Universal Home Video, 1980. 124 min.

O diretor David Lynch apresenta a história de um personagem grotesco, que trabalha como atração de circo, o qual, quando fora do ambiente hostil, na presença de um médico, revela-se um ser humano sensível, gentil e inteligente.

O MILAGRE de Anna Sullivan. Direção: Arthur Penn. EUA: 20th Century Fox Film Corporation, 1962. 107 min.

Baseado em uma peça de William Gibson, o filme narra a história de coragem e esperança de uma criança de 7 anos, cega e surda, que venceu suas limitações com o auxílio da ferramenta do toque físico como instrumento de comunicação.

Estudos de caso

Apresentamos, a seguir, dois casos clínicos ocorridos em diferentes hospitais.

Caso 1: Cirurgia em paciente feminina e princípio da dignidade

Uma mulher, internada em unidade de terapia intensiva (UTI), em estado neurológico de coma e com indicação de procedimento invasivo em região genital. À sua frente, encontra-se um paciente masculino, consciente. Sem privacidade entre eles, o médico, para proteger a individualidade da mulher, solicitou que fosse colocado um biombo entre os dois, antes de iniciar o procedimento cirúrgico.

Dessa forma, o profissional, mesmo diante da paciente inconsciente, vislumbrou o princípio da dignidade da pessoa humana, bem como seu direito à intimidade.

Caso 2: Paciente masculino e intolerância religiosa

Homem, senil, vítima de acidente vascular cerebral (AVC), consciente, mas sem conseguir falar. Solicitou à equipe médica, por meio de texto precariamente escrito, a presença de um religioso para atendê-lo na UTI. O religioso contatado para lá se dirigiu, mas foi impedido, pelas filhas do paciente, de se aproximar dele, sob a alegação de que elas confessavam credo contrário ao do pai. Este, vertendo lágrimas em silêncio, veio a falecer algumas horas depois. Triste situação em que o credo do paciente não foi respeitado pela própria família.

Nosso objetivo, ao apresentarmos esses dois casos, foi o de demonstrar como situações hospitalares aparentemente fortuitas podem implicar questões éticas relevantes, sobretudo aos pacientes. Podemos observar que o bom senso não só da equipe médica mas também dos familiares pode gerar resultados benéficos ou maléficos para os enfermos, geralmente o lado mais vulnerável nos tratamentos de saúde.

Capítulo 5

Bioética e gestão hospitalar

Gustavo Carvalho Rosas

Conteúdos do capítulo:

- Contextualização da ética e da gestão hospitalar.
- Conceitos de gestão hospitalar pública e gestão hospitalar privada.
- Hospital e gestor.
- Ferramentas de gestão hospitalar.
- Acreditação hospitalar e ética.
- Código de ética do gestor hospitalar.
- Fluxograma da análise bioética.

Após o estudo deste capítulo, você será capaz de:

1. situar historicamente o contexto socioeconômico da ética hospitalar;
2. reconhecer a interligação entre ética e gestão hospitalar;
3. conceituar a gestão hospitalar pública e a gestão hospitalar privada;
4. descrever o ambiente hospitalar e as principais correntes específicas da ética institucional;
5. compreender o uso das ferramentas de gestão hospitalar;
6. avaliar a acreditação hospitalar e identificar sua ligação estreita com a ética do gestor hospitalar;
7. interpretar a legislação envolvida na gestão e na ética;
8. analisar o código de ética do administrador hospitalar e assimilar os princípios da bioética moderna;
9. auxiliar na resolução dos problemas bioéticos existentes no ambiente hospitalar.

A evolução tecnológica que se intensificou nos últimos anos dentro da esfera da medicina tem causado o aparecimento de novos paradigmas que, consequentemente, atingem a bioética e a gestão hospitalar. Dessa forma, nós, profissionais da saúde, somos constantemente provocados pela necessidade de definição de novos comportamentos e de tipificação de condutas, além do ordenamento ético das inter-relações pessoais dentro dos ambientes médicos.

Dentro desse contexto, neste capítulo apresentaremos, de forma prática, os conhecimentos teóricos da bioética no ambiente da gestão hospitalar.

5.1 Contexto da ética e da gestão hospitalar

O ambiente hospitalar, ao longo dos anos, passou por várias modificações em sua estrutura interna, o que provocou diversas reorganizações. No princípio, esse ambiente servia para acolher pobres e viajantes. Depois, passou a ser depósito de doentes, em que o empirismo era uma constante, e, por fim, tornou-se o local que conhecemos hoje: um centro de alta tecnologia para diagnóstico, tratamento e, por vezes, pesquisa científica.

Assim, há certo grau de complexidade no ambiente da gestão hospitalar, pois, se de um lado é preciso atender à necessidade social de alcançar o bem das pessoas, de outro existem aspectos econômicos e de natureza administrativa presentes nas empresas modernas que devem ser seguidos (Zoboli, 2004).

O gestor hospitalar enfrenta o eterno desafio de trabalhar pela busca da excelência do atendimento à saúde e de garantir a sobrevivência da instituição hospitalar, inserida num sistema extremamente competitivo em que os recursos tecnológicos avançam de maneira exponencial, enquanto os recursos financeiros crescem de forma linear.

Nesse contexto, por vezes, instituições hospitalares que preterem seu lado social acabam por provocar malefícios aos pacientes, bem como prejudicam a qualidade do atendimento sanitário e, desse modo, perdem clientes. Por sua vez, o gestor tem de focar na viabilidade financeira de sua instituição, mas, nessa tarefa, não deve se esquecer de que a grande função de um hospital é cuidar dos pacientes (Zoboli, 2004).

Dentro dessa realidade, a ética dos gestores em saúde deve ser uma constante, pois, desde a fragilidade do ser humano que recorre ao ambiente hospitalar até o desejo de equacionar contas e situações financeiras, existem muitas questões que permeiam as decisões profissionais, como definir a medicação adequada a diversos casos, verificar o treinamento de corpo clínico e observar o nível dos insumos hospitalares, entre inúmeros outros aspectos a serem decididos diariamente (Zoboli, 2004).

As áreas da bioética, da ética clínica e da ética profissional são bastante conhecidas e desenvolvidas pela ética aplicada. Nesse sentido, há a atuação médica na pesquisa com seres humanos, na autonomia e no cuidado do paciente, na relação clínica e em outras situações. Contudo, mesmo com a evolução dessas áreas, identificamos que pouca atenção tem sido oferecida às questões relacionadas à ética organizacional na assistência à saúde. Assim, a atenção à saúde se torna cada vez mais institucionalizada no provimento, na gestão e no financiamento (Werhane; Rorty, 2000).

Essa situação nos leva ao grande desafio de construir uma ética da gestão hospitalar, como veremos a seguir.

5.2 Conceitos de gestão hospitalar pública e privada

O art. 4º da Lei n. 8.080, de 19 de setembro de 1990 (Brasil, 1990b), descreve que "o conjunto de ações e serviços de saúde, prestados por órgãos e instituições públicas federais, estaduais e municipais, da Administração direta e indireta e das fundações mantidas pelo Poder Público, constitui o Sistema Único de Saúde (SUS)".

Ainda no art. 4º, parágrafo 2º, entende-se que a iniciativa privada poderá participar do SUS, em caráter complementar (Brasil, 1990b). E, de fato, no Brasil, temos estas duas possibilidades de gestão hospitalar: a pública e a privada.

Na **gestão pública**, como especifica a própria Constituição Federal de 1988 (Brasil, 1988a) e a Lei n. 8.080/1990, identificamos o conjunto de todos os setores da saúde no Brasil. Isso vai desde a atenção primária – que envolve principalmente as unidades básicas de saúde e a estratégia de saúde da família –, passa pela atenção secundária – à qual pertencem as policlínicas, os serviços de pronto atendimento, os centros de saúde –, até a terciária, também chamada de *alta complexidade* – na qual estão os hospitais públicos. Estes últimos serão objetos de estudo mais aprofundado ainda neste capítulo.

Por sua vez, a **gestão privada** – que inclui consultórios, clínicas especializadas, laboratórios, policlínicas, centro hospitalares e hospitais privados – legalmente deve ser uma rede complementar à gestão pública. Os hospitais privados também serão analisados posteriormente.

5.3 O hospital e o gestor

Compreendendo que o ambiente hospitalar envolve a administração, a infraestrutura física, o corpo de empregados com funções específicas e os pacientes atendidos, podemos atribuir várias questões de ordem ética nas inter-relações entre esses elementos.

Todos os envolvidos no ato de atendimento hospitalar necessariamente têm crenças culturais, referências de vida, personalidades, cargas emocionais, atribuições sociais, religiosidades, experiências profissionais e funções determinadas pelas quais são influenciados no momento em que exercem sua atividade no âmbito hospitalar.

Não seria equivocado compararmos o hospital a um formigueiro, em que cada elemento tem sua função e que todos são rigorosamente dependentes entre si. Isso significa que não existiria a infraestrutura do hospital sem os pacientes, ou sem os profissionais de saúde, ou sem a gestão hospitalar e vice-versa.

Dentro dessa visão, podemos identificar várias questões pertinentes ao gestor hospitalar. Como ponto de partida, observamos que os princípios éticos dos gestores devem estar em consonância com as expectativas dos pacientes, respeitando seus direitos. Os gestores também devem atingir o anseio da sociedade adstrita, bem como ter humanização e, principalmente, resolver problemas inter-relacionais, sabendo o momento decisivo de ponderar e efetuar ações concretas que possibilitem uma efetiva solução para os conflitos que possam surgir.

As correntes específicas da ética institucional podem ser relativas aos seguintes aspectos (Zoboli, 2004):

- **Processo de decisão** – Decisão ética no espaço interno da organização.
- **Relações externas e internas** – Preocupação ética com os clientes e com o Poder Público.
- **Ramo da ética** – Princípios éticos aplicados aos negócios.
- **Parte da ética** – Marca os valores da organização e padroniza as condutas, a ponto de a ética ser a marca registrada da instituição.

> O gestor hospitalar deve ter sempre em mente os valores éticos da instituição, seja ela privada, seja ela pública, conhecendo bem a finalidade do hospital em relação à sociedade, avaliando as opiniões dos pacientes e dos profissionais de saúde subordinados à gestão, analisando e propondo sistematicamente soluções aos problemas existentes.

Então, a figura do gestor deve absorver conceitos básicos e irrevogáveis de bioética em relação ao paciente, como o princípio maior da não maleficência. Assim exortou, há mais de 2000 anos, Aristóteles, no livro *Ética a Nicômaco*: "cria o hábito de duas coisas: socorrer ou, ao menos, não causar danos", ou seja, "*primum non nocere*", ou, "acima de tudo, não causar danos" (Aristóteles, 2009).

Outro princípio importante é aquele que já analisamos no Capítulo 2, quando tratamos do modelo **principialista** da bioética. Segundo ele, há os valores específicos destacados que o gestor hospitalar propriamente deve ter, que são os da **não maleficência**, da **beneficência**, da **justiça** e da **autonomia**.

Além disso, de acordo com Adela Cortina e Jesús Conill (2005) e Graziella Maria Comini (1994), interessam ainda os seguintes valores morais e intrínsecos: **honestidade**, **responsabilidade**,

solidariedade, **proatividade**, **agilidade**, **cooperação**, **coparticipação** e **capacidade de comunicação interpessoal**.

Também são extremamente relevantes valores técnicos, como competência técnica (compreensão do meio social, ambiental, econômico e cultural); ética profissional (aplicação de métodos e conduta profissional); capacidade de antecipação e adaptação a mudanças na sociedade; vida acadêmica ativa; motivação para atualização contínua; capacidade conceitual (compreensão dos fundamentos teóricos); e capacidade de integração da teoria e da prática (Cortina; Conill, 2005; Comini, 1994).

Podemos observar esses itens de forma estruturada na Figura 5.1, a seguir.

Figura 5.1 – Valores do gestor hospitalar

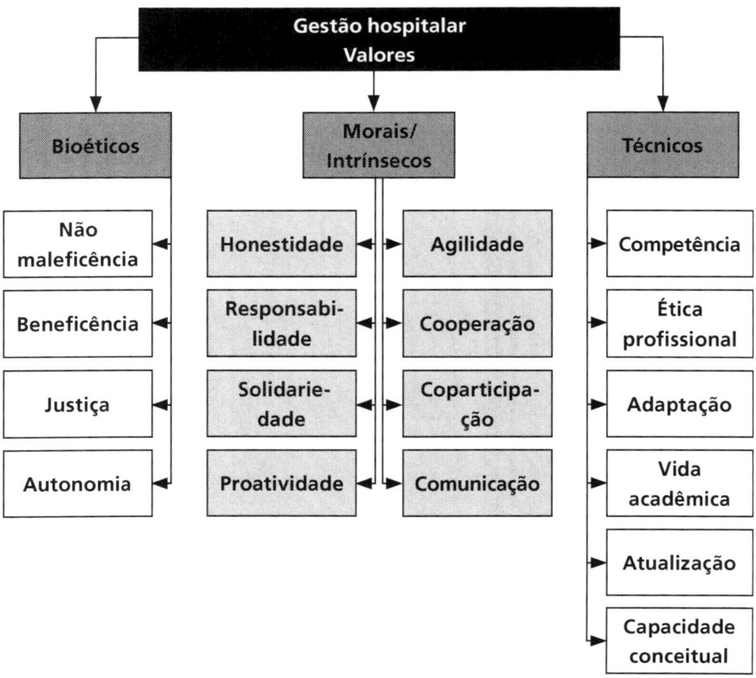

Toda a descrição desses valores reflete-se na qualidade dos serviços prestados. Desse modo, é de vital importância o foco na priorização do ser humano, ou seja, o centro da atividade hospitalar é cuidar das pessoas, caso contrário, até mesmo o sucesso financeiro da instituição poderá ficar comprometido.

Dessa forma, quando as ações da gestão estão alicerçadas no compromisso com os valores morais mencionados anteriormente em relação aos clientes e aos funcionários, o desenvolvimento delas flui mais naturalmente e a eficiência desejada é atingida. Assim, a ética na instituição deixa de ser percebida como uma ameaça ao profissional para ser vista como um diferencial para o sucesso (Zoboli, 2004).

5.4 Ferramentas de gestão hospitalar

Cada vez mais discutido dentro do âmbito acadêmico, a **qualidade total** tem como objetivo mobilizar, motivar e conscientizar todo o hospital para atingir eficiência, organização, limpeza e conhecimento do local organizacional. Esse modelo, desenvolvido pelos japoneses, baseia-se no famoso **5S**, que corresponde às iniciais japonesas de cinco palavras traduzidas para o português como *senso de utilização, senso de organização, senso de limpeza, senso de higiene* e *senso de disciplina*.

Dentro dos objetivos específicos de cada senso, conceitualmente poderíamos resumi-los da seguinte forma:

- **Senso de utilização** – Pressupõe eliminar do espaço de trabalho o que é inútil ao serviço.
- **Senso de organização** – É particularmente o fato de organizar o espaço de trabalho de maneira eficaz.
- **Senso de limpeza** – Refere-se a manter o ambiente limpo.
- **Senso de higiene** – Tem como princípio a criação de normas claras para triagem, arrumação e limpeza do ambiente de trabalho.
- **Senso de disciplina** – Refere-se ao incentivo para uma melhoria continua das ações.

Esses conceitos têm como foco desenvolver o planejamento sistemático das ações, permitindo maior produtividade, segurança, clima organizacional e motivação dos funcionários. Por meio de sua prática, é possível obter maior produtividade, diminuir despesas e desperdícios, obter maior qualidade dos produtos e dos serviços, reduzir possíveis acidentes de trabalho e ter maior percepção de satisfação dos funcionários (Imai, 1992).

Outro conceito japonês que pode ser adotado pela gestão é o ***total productive maintenance*** (TPM), ou manutenção produtiva total, estruturado para diminuir desperdícios, reduzir custos e dar a garantia da qualidade às empresas. Essas ações para o gestor hospitalar vão desde a identificação, dentro do hospital, dos absenteísmos e dos acidentes, passando por perdas em medicações inutilizadas por desperdícios e chegando até à questão energética, com a análise de possíveis ações que visem diminuir seu consumo (Ribeiro, 2016).

Também dentro da qualidade há o conceito do ***single minute exchange of die*** (Smed), que trata da **troca imediata e rápida das ferramentas**. Para atingir o objetivo desse conceito, o gestor deve prover a otimização do serviço hospitalar, normatizando-o e organizando-o para conseguir uma melhor agilidade, sem alterar a efetividade da ação hospitalar. Um exemplo claro é a definição de risco de cada paciente ao ingressar no ambiente hospitalar feito por um enfermeiro, na triagem, o que provoca melhores resolutibilidade e efetividade do hospital em relação a casos clínicos diferentes. Nessas situações, o tempo diferenciado e a agilidade na ação são fundamentais para amenizar possíveis sequelas ou até mesmo eliminá-las diante de um quadro grave na admissão do paciente (Toledo et al., 2013).

Corroborando a finalidade desses conceitos, há ainda om método ***just in time***, um sistema para administrar a produção. Segundo sua aplicação, tudo o que for utilizado dentro do hospital deve ser adquirido em seu tempo de uso, a fim de evitar o desperdício. O exemplo prático dessa ferramenta é a compra de um material de prótese valvar cardíaca realizada somente quando aparecer um paciente (cliente) que necessite dela. Dessa maneira, o gestor deverá sempre ter o conhecimento dos fornecedores mais eficientes para que ocorra a compra dos produtos apenas quando forem necessários (Corrêa; Gianesi, 1993).

Mesmo com tantos conceitos sobre a qualidade dos serviços, ao longo dos anos, foi verificado que, focando-se somente na produção hospitalar, estava sendo esquecido o aspecto fundamental: **as pessoas**. Também foi percebido que havia algum elemento a mais, pois, dentro da linha histórica, surgiu o conceito de **qualidade emocional**. Diante de problemas comportamentais dentro do ambiente hospitalar que acarretavam prejuízos nos processos de execução das atividades-fim e na produtividade profissional, identificou-se que a capacidade de o funcionário interagir com os outros estava relacionada a uma melhor produtividade. Tratava-se de saber lidar psicologicamente com sentimentos, frustrações ou conquistas mediante a sociedade adstrita no local de trabalho. Assim, profissionais que têm melhor capacidade de interagir com os outros e de lidar com os conflitos naturais presentes no dia a dia do ambiente hospitalar conseguem também oferecer melhores produção e efetividade nas ações dentro do hospital (Souza; Fontes, 2009). Essa conceituação se faz necessária para o gestor hospitalar, pois, no mundo moderno, é de suma relevância o conhecimento do **quociente emocional** de seus funcionários para desenvolver o sucesso ético dentro da instituição.

Neste momento, podemos realizar uma dedução lógica: o gestor hospitalar também deve ter um forte quociente emocional. Na realidade, dentro do ambiente hospitalar, seria ideal que ele tivesse o maior quociente possível, caso contrário, como ele poderia lidar eticamente com as diversas situações conflituosas diárias envolvendo profissionais de saúde e clientes (entre si próprios ou uns com os outros) e entre a administração e todos eles?

De fato, o gestor hospitalar deve eticamente ter a capacidade de identificar em seus funcionários e em si próprio a percepção, o uso, o entendimento, o controle e a transformação das emoções. Somente por meio desse conhecimento ele conseguirá ter sucesso em suas ações. O que faz com que o administrador tenha êxito na organização do hospital é o autoconhecimento, o controle emocional, a automotivação e o reconhecimento das emoções dos outros funcionários. Importa, ainda, a habilidade em gerir tudo que está envolvido na negociação de soluções dos problemas encontrados. Um ponto importante é a empatia que estabelece em seus funcionários, bem como a sensibilidade social para perceber os problemas destacados por ele. Portanto, ser ético é, acima de tudo, ser coerente com a função social de gestor (Goleman, 1999).

Não obstante, deverá o gestor ter conhecimento das ferramentas da qualidade total, como TPM, Smed, *just in time* e quociente emocional, bem como dos atuais conceitos e serviços de acreditação hospitalar. Assim, para falar em *bioética* e *ética* na gestão hospitalar, temos necessariamente que discorrer sobre esses métodos, que se tornaram princípios básicos para a acreditação – afinal, esta é a nova meta dos hospitais.

5.5 Ética e acreditação hospitalar

A nova ordem mundial e a sociedade brasileira atual praticamente impuseram, por meio da nova percepção de qualidade, a necessidade da qualificação nos serviços de saúde oferecidos pelos hospitais. Essa atribuição tornou-se requisito fundamental para a sobrevivência econômica da instituição, assim como para seu embasamento ético e social (Barajas; Garza, 1993).

O objetivo maior das organizações hospitalares é assistir os clientes da forma mais adequada e eficaz. Para isso, é vital o desenvolvimento de políticas institucionais que visem à melhoria na qualidade da gestão adotada, como já mencionamos anteriormente. É necessário, ainda, atingir uma homogeneidade entre todas as áreas, ou seja, o gestor deve otimizar e participar das interpelações entre profissionais de saúde, pacientes, corpo administrativo e corpo tecnológico (Brasil, 2002b). Logo, a acreditação hospitalar procura delinear os indicadores de excelência presentes em cada espaço do hospital, para que ele atinja o melhor nível em qualidade.

Conforme a Organização Nacional de Acreditação (ONA), ***acreditação*** "é o método de avaliação dos recursos institucionais, voluntário, periódico e reservado, que tende a garantir a qualidade da assistência por meio de padrões previamente definidos" (ONA, 2001).

O conceito fundamental de ***acreditar***, no contexto da acreditação hospitalar, segundo o Dicionário Houaiss da língua portuguesa, é "tornar(-se) digno de estima e confiança dar crédito a; [...] dar fundamentação, confiança a; abonar" (Houaiss; Villar; Franco, 2001). Na área de saúde, o primeiro país a desenvolver um sistema de melhoria da qualidade hospitalar foram os Estados Unidos da América (EUA), vanguarda na acreditação hospitalar com o Programa de Padronização Hospitalar (PPH), elaborado pelo Colégio Americano de Cirurgiões (CAC) em 1924 (Martins et al., 2011).

O PPH consistia em um conjunto de padrões definidos, reunidos em um manual, com a finalidade de atingir a qualidade na assistência aos pacientes. Diante de problemas identificados na manutenção financeira do manual, pelo incremento da quantidade de instituições atendidas, da complexidade e do emprego de tecnologia, o CAC começou uma parceria com algumas instituições. Isso provocou o surgimento, em 1951, da Comissão Conjunta de Acreditação dos Hospitais (CCAH). Assim, em 1952, surgiu oficialmente o programa de acreditação Joint Commission on Accreditation of Hospitals (JCAH), que, em 1987, transformou-se em Joint Commission on Accreditation of Healthcare Organization (JCAHO). Foi, portanto, uma empresa privada que desenvolveu e introduziu a cultura da qualidade médico-hospitalar em nível nacional, nos EUA, e, depois, mundial, além de enfatizar os aspectos de avaliação, monitoramento, educação e consultoria hospitalar (Feldman; Gatto; Cunha, 2005).

No sistema brasileiro, o esboço de acreditação hospitalar iniciou-se na década de 1970. Foi nesse momento que o Ministério da Saúde publicou algumas normas e portarias que somente se tornaram significativas na qualidade dos serviços hospitalares na década de 1990. Nessa época, teve início a construção do desenvolvimento do instrumento de avaliação hospitalar inspirado em padrões preconizados pela Organização Pan-Americana da Saúde (Opas), com a elaboração do *Manual de padrões de acreditação para América Latina*. Em 1997, foi criado o Consórcio Brasileiro de Acreditação (CBA), que, junto com a JCAHO, desenvolveu o programa nacional de acreditação de hospitais (Feldman; Gatto; Cunha, 2005).

Praticamente meio século após o surgimento da acreditação hospitalar o Brasil se integrou ao contexto internacional de avaliação de serviços de qualidade em saúde. Após a promulgação do novo Código Civil – instituído pela Lei n. 10.406, de 10 de janeiro de 2002 (Brasil, 2002a) – e com o crescimento da demanda pelos trabalhos do CBA, o Congresso Nacional do Brasil criou uma instituição sem fins lucrativos, com os mesmos objetivos do CBA, denominada *Associação Brasileira de Acreditação de Sistemas e Serviços de Saúde* (ABA). O nome *CBA*, contudo, foi mantido. Participaram como parceiros os associados efetivos, o Colégio Brasileiro de Cirurgiões (CBC), a Fundação Oswaldo Cruz (Fiocruz), a Universidade Federal do Estado do Rio de Janeiro (Unirio) e a Fundação Cesgranrio (CBA, 2017).

Esse breve histórico é importante para que o gestor saiba que a acreditação hospitalar surgiu no contexto da complexidade que envolve a qualidade dos serviços de saúde, por meio de ações de natureza privada e, depois, por esforços de natureza pública – política identificada como uma metodologia desenvolvida para aperfeiçoar a qualidade de assistência à saúde oferecida pelos hospitais.

No início, os mecanismos de acreditação eram projetados para proteger e organizar a profissão médica, com o propósito de melhorar o ambiente e a prática clínica. Depois, o significado foi recebendo outros valores, passando a buscar outras finalidades, como a educação continuada, a consultoria específica, a participação efetiva e o profissionalismo adstrito (Feldman; Gatto; Cunha, 2005).

Hoje em dia, com a dinâmica da concorrência do mercado financeiro e da rígida regulamentação do setor privado de saúde brasileiro, a prática dos sistemas de gestão de qualidade se tornou uma condição de sobrevivência para essas instituições. Os hospitais não têm condições de arcar com custos provenientes de serviços de má qualidade (Viana et al., 2011).

Dentre os hospitais acreditados no Brasil, observamos que prevalecem os hospitais privados (44%), seguidos dos hospitais beneficentes e públicos, com 40% e 16%, respectivamente (ONA, 2017).

Além disso, o gestor deve ter conhecimento sobre a existência legal do Código de Defesa do Consumidor (CDC) – Lei n. 8.078, de 11 de setembro de 1990 (Brasil, 1990a) –, assim como do Projeto de Lei do Senado n. 126, de 2012 (Brasil, 2012) – que já foi aprovado pela Comissão de Assuntos Sociais (CAS) do Senado e aguarda a aprovação da Câmara dos Deputados – o qual altera a Lei n. 8.080/1990 e estabelece que os serviços hospitalares de qualquer natureza, públicos ou privados, vinculados ou não ao SUS, serão submetidos a processo periódico de avaliação, acreditação e certificação de qualidade. Em pouco tempo, portanto, a certificação e a avaliação hospitalar deverão ser uma constante nos âmbitos público e privado.

Diante de um mercado extremamente competitivo, de uma sociedade que busca a perfeição, da suprema tecnologia no atendimento e de profissionais de saúde com sobrecargas de trabalho e, por vezes, insatisfeitos com suas condições financeiras, percebemos que estamos passando pelo maior dilema ético para o gestor hospitalar, visto que a acreditação se trata de um sistema baseado em certificações e avaliações contínuas. Dessa maneira, é o gestor quem deverá garantir eticamente que sua ação atinja ao mesmo tempo a eficiência e a humanização no atendimento, conforme a tecnologia presente.

Também é papel do gestor garantir a melhoria dos profissionais de saúde e a coparticipação deles dentro do ambiente hospitalar, provocando uma equalização entre a formação contínua, o investimento nos trabalhadores e o aprimoramento das condições de vida intra-hospitalar, assim como convocar e administrar os resultados dos sistemas de acreditação e de avaliação pertinentes. Em nosso entendimento, é importantíssimo ao gestor antecipar-se aos resultados e às avaliações de certificação, se possível com serviços de auditoria, controle e acreditação independentes, de maneira sistemática.

Falar sobre *bioética* e *gestão hospitalar* faz com que nos deparemos com o sistema de acreditação e certos limites quanto à questão orçamentária e à qualificação dos profissionais envolvidos. Cabe, então, ao gestor, identificar um equilíbrio entre esses aspectos e propor soluções diante da identificação das falhas em alguma parte das relações intra-hospitalares.

Conforme descrevemos no Capítulo 2, há vários modelos da bioética, dentre os quais o que se faz mais presente no Brasil é o principialismo, cujos embasamentos foram propostos primeiro no Relatório Belmont, em 1979, e orientavam as pesquisas com seres humanos. Em 1979, contudo, James F. Childress e Thomas L. Beauchamp, em sua obra *Principles of Biomedical Ethics* (*Princípios de ética biomédica*), estenderam a utilização dos princípios desse modelo para a prática médica, ou seja, para todos aqueles que se ocupam da saúde das pessoas. Desde então, o uso desses princípios para melhorar o enfrentamento de problemas éticos é o norte dos gestores brasileiros (Beauchamp; Childress, 1994).

5.6 Código de ética do administrador hospitalar

Quando falamos em *gestão hospitalar*, é necessária a exposição do Código de Ética Profissional do Administrador Hospitalar, criado pela Federação Brasileira de Administradores Hospitalares (FBAH), em 1995. Leia o texto original:

> *Aprovado pela Assembleia Geral de Federação Brasileira de Administradores Hospitalares – FBAH e Publicado no Informativo Hospitalar Brasileiro, N.º 4, do mês de Julho de 1995.*
>
> *Art. 1 – O Administrador Hospitalar adote o seu código de ética como uma carta magna que norteia a sua vida e seu comportamento profissional é fundamenta [sic] a tomada de suas decisões.*
>
> *Art. 2 – O Administrador Hospitalar tem plena consciência de está [sic] dentro de uma instituição complexa e coordenando atividades pluriprofissionais, em função da pessoa humana que procura manter ou restabelecer sua saúde.*
>
> *Art. 3 – O Administrador Hospitalar será consciente de que o bom desempenho na sua profissão requer formação especifica e muito aprimorada.*
>
> *Art. 4 – O Administrador Hospitalar tem também formação cultural e humanista que lhe permita acompanhar o progresso da Administração Hospitalar, além da ciência, técnica e arte, devendo tomar parte ativa em*

estudos, organizações e promoções especificas, que visam aprimorá-las constantemente.

Art. 5 – O Administrador Hospitalar tem personalidade capaz de administrar a instituição hospitalar com segurança e serenidade, mesmo nas circunstâncias mais delicadas.

Art. 6 – O Administrador Hospitalar compenetra-se da necessidade de sua profissão e tem sempre como lema a grande missão que lhe é confiada, de servir.

Art. 7 – O Administrador Hospitalar tem fé na sua missão, autoridade para coordenar os que trabalham na instituição, espírito de decisão e iniciativa, disciplina e energia realizadora para levar o hospital a uma constante renovação, aprimorando sempre mais o seu desempenho.

Art. 8 – O Administrador Hospitalar não se deixa guiar por sentimentos ou vantagens pessoais e, sim, tem calma e domínio de se [sic] ao tomar decisão.

Art. 9 – O Administrador Hospitalar tem sempre presente que uma boa administração pode salvar vidas e prolongar existências, além de levar as instituições a otimizarem todas as suas possibilidades.

Art. 10 – O Administrador Hospitalar dedica-se a uma vida de trabalho desinteressante para fazer de sua carreira de administrador hospitalar um sucesso, pois é um privilegio [sic] sagrado lidar com o mais precioso bem do homem, a saúde.

Art. 11 – O Administrador Hospitalar considera o cargo que ocupa, primordialmente como um compromisso de serviço ao paciente, aos profissionais e servidores da instituição e à comunidade.

Art. 12 – O Administrador Hospitalar provê o hospital dos meios humanos e materiais necessários, para que o mesmo possa atingir seus objetivos de prevenir a doença, promover a saúde e desenvolver o ensino e a pesquisa.

Art. 13 – O Administrador Hospitalar, testemunha respeito a todas as formas de manifestação da vida e empenha-se em preservá-la, mantê-la e desenvolvê-la, até o limite das suas possibilidades, repudiando tudo quanto possa agredi-la ou diminuir sua plena expressão.

Art. 14 – O Administrador Hospitalar implanta uma documentação completa e coordenada de todos as atividades desenvolvidas no hospital, favorecendo o estudo e a defesa do hospital, dos pacientes e de quantos nele trabalham.

Art. 15 – O Administrador Hospitalar zela com absoluto rigor pela preservação do sigilo profissional em todas as circunstâncias.

Art. 16 – O Administrador Hospitalar pauta a sua administração pelo princípio de que a pessoa humana é o fundamento, o sujeito e o fim de todas a instituição assistencial e, quando enferma, o centro e a razão de ser de toda atividade de saúde e hospitalar.

Art. 17 – O Administrador Hospitalar possibilita aos pacientes, usufruir todos os direitos fundamentais da pessoa humana, tanto materiais quanto sociais e espirituais.

Art. 18 – O Administrador Hospitalar não permite a transgressão dos princípios legais, éticos e morais, exigido de cada profissional o cumprimento rigoroso do Código de Ética da sua profissão.

Art. 19 – O Administrador Hospitalar tem consciência de que os recursos humanos são o principal e verdadeiro patrimônio do hospital e aplica uma política de recursos humanos que possibilite, de forma integrada, o desenvolvimento de todas as potencialidades de seus servidores.

Art. 20 – O Administrador Hospitalar promove o bom relacionamento entre os servidores de todas as unidades do hospital e de todas as categorias profissionais, destacando a importância das respectivas atividades.

Art. 21 – O Administrador Hospitalar estimula os aprimoramentos humano, cultural e técnico dos que trabalham no hospital.

Art. 22 – O Administrador Hospitalar promove o ensino e as pesquisas em todas as áreas da atividades hospitalar, através da educação continuada, palestras, cursos, participação e simpósios, congressos e demais formas de aprendizagem.

Art. 23 – O Administrador Hospitalar implanta todos os instrumentos de administração e mantém uma organização correta em todas as unidades do hospital para favorecer a admissão e o aprendizado de estagiários das profissões da saúde.

Art. 24 – O Administrador Hospitalar institui no hospital um centro de Estudos para estimular o ensino, a pesquisa, as publicações e demais possibilidades de desenvolvimento profissional dos que trabalham no mesmo.

Art. 25 – O Administrador Hospitalar zela para que o corpo clínico do hospital seja organizado e aberto, concedendo-lhe os meios necessários ao desempenho eficiente de suas funções.

Art. 26 – O Administrador Hospitalar empenha esforços para tornar o hospital um verdadeiro centro de saúde da comunidade, integrado-o [sic] aos demais serviços de saúde.

Art. 27 – O Administrador Hospitalar participa expressivamente das atividades da comunidade e dos programas dos órgãos de classe da sua profissão e do hospital.

Art. 28 – O Administrador Hospitalar mantém a comunidade informada sobre os recursos e as limitações do hospital, a fim de promover o bom nome perante o público.

Art. 29 – O Administrador Hospitalar adota uma administração participativa, para que os profissionais e servidores possam dar sua contribuição nos programas que são implantados e apreciar o desempenho do hospital como um todo e de cada unidade administrativa.

Art. 30 – O Administrador Hospitalar aplica instrumentos adequados para mensurar o padrão de atendimento do hospital, com vistas ao seu constante aprimoramento.

Art. 31 – O Administrador Hospitalar levanta em períodos muito curtos, a maior quantidade possível de informações das atividades do hospital, para que possa tomar corretamente decisões, projetar resultados e prevenir dificuldades.

Art. 32 – O Administrador Hospitalar é sempre leal e sincero com seus superiores hierárquicos, mantendo-os informados do que ocorre no hospital e relevando com absoluta transparência os comportamentos sobre os quais está assentada toda a dinâmica hospitalar na área social, assistencial, humana e econômica.

Art. 33 – O Administrador Hospitalar desempenha sempre suas tarefas com acerto, rapidez e eficácia. (FBAH, 1995)

Com base nesse código de ética, precisamos, agora, desenvolver algumas questões que envolvem a ética profissional e a bioética. Para isso, vejamos o fluxograma a seguir, na Figura 5.2.

Figura 5.2 – Fluxograma da análise do problema bioético pelo gestor hospitalar

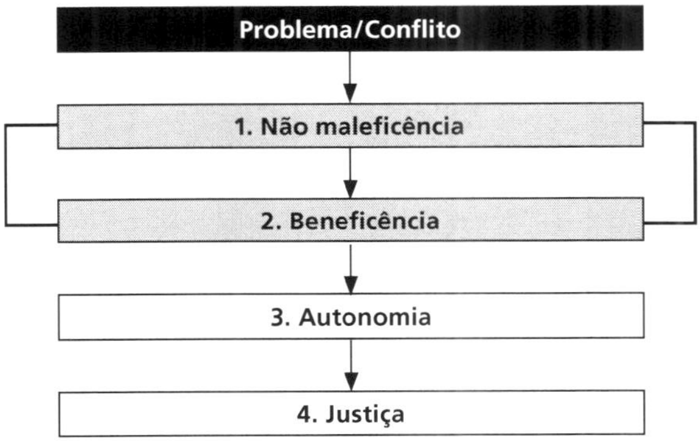

Diante de um problema bioético, o gestor deverá seguir uma ordem para a avaliação e para o oferecimento da solução, obviamente respeitando toda a questão do código de ética pertinente ao profissional envolvido no caso. Assim, primeiro o problema deve ser identificado e, depois, é realizada a avaliação desse problema sob o ponto de vista bioético.

O **primeiro princípio** que deve ser analisado na gestão é o de **beneficência/não maleficência** (também designado como *benefício/não malefício*). O benefício (e o não malefício) do paciente (e da sociedade) sempre foi o principal fim das ações dos profissionais de saúde e dos hospitais. *Beneficência* refere-se a "fazer o bem", enquanto *não maleficência* significa "evitar o mal", conforme já mencionamos. Logo, sempre que um profissional oferecer um tratamento específico a um paciente, aquele deverá reconhecer neste a dignidade da pessoa humana e considerá-lo em sua totalidade (todas as dimensões holísticas do ser humano devem ser observadas: física, psicológica, social, econômica, religiosa e espiritual). O objetivo é vislumbrar o melhor tratamento possível ao paciente, tanto no que se refere ao reconhecimento de suas necessidades físicas, psicológicas ou sociais quanto no que diz respeito à tecnologia utilizada.

O próximo princípio que o gestor deve trabalhar como "instrumento" diante de uma decisão ou problema é o princípio **da autonomia**. Nesse prisma, o paciente, bem informado, tem o livre-arbítrio para decidir sobre sua vida e sobre determinados tipos de condutas e procedimentos hospitalares, sem a interferência de outra pessoa (Junqueira, 2010). Além do Código de Defesa do Consumidor – CDC (Brasil, 1990a), que, como vimos anteriormente, garante que os pacientes sejam bem informados a respeito de suas doenças e terapêuticas possíveis, há a Declaração Universal dos Direitos Humanos (ONUBR, 1948), que delineia os direitos humanos básicos. Adotada e proclamada pela Organização das Nações Unidas (ONU) em 10 de dezembro de 1948, enuncia, no art. 1º, que "Todos os seres humanos nascem livres e iguais em dignidade e direitos. São dotados de razão e consciência e devem agir em relação uns aos outros com espírito de fraternidade" (ONUBR, 1948, p. 4).

Dessa forma, está bem claro que a autonomia caminha diretamente rumo à liberdade do ser humano, o que pressupõe, no contexto hospitalar, que o paciente não deve ter influência de outrem em uma decisão própria e legítima. Assim, ao gestor cabe também a identificação de quando o ser humano tem sua autonomia limitada, como um alienado mental, uma criança, um paciente em estado de coma, entre outras situações. Nesses casos específicos, o gestor precisará de um comitê de ética para avaliar cada questão envolvida; ressaltamos, porém, que esse comitê, notadamente, será tão somente responsável pela decisão da gestão, e não da decisão do profissional de saúde.

Devemos observar que as informações não terminam com as explicações do profissional de saúde, mas com a compreensão e a assimilação delas pelos pacientes, fato que é chamado pela literatura médica de *consentimento informado*. Sabemos que nem sempre o cliente tem o conhecimento técnico e o discernimento necessários para avaliar um procedimento em questão (medicamentoso ou cirúrgico), por isso, cabe ao profissional de saúde orientá-lo de maneira imparcial, assim como cabe ao gestor a efetivação do tratamento de modo a oferecer o melhor tratamento possível ao cliente.

De relevância também é a questão da não maleficência, beneficência e autonomia do profissional de saúde em cada fase na decisão do gestor.

No mesmo patamar está o princípio da **justiça**, que faz parte, com o da não maleficência, da **bioética mínima**. A justiça é entendida aqui como igualdade de tratamento, equidade, percebendo as diferenças das necessidades entre os pacientes e a exata distribuição de verbas dentro do hospital. Assim, o gestor deve garantir e respeitar com imparcialidade o direito de cada pessoa. Ele não poderia ser ético numa decisão se prejudicasse um dos elementos envolvidos no conflito (o profissional, o paciente ou terceiros). Na justiça, também se fundamenta a expressão *objeção de consciência*, que nada mais é do que o direito de um profissional de saúde em se recusar a realizar um procedimento determinado, mesmo que este tenha sido aceito pelo paciente ou seja legalizado.

Após analisar cada princípio como instrumento, o gestor hospitalar deve considerar a ordem hierárquica que apresentamos na Figura 5.2. Assim, diante de um problema ético, o gestor, em primeiro lugar, deve analisar o princípio da dignidade humana; em segundo lugar, deve evitar fazer o mal; em seguida, deve respeitar a decisão dos pacientes mediante a autonomia deste; e, por último, deve agir com justiça.

Síntese

Ao longo deste capítulo, verificamos que diversas pessoas estão envolvidas nos serviços de assistência à saúde, como os pacientes e os profissionais de saúde, tanto da área administrativa e quanto da área de manutenção. Eles se relacionam entre si e levam para essa relação suas características próprias, como personalidade, crença, referências de vida, cargas emocionais, atribuições sociais, experiências e funções ocupacionais. Essa diversidade de culturas, aliada ao aumento exponencial da complexidade tecnológica – o que, muitas vezes, eleva o custo da assistência, apesar de que a disponibilidade de recursos financeiros nem sempre é proporcional –, são fatores que podem gerar problemas e conflitos éticos.

Dessa forma, pudemos reconhecer a importância da atuação do gestor na administração desses conflitos e na busca contínua pela melhoria das condições de assistência à saúde. Para isso, analisamos alguns exemplos de modelos e ferramentas para promover a qualidade dos serviços e auxiliar nos processos de acreditação hospitalar.

Discutimos ainda alguns valores e princípios pertinentes à gestão e examinamos o Código de Ética Profissional do Administrador Hospitalar, utilizado como referência fundamental para a postura profissional e para as tomadas de decisão em questões éticas, e observamos que outros modelos de bioética podem ser utilizados no processo de deliberação dos serviços de saúde. Ressaltamos, por fim, que adotamos o principialismo como exemplo para fundamentar as discussões deste capítulo.

Questões para revisão

1. (CONSULPLAN – 2012 – Prefeitura Municipal de Porto Velho – RO/2011) Quando se fala em decisão ética, deve-se levar em consideração alguns fatores como, **exceto**:
    a) Leis: fator simplificador por definir padrões éticos mínimos em determinada área de atuação prática.
    b) Regulamentações governamentais: fator complexo que deve ser avaliada sua real necessidade por apresentar regras e padrões simplificados nas Leis.
    c) Código de ética dos profissionais: fator simplificado na exata medida em que serve de "termômetro" para o profissional, nos limites entre o bem e o mal.
    d) Pressão social: fator complicado na medida em que serve de "poder moderador" na relação cliente/instituição, ou seja, a sociedade consegue impor, através de grupos organizados.
    e) Tensão entre padrão pessoal e necessidades da organização: fator complicador, já que materializa o eterno dilema "interesse da população × interesse da instituição".

2. (UFPR – 2008 – Associação Paranaense de Reabilitação) Um dos pioneiros na adaptação da teoria da qualidade para a área da saúde foi Donabedian, que a partir da definição das dimensões da qualidade baseada no eixo *estrutura, processos e resultados,* nos anos 90, propôs que os pilares da qualidade são:
    a) Qualidade, custo, entrega, moral e segurança.
    b) Eficácia, efetividade, eficiência, otimização, aceitabilidade, legitimidade e equidade.
    c) Produtividade, capacidade, qualidade, velocidade de entrega, flexibilidade, velocidade do processo e satisfação do cliente.

d) Cliente, análise de problemas, colaboradores, gerenciamento de processos e lucro contínuo.
e) Conformidade com os padrões, defeito zero, trabalho em equipe, estudo dos processos e resultados.

3. (Cesgranrio – 2014 – Banco do Brasil) Uma instituição médica privada pretende atuar na área do Sistema Único de Saúde. Consoante os termos da Constituição Federal, a atuação da iniciativa privada nessa área é:
a) vedada, pois a prestação à saúde é estatal.
b) permitida onde não houver assistência pública.
c) vedada nas áreas gerais da Medicina.
d) vedada, salvo autorização especial mediante concessão.
e) permitida, de forma complementar ao Estado.

4. (Bio Rio Concursos – 2014 – Fundação Saúde/RJ) Bioética pode ser definida como a ética aplicada às questões de saúde e das pesquisas com seres humanos. São princípios da bioética:
a) autonomia, beneficência, não maleficência e justiça.
b) autonomia, beneficência, sigilo profissional e justiça.
c) autonomia, beneficência, sigilo profissional e privacidade.
d) autonomia, beneficência, equidade e justiça.
e) autonomia, beneficência, equidade e universalidade

5. (Consulplan – 2012 – Tribunal Superior Eleitoral) O processo de seleção de pessoas, além de analisar os requisitos que o cargo exige, visa analisar e avaliar o perfil dos candidatos que se apresentam para o preenchimento da(s) vaga(s). O perfil do candidato se refere a um conjunto de características pessoais que ele apresenta. A inteligência geral, a atenção abrangente

e o quociente emocional são elementos, respectivamente, das seguintes características pessoais de um candidato em processo de seleção:

a) Interdependência com outras pessoas, interdependência com outras tarefas e execução da tarefa em si.
b) Interdependência com outras pessoas, execução da tarefa em si e interdependência com outras tarefas.
c) Execução da tarefa em si, interdependência com outras tarefas e interdependência com outras pessoas.
d) Interdependência com outras tarefas, execução da tarefa em si e interdependência com outras pessoas.

Questões para reflexão

1. Dialética dos novos tempos: religião e procedimentos médicos.

   Um paciente de 40 anos chegou à emergência do hospital. Vítima de acidente automobilístico, o senhor apresentava fratura de bacia e de várias costelas, de ambos os lados do tórax, hemorragia interna e taxa de hemogolobina de 4,5 mg/dl, ou seja, estava com perda sanguínea e, por isso, necessitava de uma transfusão de sangue. No entanto, sua esposa disse que ele é testemunha de Jeová e mostrou um documento assinado em cartório pelo paciente no qual ele afirma não autorizar qualquer forma de reposição de sangue em caso de acidentes. O médico alegou que fará a reposição sanguínea mesmo assim e comunicou sua decisão ao gestor hospitalar e ao diretor médico. Qual deve ser a decisão do gestor?

2. Leia o seguinte caso bioético e elabore uma análise descritiva sobre ele:

   Uma gestante de 16 anos deu entrada no setor de obstetrícia de um hospital devido a um caso de pré-eclâmpsia. O obstetra a atendeu, medicou-a e realizou o parto do bebê, por meio de uma cesariana. Após a cirurgia, o quadro de saúde da adolescente evoluiu bem. Porém, depois de dois dias, ela apresentou uma crise hipertensiva e foi atendida novamente pelo obstetra, que lhe receitou novos medicamentos e solicitou um parecer do médico da unidade de terapia intensiva (UTI). No entanto, enquanto todos aguardavam o parecer, a paciente faleceu. Nesse momento, teve início uma discussão entre o obstetra e o médico intensivista no meio do corredor sobre o que de fato houvera acontecido e sobre quem deveria atestar o óbito. A família entrou na discussão e questionou tanto o diretor médico quanto o gestor hospitalar. Este alegou que o médico intensivista, que deveria ter sido mais ágil e visto a paciente para elaborar o parecer, deve emitir o atestado de óbito.

3. Reflita sobre o seguinte caso à luz da bioética hospitalar:

   Um senhor de 72 anos, agropecuarista, chegou à UTI de um hospital e, em menos de 24 horas, faleceu, devido a falência múltipla dos órgãos. O setor de contas do hospital emitiu um relatório alegando que foram gastos 2 mil litros de soro fisiológico e 15 mil pacotes de gaze, além de outros materiais, no atendimento ao paciente. O gestor hospitalar analisou o relatório, mas não se manifestou. A esposa do agropecuarista falecido pagou os valores cobrados; no entanto, o sobrinho do senhor, que é médico-auditor, quando soube da cobrança, dirigiu-se à direção do hospital para conversar com o gestor sobre ela.

Indicação cultural

MEDIDAS extremas. Direção: Michael Apted. EUA: 1996, 118 min.

Esse filme conta a história de Guy Luthan, um médico inglês que trabalha em um hospital de Nova Iorque. Quando repara que o corpo de um homem que morreu na emergência desapareceu, ele começa a fazer perguntas sobre o que teria acontecido. No decorrer do filme, há várias referências ao universo da bioética, a exemplo da escolha sobre qual paciente "merece" ser internado urgententemente.

Estudos de caso

Caso 1: Intercorrência em hospital, ausência de água

Uma pequena cidade dispõe de um único hospital, localizado num prédio de 15 andares. A enfermaria infantil, no segundo andar, está sem água há 4 horas. Foi chamado um encanador para resolver o problema, mas ele constatou que um cano hidráulico está quebrado e no almoxarifado do hospital não há peça para reposição. A aquisição de um cano desse tipo só será possível no dia seguinte, pela manhã. Por conta disso, a enfermeira-chefe alertou que a equipe médica irá encerrar tanto o plantão de emergência pediátrica quanto o plantão de emergência adulta. Entretanto, o hospital tem um andar vazio, destinado à nova ala de cirurgia pediátrica, cuja reforma foi concluída recentemente. O problema é que o presidente da rede da qual o hospital faz parte ainda não inaugurou esse andar. Como o gestor deve agir nesse caso?

Dentro da análise da situação, o gestor hospitalar deve, em primeiro lugar, verificar o que não provocará mal aos pacientes.

Logo, se o andar recém-reformado estiver limpo e em condições de uso, o gestor deve comunicar a situação ao presidente da rede hospitalar, solicitando a ele a autorização para utilizar o local. Com a autorização do presidente, a ala de emergência infantil deve ser deslocada para o andar disponível, observando-se criteriosamente as condições de transporte e de suporte de cada paciente.

Além disso, o gestor deve comunicar ao médico-chefe que a ausência de água ocorre em somente um andar, o que não justifica o fechamento do plantão da emergência adulta, pois isso prejudicaria o atendimento aos cidadãos da cidade.

Se, por acaso, o presidente da rede hospitalar não autorizar o uso daquele andar, será necessária a transferência das crianças da ala pediátrica para outro hospital. Dessa forma, se ainda houver a negativa do médico-chefe de manter o fechamento do hospital, então o gestor deverá comunicar imediatamente ao diretor médico o ocorrido, para, juntos, equalizarem a questão.

Caso 2: A importância dos recursos e dos insumos

Uma criança está internada há 3 meses na ala de pediatria de um hospital, que é conveniado ao Sistema Único de Saúde (SUS). No entanto, o serviço público atrasou o repasse das medicações para essa instituição, e a criança precisa de ciclosporina para tratamento de sua doença. Nesse caso, qual deve ser a ação do gestor?

Antes de qualquer ação, está claro que há um erro administrativo nesse hospital, pois, sendo ele conveniado ao SUS, seja filantrópico, seja de qualquer outra modalidade, ele não deveria ter duas farmácias – do ponto de vista bioético –, pois não deve haver discriminação no atendimento oferecido pela instituição aos pacientes, ou seja, se admitidos o convênio ao SUS e a internação de pacientes provindos desse sistema, a atenção dispensada a eles deverá ser igual à dispensada a qualquer outro. Esse é o primeiro erro identificado na questão. Além disso, também do ponto de vista bioético, está claro que, de acordo com a análise hierárquica, para respeitar a beneficência e a não maleficência, a ciclosporina deverá ser administrada à criança imediatamente. No entanto, é de se considerar, a médio prazo, a possibilidade de descredenciamento desse hospital ao SUS, pois nenhuma instituição de saúde suporta muito tempo financiar sozinha serviços médicos em todos os seus aspectos e não sobrevive sem recursos nem insumos. Obviamente, para evitar isso, o gestor precisa usar seu quociente emocional e lançar mão da inter-relação entre o hospital e a administração do SUS responsável pelo pagamento aos conveniados e pelo envio de medicações. Em síntese, a excelência da gestão hospitalar passa no entendimento de que o hospital é um "corpo" que necessita de "alimentos" (recursos e insumos).

Caso 3: A ética profissional e a relação com os pacientes

Um senhor de 60 anos, com diabetes descompensada e em coma alcoólico, foi admitido no hospital. Ele chegou à UTI e, depois de 24 horas, foi para a enfermaria de endocrinologia, com suporte da psiquiatria. Depois de 15 dias, o médico assistente relatou à enfermeira-chefe que está sentindo um forte cheiro de cerveja no quarto do paciente. Sabendo que as taxas metabólicas do senhor não têm melhorado, a enfermeira foi a seu quarto e encontrou, dentro da lixeira, três latas de cerveja e um saco com restos de feijoada. Ela não falou nada ao paciente, mas, com o apoio do médico, identificou o envolvimento do técnico de enfermagem no caso.

Após algum tempo, ambos pegaram o funcionário em flagrante, trazendo, ao doente, comida e bebida escondidas numa sacola. Levado o caso à direção, o indivíduo, ainda surpreso, confessou sua participação ao gestor hospitalar. O que este deve fazer?

Nesse caso, encontramos a grande dificuldade da gestão atual: diante de um quadro social em que os salários são muito baixos e a falta de ética profissional se sobressai, o gestor precisa tomar uma atitude séria e levar o profissional ao Conselho de Enfermagem, além de demiti-lo por justa causa. Dessa maneira, cabe ao gestor a análise da situação sob o ponto de vista da bioética em relação ao paciente, ou seja, o técnico de enfermagem, ao agir de forma errônea, causou a maleficência ao doente, isto é, a não beneficência. Do mesmo modo, está claro que a dependência química pelo etilismo prejudica a capacidade de decisão do paciente; então, o funcionário deveria ter analisado o que era melhor para o enfermo. Ao agir de maneira contrária a esse entendimento, ele também feriu a autonomia do paciente em seu sentido amplo, cometendo uma grande injustiça. Assim, além de receber uma punição profissional dentro da bioética, o técnico em enfermagem poderá sofrer consequências do ponto de vista criminal.

Capítulo 6

Ética em pesquisas com seres humanos

Flávia Reis de Andrade

Conteúdos do capítulo:

- História das pesquisas envolvendo seres humanos.
- Regulamentação sobre pesquisas envolvendo seres humanos.
- Aspectos éticos das pesquisas envolvendo seres humanos.

Após o estudo deste capítulo, você será capaz de:

1. estruturar os principais acontecimentos da história da ética relacionada às pesquisas com seres humanos;
2. compreender a história da regulamentação brasileira sobre a ética relacionada às pesquisas com seres humanos;
3. interpretar a normatização estabelecida pela Resolução n. 466, de 12 de dezembro de 2012 (Brasil, 2013b);
4. reconhecer os principais fundamentos éticos que abrangem as pesquisas com seres humanos.

Os projetos de pesquisa são elaborados com o intuito de esclarecer um problema. Mas de onde surge um problema de pesquisa? Em geral, ele está presente em nosso meio e, portanto, pode ser reconhecido em situações cotidianas. Ele também pode surgir após a leitura de um artigo ou de um livro, durante a participação em um curso ou até mesmo em uma conversa com amigos. Além disso, é comum que um problema apareça durante o cumprimento das atividades profissionais de rotina.

Por essa razão, as pesquisas não são atribuições exclusivas das universidades. Pelo contrário, elas podem e devem ser desenvolvidas por profissionais de diferentes setores. O gestor de um hospital, por exemplo, pode realizar estudos para conhecer o perfil das pessoas atendidas por sua instituição, a fim de avaliar a incorporação de novas tecnologias ou, ainda, para ajustar os recursos disponíveis à demanda apresentada. No entanto, as pesquisas não podem ser realizadas de qualquer forma. Caso envolvam seres humanos, é necessário observar normas e diretrizes com o intuito de assegurar o respeito à dignidade humana dos participantes envolvidos.

Por isso, neste capítulo, discutiremos justamente algumas das diretrizes e das normas que dizem respeito às pesquisas com seres humanos, bem como conhecer o trajeto histórico que foi percorrido para que pudéssemos dispor, hoje, de um arcabouço teórico e normativo capaz de dar sustentação às práticas de todos aqueles que se propõem a produzir conhecimento científico.

6.1 Trajeto histórico no mundo

Após o término da Segunda Guerra Mundial, em 1945, a humanidade tomou conhecimento da variedade de experimentações abusivas realizadas com seres humanos nos campos de concentração nazistas. São inúmeros os exemplos apresentados nos livros de história, como os testes que envolviam o congelamento e o subsequente reaquecimento de prisioneiros com o intuito de simular o impacto do inverno nas tropas alemãs. Com as revelações de tais crimes de guerra, cientistas nazistas foram submetidos a julgamento na cidade de Nuremberg, na Alemanha.

Esse processo deu origem, em 1947, ao documento chamado *Código de Nuremberg*, bastante conhecido por ser a primeira publicação de âmbito internacional a sistematizar condições que precisam ser observadas na realização de pesquisas com seres humanos (Kottow, 2008).

Dessa maneira, esse código elenca dez regras que devem orientar a conduta dos pesquisadores. Ele estabelece, por exemplo, de modo inovador, a necessidade do **consentimento voluntário** e a garantia da **liberdade de escolha** do convidado a participar de uma pesquisa. Além disso, determina que as pesquisas não podem causar "morte ou invalidez permanente" e que elas devem ser realizadas "por pessoas cientificamente qualificadas" (Tribunal..., 1947). O Código de Nuremberg serviu de base para a elaboração de regulamentações posteriores.

Não obstante, várias pesquisas problemáticas no que tange à ética continuaram a ocorrer após a Segunda Guerra Mundial. Em 1966, um anestesiologista norte-americano chamado Henry

Beecher publicou um artigo em um renomado periódico científico que contribuiu enormemente para a reflexão em torno da ética na pesquisa com seres humanos (Diniz; Guilhem, 2012). O artigo intitulado *Ethics and Clinical Research* foi publicado no *The New England Journal of Medicine* e elencava 22 exemplos de pesquisas com seres humanos – algumas delas financiadas por órgãos governamentais – passíveis de questionamentos éticos. Todos os casos relatados por Beecher foram retirados de estudos publicados em revistas importantes do setor da saúde. Apenas para exemplificar, podemos citar o *Exemplo 17* do referido artigo, que se refere a uma pesquisa feita com idosos hospitalizados que receberam células cancerígenas vivas para que os pesquisadores pudessem avaliar a resposta do sistema imunológico de cada um deles (Beecher, 1966).

Os participantes dessa pesquisa foram informados de que a injeção que estavam recebendo continha células, mas não sabiam que eram de câncer. Na conclusão de seu artigo, Beecher (1966, tradução nossa) ressalta a importância da obtenção do que ele chama de "consentimento informado", ou seja, a autorização do participante da pesquisa mediante explicação do que será feito no estudo, bem como da necessidade de um comportamento responsável por parte do pesquisador. O artigo de Beecher influenciou significativamente a formulação e a implementação de diretrizes e normas regulamentadoras de pesquisas envolvendo seres humanos nos Estados Unidos (Harkness; Lederer; Wikler, 2001).

Figura 6.1 – Consentimento informado nos estudos analisados por Henry Beecher

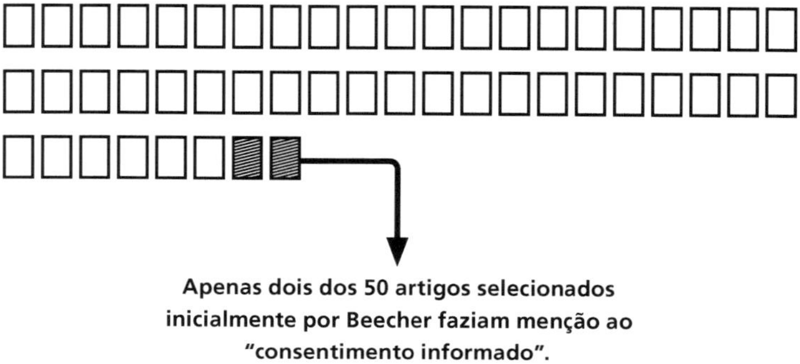

Fonte: Elaborado com base em Beecher, 1966.

Outro acontecimento muito importante no campo da bioética é o estudo *Tuskegee*, certamente um dos exemplos de pesquisa antiética mais citados pelos bioeticistas.

Trata-se de um caso que influenciou, inclusive, a gênese da bioética. No período de 1932 a 1972, o United States Public Health Service (Serviço de Saúde Pública dos Estados Unidos) financiou uma pesquisa, no estado do Alabama, em que aproximadamente 400 cidadãos afroamericanos com diagnóstico de sífilis foram mantidos sem tratamento com o objetivo de estudar a evolução natural da doença. Salientamos que a penicilina, antibiótico utilizado no tratamento da referida doença, havia sido descoberta na década de 1940. Apesar disso, os participantes da pesquisa não foram medicados e receberam apenas placebo. Eles também não foram informados a respeito da pesquisa e de seus estados de saúde. Como incentivo à participação no estudo, os pesquisadores davam aos indivíduos apenas alimentação e "seguro funerário" (Costa, 2008).

Mediante essas e outras denúncias, o governo dos Estados Unidos constituiu, em 1974, uma comissão que tinha a árdua missão de elaborar os princípios éticos capazes de nortear a atuação de pesquisadores na realização de experimentos com seres humanos. Chamada de *National Commission for the Protection of Human Subjects of Biomedical and Behavioral Research*, essa comissão, que contou com o apoio de profissionais de áreas distintas – como filosofia, sociologia e psicologia –, passou quatro anos trabalhando (Diniz; Guilhem, 2012). Em 1978, no estado norte-americano de Maryland, o produto final da reflexão dessas pessoas foi anunciado. Tratava-se do ***Belmont Report*** (em português, **Relatório Belmont**), "um documento brevíssimo" que "inaugurou um novo estilo ético de abordagem metodológica dos problemas envolvidos na pesquisa em seres humanos" (Pessini; Barchifontaine, 2007, p. 58). O Relatório Belmont estabelece três princípios éticos básicos: o respeito pelas pessoas, a beneficência e a justiça.

De acordo com o descrito no relatório, o **princípio do respeito pelas pessoas** inclui duas concepções: "em primeiro lugar que os indivíduos sejam tratados como agentes autônomos e, em segundo lugar, que as pessoas com autonomia diminuída sejam protegidas" (Pessini; Barchifontaine, 2007, p. 571). Segundo Pessini e Barchifontaine (2007, p. 57), o Relatório Belmont considerava que uma pessoa autônoma é "o indivíduo capaz de deliberar sobre seus objetivos pessoais e agir sob a orientação dessa deliberação". Dessa forma, em uma pesquisa que envolve seres humanos, o princípio do respeito pelas pessoas estabelece a necessidade de repassar as informações necessárias aos convidados a participar do estudo.

O **princípio da beneficência**, por sua vez, não está relacionado com a caridade, mas com a obrigação de não causar danos aos participantes da pesquisa, "maximizar os possíveis benefícios e diminuir os possíveis riscos" (Pessini; Barchifontaine, 2007, p. 573). Por fim, a ideia de ***justiça*** contida no relatório é a de que deve haver equidade na distribuição dos riscos e dos benefícios de uma pesquisa. Havia a preocupação, então, de que uma pesquisa não beneficiasse ou causasse danos a apenas um grupo populacional. Conforme consta no próprio relatório, há uma outra forma de compreender esse princípio, ou seja, a de que "os iguais devem ser tratados igualmente" (Relatório Belmont, 1979, citado por Pessini; Barchifontaine, 2007, p. 58).

Além desses documentos, outros foram propostos, como a *Declaração de Helsinque* – publicada em 1964 pela World Medical Association (em português, Associação Médica Mundial), organização de cunho internacional que representa a categoria médica –, que passou a nortear os médicos na execução de pesquisas com seres humanos. Para Debora Diniz e Marilena Corrêa (2001, p. 681-682), "Ao contrário de Nuremberg, que supõe-se ter sido um julgamento sobre o passado de crimes dos médicos nazistas, a Declaração de Helsinki projetou-se para o futuro como um guia ético obrigatório para todos os pesquisadores". Desde que foi criada, essa declaração passou por uma série de revisões, mas uma delas foi especialmente problemática.

Em 1997, a American Medical Association (AMA) – Associação Médica Americana – fez uma proposta de modificação substancial na Declaração de Helsinque (Diniz; Corrêa, 2001).

De acordo com Costa (2008, p. 47), "A proposta caminhava no sentido de flexibilizar princípios que permitissem tolerância ao uso de placebo quando não existissem tratamentos aceitos internacionalmente no país onde o estudo seria conduzido". Esse processo foi permeado por intensos debates, principalmente por parte dos países pobres e em desenvolvimento. Argumentava-se o seguinte: o entendimento de que o uso do placebo é antiético nas situações em que há alternativa terapêutica deve ser válido tanto para os países desenvolvidos quanto para os pobres e os em desenvolvimento. Defender o contrário significa admitir a existência de um duplo padrão ético. Salientamos que o Brasil não é mais signatário desse documento.

6.2 Trajeto histórico no Brasil

Em 1988, o Conselho Nacional de Saúde (CNS), órgão vinculado ao Ministério da Saúde, aprovou, por meio da Resolução n. 001, de 1988 (Brasil, 1988b), as primeiras normas de pesquisa em saúde do Brasil. Nesse documento, no art. 83, inciso 1º, havia a determinação de que "Em toda instituição de saúde credenciada pelo Conselho Nacional de Saúde" deveria existir um "Comitê de Ética, caso se realize pesquisas em seres humanos" (Brasil, 1988b). No entanto, a criação desses comitês foi bastante limitada. Para Dirce Guilhem e Dirceu Greco (2008, p. 89), a Resolução n. 001/1988 não contemplava "os marcos estruturais e de apoio legal para a criação e a implementação dos comitês". Em outras palavras, não havia detalhamento a respeito da composição e do funcionamento dessas comissões. Os autores mencionam algumas razões que podem ter contribuído para que essa resolução não cumprisse seu objetivo. A primeira delas está relacionada à "resistência de alguns setores" (Guilhem; Greco, 2008, p. 90) devido à ênfase dada à pesquisa realizada pelo profissional médico. A outra razão citada é a de que o documento "agrupava tanto componentes éticos como ações de vigilância sanitária e de biossegurança" (Guilhem; Greco, 2008, p. 90).

Mediante essas limitações, o CNS constituiu, em meados da década de 1990, um grupo multiprofissional com o intuito de elaborar uma nova resolução (Guilhem; Greco, 2008). Desse processo, surgiu a Resolução n. 196, de 10 de outubro de 1996 (Brasil, 1996), considerada um marco na regulamentação da ética em pesquisa no Brasil. Com sua publicação, os Comitês de Ética em Pesquisa (CEP) e a Comissão Nacional de Ética em Pesquisa (Conep) começaram a ser estruturados. Os CEPs e a Conep são instituições vinculadas ao CNS, com atribuições fundamentais no acompanhamento de pesquisas envolvendo seres humanos (Brasil, 1996). Nos anos subsequentes à publicação da Resolução n. 196/1996, várias outras, complementares a ela, foram elaboradas, sendo que algumas ainda estão em vigor. A Figura 6.2 apresenta os anos e as respectivas resoluções complementares publicadas pelo CNS até 2011.

Figura 6.2 – Resoluções complementares publicadas pelo CNS até 2011

Ano	Resolução
1996	Resolução n. 196, de 10 de outubro de 1996
1997	Resolução n. 240, de 5 de junho de 1997
	Resolução n. 251, de 7 de julho de 1997
1999	Resolução n. 292, de 8 de julho de 1999
2000	Resolução n. 303, de 5 de julho de 2000
	Resolução n. 304, de 9 de agosto de 2000
2004	Resolução n. 340, de 8 de julho de 2004
2005	Resolução n. 346, de 13 de janeiro de 2005
	Resolução n. 347, de 13 de janeiro de 2005
2007	Resolução n. 370, de 8 de março de 2007
2008	Resolução n. 404, de 1º de agosto de 2008
2009	Resolução n. 421, de 18 de junho de 2009
2011	Resolução n. 441, de 12 de maio de 2011
	Resolução n. 446, de 11 de agosto de 2011

Fonte: Elaborado com base em Brasil, 2017c.

Das resoluções mostradas na Figura 6.2, destacamos a Resolução n. 240, de 5 de junho de 1997 (Brasil, 1997), que define a interpretação da palavra *usuário* e estabelece orientações de como os representantes dos usuários devem ser selecionados para compor um CEP. Desde a Resolução n. 196/1996, toda pesquisa com seres humanos precisa ser aprovada por um CEP, colegiado composto por pessoas com formação em diferentes áreas, incluindo "representantes de usuários" (Brasil, 1997).

No entanto, dependendo do tema, o protocolo de pesquisa deve ser apreciado por uma instância superior: a Conep. Por exemplo, quando o estudo é realizado com populações indígenas, ele precisa ser analisado por essa comissão. A Resolução n. 304, de 9 de agosto de 2000 (Brasil, 2000a), apresenta um maior detalhamento a respeito das normas que devem ser observadas na realização de pesquisas com esse grupo populacional. Os membros da Conep e dos CEPs não podem ser remunerados pela atuação nesses espaços, sendo admitido, apenas, o ressarcimento de despesas referentes à alimentação, ao transporte e à hospedagem deles.

Em agosto de 2011, o plenário do CNS aprovou, em sua 224ª Reunião Ordinária, "a proposta de revisão da Resolução n. 196/06[1] e decidiu colocá-la em consulta pública ampliada por 60 dias" (Brasil, 2011a, p. 18, linha 1090). Na ocasião, o Ministro da Saúde e Presidente do CNS, Alexandre Rocha Santos Padilha, destacou a "relevância da matéria" e recomendou "ampla divulgação" do processo, que ocorreu no período de setembro a novembro daquele ano (Brasil, 2011b). Um grupo de trabalho

---

1 Na ata da 224° Reunião Ordinária do Conselho Nacional de Saúde (CNS), na linha 1090, a Resolução n. 196/1996 está grafada com o ano errado: "Resolução n° 196/**06**" (Brasil, 2011a, grifo nosso).

consolidou e analisou as 1890 propostas enviadas. Como resultado, sugeriu a realização de dois seminários temáticos e de um Encontro Nacional de Comitês de Ética em Pesquisa extraordinário (Brasil, 2017d). A conselheira Gysélle Saddi Tannous, que apresentou a proposta de revisão da Resolução, "esclareceu que o principal foco da revisão foi dar maior destaque para a questão das ciências sociais e humanas" (Brasil, 2011a, p. 17, linhas 1061-1062).

Há anos, a área de ciências humanas destaca a necessidade de revisão crítica das resoluções éticas vigentes sobre pesquisa no Brasil, com o intuito de que suas peculiaridades sejam respeitadas (Fleischer; Schuch, 2010). Na etapa de consulta pública, por exemplo, uma das contribuições dadas solicitava a "urgente separação da regulamentação da ética em pesquisa em ciências sociais e humanas da regulamentação da ética em pesquisa em ciências biomédicas" (Brasil, 2011c). Em junho de 2013, a Resolução n. 466, de 12 de dezembro de 2012 (Brasil, 2013b), foi publicada no *Diário Oficial da União* e revogou a Resolução n. 196/1996.

Apresentamos, a seguir, a parte IV da Resolução n. 466/2012, que trata do processo de consentimento livre e esclarecido.

RESOLUÇÃO N. 466, DE 12 DE DEZEMBRO DE 2012.

[...]

IV – DO PROCESSO DE CONSENTIMENTO LIVRE E ESCLARECIDO

O respeito devido à dignidade humana exige que toda pesquisa se processe com consentimento livre e esclarecido dos participantes, indivíduos ou grupos que, por si e/ou por seus representantes legais, manifestem a sua anuência à participação na pesquisa.

Entende-se por Processo de Consentimento Livre e Esclarecido todas as etapas a serem necessariamente observadas para que o convidado a participar de uma pesquisa possa se manifestar, de forma autônoma, consciente, livre e esclarecida.

IV.1 – A etapa inicial do Processo de Consentimento Livre e Esclarecido é a do esclarecimento ao convidado a participar da pesquisa, ocasião em que o pesquisador, ou pessoa por ele delegada e sob sua responsabilidade, deverá:

a) buscar o momento, condição e local mais adequados para que o esclarecimento seja efetuado, considerando, para isso, as peculiaridades do convidado a participar da pesquisa e sua privacidade;
b) prestar informações em linguagem clara e acessível, utilizando-se das estratégias mais apropriadas à cultura, faixa etária, condição socioeconômica e autonomia dos convidados a participar da pesquisa; e
c) conceder o tempo adequado para que o convidado a participar da pesquisa possa refletir, consultando, se necessário, seus familiares ou outras pessoas que possam ajudá-los na tomada de decisão livre e esclarecida.

IV.2 – Superada a etapa inicial de esclarecimento, o pesquisador responsável, ou pessoa por ele delegada, deverá apresentar, ao convidado para participar da pesquisa, ou a seu representante legal, o Termo de Consentimento Livre e Esclarecido para que seja lido e compreendido, antes da concessão do seu consentimento livre e esclarecido.

IV.3 – O Termo de Consentimento Livre e Esclarecido deverá conter, obrigatoriamente:

a) justificativa, os objetivos e os procedimentos que serão utilizados na pesquisa, com detalhamento dos métodos a serem utilizados, informando a possibilidade de inclusão em grupo controle ou experimental, quando aplicável;
b) explicitação dos possíveis desconfortos e riscos decorrentes da participação na pesquisa, além dos benefícios esperados dessa participação e apresentação das providências e cautelas a serem empregadas para evitar e/ou reduzir efeitos e condições adversas que possam causar dano, considerando características e contexto do participante da pesquisa;
c) esclarecimento sobre a forma de acompanhamento e assistência a que terão direito os participantes da pesquisa, inclusive considerando benefícios e acompanhamentos posteriores ao encerramento e/ ou a interrupção da pesquisa;
d) garantia de plena liberdade ao participante da pesquisa, de recusar-se a participar ou retirar seu consentimento, em qualquer fase da pesquisa, sem penalização alguma;
e) garantia de manutenção do sigilo e da privacidade dos participantes da pesquisa durante todas as fases da pesquisa;
f) garantia de que o participante da pesquisa receberá uma via do Termo de Consentimento Livre e Esclarecido;
g) explicitação da garantia de ressarcimento e como serão cobertas as despesas tidas pelos participantes da pesquisa e dela decorrentes; e
h) explicitação da garantia de indenização diante de eventuais danos decorrentes da pesquisa.

IV.4 – O Termo de Consentimento Livre e Esclarecido nas pesquisas que utilizam metodologias experimentais na área biomédica, envolvendo seres humanos, além do previsto no item IV.3 supra, deve observar, obrigatoriamente, o seguinte:

a) explicitar, quando pertinente, os métodos terapêuticos alternativos existentes;
b) esclarecer, quando pertinente, sobre a possibilidade de inclusão do participante em grupo controle ou placebo, explicitando, claramente, o significado dessa possibilidade; e
c) não exigir do participante da pesquisa, sob qualquer argumento, renúncia ao direito à indenização por dano. O Termo de Consentimento Livre e Esclarecido não deve conter ressalva que afaste essa responsabilidade ou que implique ao participante da pesquisa abrir mão de seus direitos, incluindo o direito de procurar obter indenização por danos eventuais.

IV.5 – O Termo de Consentimento Livre e Esclarecido deverá, ainda:

a) conter declaração do pesquisador responsável que expresse o cumprimento das exigências contidas nos itens IV.3 e IV.4, este último se pertinente;
b) ser adaptado, pelo pesquisador responsável, nas pesquisas com cooperação estrangeira concebidas em âmbito internacional, às normas éticas e à cultura local, sempre com linguagem clara e acessível a todos e, em especial, aos participantes da pesquisa, tomando o especial cuidado para que seja de fácil leitura e compreensão;
c) ser aprovado pelo CEP perante o qual o projeto foi apresentado e pela CONEP, quando pertinente; e
d) ser elaborado em duas vias, rubricadas em todas as suas páginas e assinadas, ao seu término, pelo convidado a

participar da pesquisa, ou por seu representante legal, assim como pelo pesquisador responsável, ou pela(s) pessoa(s) por ele delegada(s), devendo as páginas de assinaturas estar na mesma folha. Em ambas as vias deverão constar o endereço e contato telefônico ou outro, dos responsáveis pela pesquisa e do CEP local e da CONEP, quando pertinente.

IV.6 – Nos casos de restrição da liberdade ou do esclarecimento necessários para o adequado consentimento, deve-se, também, observar:

a) em pesquisas cujos convidados sejam crianças, adolescentes, pessoas com transtorno ou doença mental ou em situação de substancial diminuição em sua capacidade de decisão, deverá haver justificativa clara de sua escolha, especificada no protocolo e aprovada pelo CEP, e pela CONEP, quando pertinente. Nestes casos deverão ser cumpridas as etapas do esclarecimento e do consentimento livre e esclarecido, por meio dos representantes legais dos convidados a participar da pesquisa, preservado o direito de informação destes, no limite de sua capacidade;
b) a liberdade do consentimento deverá ser particularmente garantida para aqueles participantes de pesquisa que, embora plenamente capazes, estejam expostos a condicionamentos específicos, ou à influência de autoridade, caracterizando situações passíveis de limitação da autonomia, como estudantes, militares, empregados, presidiários e internos em centros de readaptação, em casas-abrigo, asilos, associações religiosas e semelhantes, assegurando-lhes inteira liberdade de participar, ou não, da pesquisa, sem quaisquer represálias; [...].

Síntese

Conforme verificamos neste capítulo, ao longo da história foram realizados vários experimentos com seres humanos de modo inadequado, como os que ocorreram na Segunda Guerra Mundial. Em vista disso, o *Código de Nuremberg* foi o primeiro documento de abrangência internacional que estabeleceu regras a serem consideradas na realização de pesquisas com seres humanos.

No entanto, como pudemos observar, estudos antiéticos continuaram a acontecer, conforme abordado por Henry Beecher (1966) em seu artigo *Ethics and Clinical Research*. Nesse sentido, na tentativa de superar esse cenário, o Relatório Belmont foi publicado em 1979.

Por fim, vimos que, no Brasil, a Resolução n. 196/1996 foi fundamental para a organização do sistema de revisão ética de pesquisas. Essa resolução foi revogada em 2013, quando o Conselho Nacional de Saúde (CNS) publicou a Resolução n. 466/2012.

Questões para revisão

1. Marque V para as afirmativas verdadeiras e F para as falsas:
   ( ) O primeiro documento internacional que abordou a ética em pesquisas envolvendo seres humanos foi o Relatório Belmont.
   ( ) O Código de Nuremberg é composto por 10 regras.
   ( ) A importância do consentimento esclarecido começou a ser reconhecida no Código de Nuremberg.
   ( ) O Código de Nuremberg foi elaborado por uma comissão instituída pelo governo dos Estados Unidos em 1974.

Agora, assinale a alternativa que apresenta a sequência correta:

a) F, F, V, V.
b) F, V, V, F.
c) F, V, F, F.
d) V, V, V, F.
e) F, V, F, V.

2. Marque V para as afirmativas verdadeiras e F para as falsas:
( ) Os três princípios elencados no Relatório Belmont são o respeito pelas pessoas, a beneficência e a justiça.
( ) O princípio da beneficência estabelece a necessidade de haver equidade na distribuição dos riscos e dos benefícios de uma pesquisa.
( ) Um artigo publicado por Henry Beecher, em 1966, contribuiu para a reflexão em torno da ética nas pesquisas com seres humanos.
( ) No estudo Tuskegee, aproximadamente 400 cidadãos afroamericanos com diagnóstico de tuberculose foram mantidos sem tratamento com o objetivo de estudar a evolução natural da doença.

Agora, assinale a alternativa que apresenta a sequência correta:

a) V, F, V, V.
b) F, V, F, F.
c) V, V, F, F.
d) V, F, V, F.
e) F, V, F, V.

3. Marque V para as afirmativas verdadeiras e F para as falsas:
   ( ) A primeira resolução brasileira a respeito de ética em pesquisa com seres humanos foi publicada na década de 1990.
   ( ) A Resolução n. 196/1996 é considerada um marco na regulamentação da ética em pesquisa no Brasil.
   ( ) O Sistema CEP/Conep passou a ser estruturado com a Resolução n. 196/1996.
   ( ) A Resolução n. 466/2012 é irrevogável.

   Agora, assinale a alternativa que apresenta a sequência correta:

   a) F, F, F, V.
   b) F, V, F, V.
   c) V, V, F, F.
   d) V, V, V, V.
   e) F, V, V, F.

Questões para reflexão

1. Qual a importância dos representantes de usuários na composição dos CEPs?

2. Por qual motivo os membros da Conep e dos CEPs não podem ser remunerados?

3. Por que é importante que um CEP seja um espaço interdisciplinar?

Para saber mais

BRASIL. Ministério da Saúde. Conselho Nacional de Saúde. Resolução n. 466, de 12 de dezembro de 2012. **Diário Oficial União**, Brasília, DF, 13 jun. 2013. Disponível em: <http://conselho.saude.gov.br/resolucoes/2012/Reso466.pdf>. Acesso em: 27 set. 2017.

O *link* indicado traz o texto integral dessa resolução, sendo possível compará-lo ao texto da Resolução n. 196/1996, para identificar as alterações realizadas.

DINIZ, D.; CORRÊA, M. Declaração de Helsinki: relativismo e vulnerabilidade. **Cadernos de Saúde Pública**, Rio de Janeiro, v. 17, n. 3, p. 679-688, maio/jun. 2001. Disponível em: <http://www.scielo.br/pdf/csp/v17n3/4650.pdf>. Acesso em: 27 set. 2017.

A leitura do artigo de Debora Diniz e Marilena Corrêa ajuda a compreender detalhes a respeito das modificações propostas pela Associação Médica Americana (AMA) à Declaração de Helsinque.

Indicações culturais

COBAIAS. Direção: Joseph Sargent. EUA: HBO, 1997. 118 min.

Filme baseado no estudo *Tuskegee*.

JULGAMENTO em Nuremberg. Direção: Stanley Kramer. EUA: Warner Home Video, 1961. 186 min.

O filme aborda o contexto em que surgiu o Código de Nuremberg.

Estudo de caso

Caso: Processo de Consentimento Livre e Esclarecido

Letícia tem 27 anos e mora em um município de grande porte demográfico do interior da Região Centro-Oeste do Brasil, com cerca de 300 mil habitantes. Há cinco anos, casou com Marcelo, seu colega de faculdade. Ambos optaram por uma cerimônia simples, mas muito bonita. Logo após chegarem da lua de mel, começaram a ouvir de familiares e amigos: "Quando o bebê vai chegar?". Sempre respondiam, de modo muito educado, que a estabilidade financeira estava em primeiro lugar. Filho, segundo eles, só depois da casa própria. O tempo passou e Letícia conseguiu um bom emprego na sua área de formação. Algumas semanas depois, foi a vez de Marcelo. Decidiram, então, depositar uma quantia mensal na poupança. Fizeram uma grande festa no dia que realizaram o sonho da casa própria. Após essa conquista, começaram a pensar na ideia de aumentar a família. Depois de um ano de tentativas frustradas de engravidar, Letícia decidiu procurar assistência médica. Fez vários exames e aguardava com ansiedade o resultado de cada um deles. Mesmo após o uso de medicamento, não conseguiu engravidar. Após conversar com amigos que haviam tido dificuldades similares, o casal optou por buscar apoio de uma clínica de medicina reprodutiva. A consulta foi agendada com o Doutor Felipe, especialista em reprodução humana. Há dez anos na área, o referido médico acumulava experiências exitosas. Letícia e Marcelo estavam bastante esperançosos. O tratamento indicado foi a fertilização *in vitro*.

No dia programado para a coleta dos óvulos, Letícia e Marcelo chegaram cedo à clínica. O procedimento foi realizado sob anestesia local e sedação. Tudo ocorreu conforme o previsto e Letícia foi para o quarto. Parcialmente recuperada, Letícia recebeu a vista de Carla, enfermeira que acompanhava as pessoas atendidas pelo Doutor Felipe. Nessa hora, Carla pediu que Letícia assinasse alguns papéis, sendo que um deles "era da pesquisa do Doutor Felipe". Ansiosa e preocupada com toda aquela situação, Letícia não leu, apenas assinou. Infelizmente, o casal não obteve sucesso com a fertilização *in vitro*. Alguns meses depois, Letícia estava organizando o escritório de casa quando encontrou os documentos assinados naquele dia. Sentou e leu todos eles. Descobriu então que, ao assinar o tal papel "da pesquisa do Doutor Felipe", estava concordando em participar da pesquisa de mestrado do médico que a atendeu.

As questões a seguir devem ser respondidas com base no que dispõe a parte IV da Resolução n. 466/2012.

1. De acordo com a Resolução n. 466/2012, qual é o nome do documento da "pesquisa" do Doutor Felipe?
   a) Termo de anuência do participante da pesquisa.
   b) Termo de assentimento livre e esclarecido.
   c) Termo de consentimento livre e esclarecido.
   d) Declaração de autorização de participação na pesquisa.
   e) Atestado de consentimento do participante da pesquisa.

2. Marque V para as afirmativas verdadeiras e F para as falsas:
   ( ) De acordo com a Resolução n. 466/2012, no termo de consentimento livre e esclarecido deve constar o endereço e o contato telefônico – ou outro meio – dos responsáveis pela pesquisa e do CEP local. Com base nisso, Letícia poderia ligar para o CEP e comunicar o ocorrido.
   ( ) A primeira etapa do processo de consentimento livre e esclarecido é destinada à assinatura do termo de consentimento livre e esclarecido.
   ( ) A conduta do Doutor Felipe não foi apropriada, pois cabe ao pesquisador procurar tanto o momento quanto o local mais adequados para prestar os esclarecimentos ao convidado a participar da pesquisa.
   ( ) Os protocolos de pesquisa na área de reprodução humana precisam ser apreciados pela Conep.

   Agora, assinale a alternativa que apresenta a sequência correta:

   a) V, F, V, V.
   b) F, F, V, V.
   c) F, V, V, F.
   d) V, V, F, V.
   e) F, F, F, V.

3. De acordo com a Resolução n. 466/2012, o termo de consentimento esclarecido deve, necessariamente:
   I) Explicitar a garantia de ressarcimento aos participantes da pesquisa.
   II) Utilizar linguagem clara e acessível.
   III) Ser aprovado pelo CEP que foi designado pelo patrocinador do estudo.
   IV) Ser elaborado em três vias, sendo uma delas destinada à Conep.

Estão corretas somente as afirmativas:

a) I e IV.
b) I, II e III.
c) II e III.
d) I e II.
e) III e IV.

4. Com base nos itens IV.1 e IV.2 da Resolução n. 466/2012, o que acontece na segunda etapa do processo de consentimento livre e esclarecido?

5. De acordo com a resposta da questão anterior, como pesquisador, a conduta do Doutor Felipe foi adequada? Explique.

Capítulo 7

Comitês de bioética

Gustavo Carvalho Rosas

Conteúdos do capítulo:

- História dos comitês de bioética.
- Conceitos e funções dos comitês de bioética.
- Organização dos comitês de bioética.
- Atribuições dos comitês de bioética.
- Tipos de comitês de bioética.
- Etapas de implementação de um comitê de bioética.

Após o estudo deste capítulo, você será capaz de:

1. distinguir os tipos de comitê de ética em saúde: ética profissional, bioética (ética hospitalar) e ética em pesquisa;
2. compreender os contextos mundial e brasileiro do surgimento dos comitês de bioética;
3. classificar e descrever os tipos, as funções e as atribuições dos comitês de bioética;
4. avaliar a organização e identificar as etapas de implementação dos comitês de bioética;
5. determinar como é feita a abordagem de um caso pelo comitê de bioética;
6. interpretar a legislação pertinente a casos controversos relacionados às questões da bioética.

O desenvolvimento tecnológico, a exigência de um profissionalismo efetivo e a necessidade de um sistema de excelência da qualidade total provocaram o aparecimento nas organizações de saúde dos **comitês de ética**. Eles surgiram, inicialmente, devido à abordagem deontológica da medicina e foram seguidos pela criação dos comitês profissionais de enfermagem e de odontologia. Depois, num segundo momento, apareceram os comitês de ética em pesquisa e, por fim, os atuais comitês de bioética (Ferrer, 2003).

Os diferentes comitês de ética profissional – como os de medicina, enfermagem, odontologia, administração hospitalar, fonoaudiologia, fisioterapia, radiologia e auditoria, entre outros – têm como fundamento garantir o fiel cumprimento dos direitos e dos deveres dos profissionais ligados diretamente à assistência na saúde, por meio da análise técnica da conduta desses trabalhadores no exercício de suas profissões (Matos, 2007; Cofen, 1994).

Já os comitês de ética em pesquisa são previstos no ordenamento jurídico pela Resolução n. 466, de 12 de dezembro de 2012 (Brasil, 2013b), do Conselho Nacional de Saúde (CNS), e têm como objetivo a analise ética dos projetos de pesquisa que envolvem seres humanos, mas com desdobramentos atuais na esfera da pesquisa com animais (Araújo, 2002; Brasil, 2013a; 2013b; 2017b; Oliveira, 2004).

Por fim, existem os **comitês de bioética**, que são organismos das instituições de saúde formados por um corpo interdisciplinar, ou seja, composto por profissionais de várias áreas. Essa prerrogativa – conter alguns membros que não sejam da área de saúde – visa possibilitar a análise de questões de conflitos éticos originários do atendimento diário dessas instituições (Pegoraro, 2002).

É imprescindível a percepção moderna desses três tipos de comitês de ética (Goldim; Francisconi, 1995). Por isso, este capítulo é direcionado ao estudo dos comitês de bioética, que muitos chamam de *comitês de ética hospitalar*. Antes, é necessário que façamos uma breve análise dos códigos de éticas profissionais durante o desenvolvimento da análise bioética.

7.1 O início dos comitês de bioética

Em 1962, o doutor Belding Scribner, nos Estados Unidos, conseguiu, junto com o presidente da King County Medical Society, James Havilan, a instalação do Seattle Artificial Kidney Center. Considerado o primeiro centro de diálise renal, o local foi cenário de um grande dilema moral: havia um grande número de pacientes com quadro avançado da doença renal crônica e, no entanto, existiam poucos aparelhos de rins artificiais. Assim, quais deveriam ser os critérios para a escolha dos indivíduos que a serem tratados? Esse conflito ético levou à organização de um comitê de pessoas da cidade, que, junto com equipe médica, analisava os casos e decidia quem deveria receber o tratamento naquele momento. Foi tanta a repercussão que este comitê foi tratado pela imprensa como o "Comitê da Vida e da Morte" ou o "Esquadrão de Deus". Belding concordou com a criação desse comitê, pois entendia que esse grupo decidiria conforme a autonomia dos doentes e, assim, seria justo com todos os envolvidos. O médico percebeu que justiça e a igualdade só seriam alcançadas por uma equipe independente que fosse legitimada justamente pela diversidade de seus membros, o que não ocorreria dentro do ambiente hospitalar ou se fosse considerada a classe médica. Surgiu, então, a ideia que fundamenta os atuais Comitês de Bioética: a interdisciplinaridade, ou seja, a integração de representantes da comunidade e de pessoas de outras áreas (não médicas), além de especialistas médicos, que analisariam em conjunto as alternativas com base no valor moral (Kjellstrand; Rahman; Ing, 2012).

Em 1975, também nos Estados Unidos, aconteceu outro caso de ética médica. A senhorita Karen Ann Quinlan, de 22 anos, estava em coma em um Hospital de New Jersey. Após 5 meses de internação, os pais receberam a notícia de que o estado de saúde da filha era irreversível. Então, solicitaram o desligamento do suporte avançado de vida (ventilação mecânica assistida) e, de imediato, o médico assistente concordou com a decisão. No entanto, em menos de 24 horas, ele informou à família que não poderia desligar os aparelhos por motivos de ordem moral e profissional. Logo, os familiares foram aos tribunais solicitar a autorização para o desligamento dos aparelhos, alegando que Karen havia comunicado anteriormente que não desejaria ser mantida viva por meio de máquinas. O primeiro juiz que julgou o caso não autorizou o desligamento dos aparelhos, embasando sua decisão na perspectiva de que Karen havia manifestado esse interesse em outro momento de sua vida, divergente daquele em questão. Seus pais, em seguida, apelaram à Suprema Corte de New Jersey, o que provocou a criação de um comitê de ética do hospital, até então inexistente, com a finalidade de definir o prognóstico, bem como identificar a irreversibilidade – ou não – do quadro da paciente em relação à existência de consciência. O comitê deliberou em seu parecer pela irreversibilidade do caso. Então, a Suprema Corte se reuniu, em março de 1976, decidindo unanimemente pelo direito da família em solicitar o desligamento dos aparelhos de suporte de vida. Karen, depois que retiraram os aparelhos, ainda sobreviveu por quase uma década e morreu devido a uma pneumonia, sem o uso de respirador e sem apresentar qualquer melhora em seu estado neurológico (Frers, 1977).

Por esse último caso, percebemos que, nessa época, a ciência havia avançado a passos largos do ponto de vista tecnológico, mas a humanidade não tinha evoluído na mesma velocidade em relação à percepção da necessidade de uma análise filosófica fundamental para os novos paradigmas morais.

Dentro desse contexto, esses e outros conflitos levaram à participação da Organização das Nações Unidas para a Educação, a Ciência e a Cultura (Unesco) – para a qual a paz só pode existir se houver a solidariedade intelectual e moral da humanidade (Unesco, 2017) – na área da bioética a partir de 1970. A intenção era provocar uma reflexão de dimensões internacionais sobre o tema.

Em julho de 1987, o Estado de Maryland, nos Estados Unidos, publicou uma lei que obrigava a criação de comitês consultivos em hospitais, com a finalidade de auxiliar as tomadas de decisão relacionadas a doenças cujo desenvolvimento apresentava risco de vida aos pacientes. Em 1990, essa lei ampliou sua abrangência para os asilos de idosos. Essa foi a primeira vez no mundo que uma lei obrigou as instituições hospitalares a constituir comitês de bioética (McCarrick, 1992).

> *No Brasil, o primeiro comitê de bioética implantado foi o do Hospital de Clínicas de Porto Alegre, em novembro de 1993. Posteriormente, outras instituições, como a Universidade de Londrina, o Hospital São Lucas da PUC-RS e o Hospital das Clínicas da Universidade de São Paulo implantaram comitês semelhantes.* (Goldim; Francisconi, 1998)

As equipes que trabalham com o cuidado aos pacientes são chamadas pela Unesco de *comitês de ética de cuidados de saúde hospitalar* (Unesco, 2005). Os cientistas de língua inglesa utilizam a expressão *hospital ethics committees*, enquanto, no Brasil, são chamados de *comitês de bioética*.

7.2 Comitês de bioética: conceito e funções

Conceitualmente, os **comitês de bioética** são grupos de cidadãos independentes e com formação multidisciplinar, que se reúnem em hospitais, clínicas, institutos de pesquisa ou laboratórios de experimentação, em um contexto plural, e que adotam uma metodologia própria na qual agregam componentes de diversos setores de atividades conexas com a vida, a bioética e a saúde do ser humano (Urban, 2003b, tradução nossa).

> *As funções de um comitê de ética hospitalar são: 1) revisar casos para confirmar o diagnóstico ou o prognóstico de pacientes; 2) revisar as decisões tomadas pelo médico ou responsável legal quanto aos aspectos éticos dos tratamentos e procedimento realizados; 3) tomar decisões dentro da bioética sobre tratamentos adequados para pacientes incapazes; 4) promover, para todos os membros da instituição, programas educacionais gerais relacionados à identificação e solução de questões éticas; 5) formular políticas a serem seguidas pelos integrantes da instituição em alguns casos específicos; e 6) servir como auxiliar e consultor para médicos, pacientes e familiares quando da tomada de decisões éticas específicas.* (DeBlois; Norris; O'Rourke, 1995)

Sobre o papel dos comitês de bioética, a *Declaração universal sobre bioética e direitos humanos*, publicada pela Unesco (2006a), em seu art. 19, ressalta:

> *Devem ser criados, encorajados e adequadamente apoiados comités de ética independentes, multidisciplinares e pluralistas, com vista a:*
>
> *(a) avaliar os problemas éticos, jurídicos, científicos e sociais relevantes no que se refere aos projectos de investigação envolvendo seres humanos;*
>
> *(b) dar pareceres sobre os problemas éticos que se levantam em contextos clínicos;*
>
> *(c) avaliar os progressos científicos e tecnológicos, formular recomendações e contribuir para a elaboração de princípios normativos sobre as questões do âmbito da presente Declaração;*
>
> *(d) promover o debate, a educação e bem assim a sensibilização e a mobilização do público em matéria de bioética.*

A Unesco (2006b) considera, também, quatro tipos de comitês em bioética. São eles:

1. Comitê normativo ou consultivo.
2. Comitê de associação de profissionais de saúde.
3. Comitê de ética hospitalar.
4. Comitê de ética de investigação.

Como já mencionamos na introdução deste capítulo, o objeto de nosso estudo é o comitê de ética hospitalar, conhecido, no Brasil, como *comitê de bioética*.

Os comitês de bioética devem respeitar os direitos humanos, reconhecer a dignidade dos cidadãos e respaldar os programas educativos de bioética (Unesco, 2006b).

Para Diego Gracia (2003), o comitê de bioética também tem a função de deliberação; logo, deve analisar os casos a ele submetidos de maneira ampla e com profissionais de várias formações, com a finalidade de chegar a decisões sobre questões complexas e reais.

7.3 A organização dos comitês de bioética

Um comitê de bioética, como já mencionamos, deve ser formado de forma interdisciplinar, ou seja, deve conter entre seus membros: profissionais da área de saúde (médicos de diversas especialidades, enfermeiros, assistentes sociais, psicólogos, farmacêuticos e fisioterapeutas, entre outros), assim como membros da área de humanas (advogados, filósofos, teólogos), além de outros profissionais (professores, jornalistas, engenheiros, secretárias e arquitetos, entre outros). Também é importante que exista algum membro da sociedade civil, não especificamente ligado à área da saúde, representando os usuários e a comunidade. É ainda relevante que, na equipe, haja alguém com formação em bioética para auxiliar na condução dos processos (Almeida, 2002). Além disso, é ideal que esse comitê contenha membros dos gêneros feminino e masculino (Fletcher; Siegler, 1996) e, no mínimo, sete integrantes.

Aos cidadãos do comitê, é desejável que tenham também conhecimentos pelo menos básicos sobre os seguintes assuntos: teoria de ética; conceitos de bioética; sistema de saúde; contexto clínico; políticas da instituição local; crenças e perspectivas dos pacientes, de seus familiares e da equipe de trabalho; código de ética; normas das organizações de certificação; e leis da área de saúde.

Cada membro do comitê de bioética deve ter em seu perfil os seguintes valores: tolerância; respeito ao próximo; paciência; compaixão; bom senso; gentileza; educação; juízo; bondade; honestidade; sinceridade; generosidade; liberdade; comprometimento; autocontrole; solidariedade; interesse; empatia; coragem; assiduidade; presteza; cordialidade; pontualidade; sensibilidade; boa-fé; tempestividade; prudência; humildade; integridade; e capacidade de cooperação e de comunicação (Gilligan, 1982). Um comitê de bioética cujos membros tenham esses valores caminhará para o sucesso na execução de suas tarefas cotidianas.

A importância de contar com membros de diversas profissões é justamente garantir que o senso comum também participe nas resoluções de conflitos de origem bioética. Caso contrário, teríamos um direcionamento dos profissionais de saúde para uma conduta por vezes viciosa e tendenciosa, sem neutralidade, ou com características puramente técnicas, ou seja, utilizando somente a tecnologia para tomar decisões, o que seria inviável. Por tudo isso, a discussão e a análise dos comitês de bioética são necessárias.

Para entendermos melhor essa questão, basta imaginarmos um caso especifico de bioética. Suponhamos que, em determinado hospital, só haja uma vaga na unidade de terapia intensiva (UTI) pediátrica com respirador mecânico; no entanto, existem cinco crianças necessitando dessa vaga. Como decidir qual delas tem prioridade? Quais são as variáveis envolvidas? Qual delas deve ficar com essa vaga? Quais soluções são possíveis? E as outras crianças que forem preteridas à vaga? Essas perguntas não têm respostas de imediato nem técnica que as responda, pois devemos considerar muitas questões de bioética nesse contexto específico.

Em outro caso de bioética, podemos ter, por exemplo, uma mulher cujo marido congelou os espermatozoides. Após um acidente automobilístico, o indivíduo morreu. A viúva, então, deseja fazer inseminação artificial. Ela tem direito ou não a fazê-lo? Quais direitos ela tem sobre os espermatozoides do marido falecido?

Vemos que são muitas as questões que a tecnologia não responde. Há sempre novos paradigmas para a humanidade e, por isso, os membros dos comitês de bioética devem ter liberdade e entendimento dos valores morais para conseguirem avaliar e propor as conduções e as soluções dos conflitos.

7.4 Tipos de comitês de bioética e suas atribuições

Entre as atribuições dos comitês de bioética podemos incluir a de educar a comunidade tanto interna quanto externa a respeito da dimensão moral do exercício das profissões ligadas à área da saúde. Também é preciso construir e submeter normas e diretrizes que visem proporcionar maior proteção da dignidade das pessoas à homologação da administração do hospital. Isso deve ser feito com pacientes, profissionais da saúde e membros da comunidade, ofertando consultoria a todos os trabalhadores e usuários – ou seus representantes – que estejam passando por um conflito de natureza moral que necessite ser avaliado e equacionado ou de apoio psicológico para uma tomada de decisão difícil do ponto de vista moral (Fletcher; Siegler, 1996; Francisconi; Goldim; Lopes, 2002; Goldim; Francisconi, 1998).

Para Peter Singer (citado por Aulisio; Arnold; Youngner, 2000), há quatro tipos de comitês em bioética:

1. **Modelo puro** – O solicitante (que pode ser um familiar ou um profissional de saúde) leva o caso até o comitê, que o analisa e produz suas recomendações.
2. **Modelo de membro como consultor** – A solicitação é feita ao comitê, que designa um de seus membros para analisar o caso e apresentar suas conclusões aos demais membros, que as discutem e fazem recomendações.
3. **Modelo de análise pós-fato** – O caso já aconteceu e, então, o pedido é feito ao consultor, que analisa e faz recomendações; posteriormente, o caso é novamente analisado por um comitê.
4. **Modelo puro de consulta** – O pedido é feito ao consultor, que analisa o caso e faz recomendações, e não é necessário que posteriormente o evento passe pelo comitê.

Dependendo do caso a ser avaliado, poderão ser usados até mesmo os quatro modelos, pois um comitê de bioética tem três atribuições importantes: educativa, consultiva e normativa. A base de sua atuação, portanto, deve ser a análise e a discussão de questões e de dilemas morais com origem na prática e em procedimentos dentro da instituição de saúde, com foco no melhoramento da qualidade de atendimento oferecido.

Assim, o comitê de bioética cada vez mais se distancia de outras comissões de ética que também atuam nas instituições de saúde, como as dos profissionais de medicina e de enfermagem (entre outras categorias), sendo estas direcionadas ao exercício da profissão relacionado aos direitos e aos deveres de médicos e enfermeiros. Os comitês de bioética distanciam-se também das comissões de ética em pesquisa, que objetivam avaliar a adequação ética de projetos envolvendo seres humanos (Singer; Pellegrino; Siegler, 1990).

As questões de bioética normalmente são levadas ao comitê pelas equipes de saúde, pelos pacientes ou por seus familiares ou, ainda, pela própria instituição. Algumas podem ser protocoladas de forma oficial, e outras são de natureza informal. Dentre as inúmeras possibilidades de solicitações para dirimir conflitos bioéticos, destaca-se mais comumente a recusa por parte do paciente (ou de seus familiares) ao tratamento e ao procedimento indicados pelos profissionais de saúde, assim como questionamentos da equipe sobre limitações de investimento terapêutico ou uso de cuidados paliativos em determinados casos. Há, também, a necessidade de quebra de confidencialidade, além de dúvidas sobre a capacidade de autonomia dos pacientes, negação de cuidados por motivos religiosos – como no caso das testemunhas de Jeová, que se recusam a realizar transfusões sanguíneas muitas vezes consideradas como essenciais pela ciência médica – e alguns conflitos de interesse (Gauer et al., 2008).

7.5 Abordagem de caso pelo comitê de bioética

O caso a ser analisado pelo comitê de bioética deve seguir uma normatização que pode ser definida num fluxograma. O ideal é que a abordagem parta do modelo mais geral possível para depois chegar ao modelo da complexidade. Assim, para nortear a análise das múltiplas facetas participantes do caso clínico, algumas perguntas devem ser respondidas. Observemos o diagrama da Figura 7.1, a seguir.

Figura 7.1 – Diagrama de análise de caso em comitês de bioética

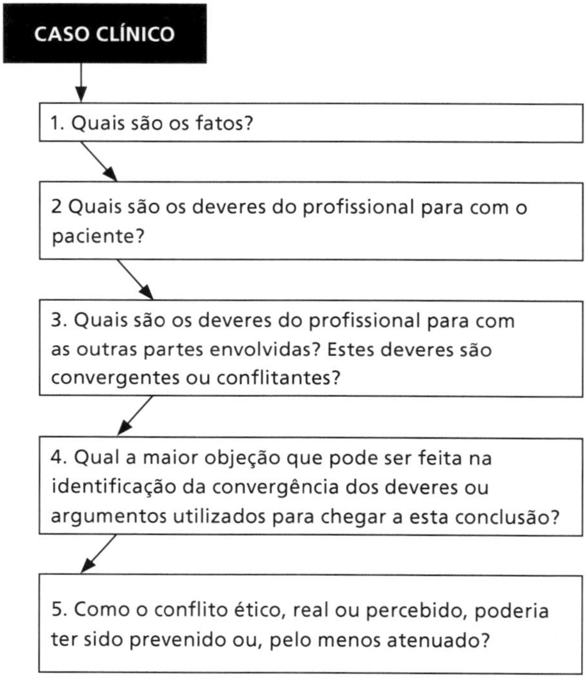

Com base nas perguntas expostas no diagrama, o comitê chega ao modelo da complexidade, que é composto por quatro análises:

1. Dados do contexto.
2. Alternativas e acordos.
3. Princípios e direitos envolvidos.
4. Casos possíveis de serem relacionados à atual situação.

Cada uma das análises é realizada por meio de possíveis questionamentos. Depois, acontece a decisão do caso clínico em questão, comunicando a decisão a todos os interessados e a divulgando em periódicos do hospital. Vejamos esse processo na Figura 7.2.

Figura 7.2 – Processo de análise de casos clínicos em comitês de bioética

1ª análise:

- Qual a questão, decisão, problema ou conflito bioético envolvido?
- Quem está solicitando a consulta?
- Por que está solicitando a consulta neste momento?
- Quem é o responsável por tomar as decisões neste caso?
- Quais são os fatos?
- Quais as circunstâncias importantes envolvidas na situação?
- Quem são as pessoas envolvidas?
- São conhecidos os valores de cada um dos envolvidos?
- Quais são as prioridades que cada um dos participantes?

↓

2ª análise:

- Existe algum acordo prévio sobre decisões nesta situação?
- Quais são as alternativas no atual curso de ação?
- Quais as consequências para cada um dos participantes em cada uma das alternativas?

↓

3ª análise:

- Quais os princípios (beneficência, respeito à pessoa e justiça) envolvidos?
- Quais os direitos humanos (individuais, coletivos ou de estado) envolvidos?
- Como eles se relacionam entre si?

↓

4ª análise:

- Quais são os casos possíveis de serem relacionados à presente situação?
- Quais foram as alternativas consideradas e as consequências que ocorreram?

↓

Revisão sistemática

↓↑

Decisão do caso → **Divulgar a decisão**

Percebemos, assim, que o comitê de bioética deve se reunir com a finalidade de oferecer soluções, de maneira consensual, aos casos clínicos complexos. No decorrer do processo, todos os participantes envolvidos e todos os integrantes do comitê devem se posicionar, podendo ocorrer várias reuniões até que se chegue a uma solução. É possível que ocorra a necessidade de o comitê solicitar a ajuda de um consultor em bioética clínica ou de especialistas para explicarem melhor certas condutas profissionais.

Os temas submetidos aos comitês são diversos: aborto, clonagem, eutanásia, ética médica, células tronco, consentimento informado e questões de ordem religiosa, cultural, de gênero e social. Dessa forma, ressaltamos que estabelecer uma discussão na esfera da bioética é ter sensibilidade para entender e aceitar opiniões divergentes, tentando construir a alternativa de solução para o conflito. Como exemplo prático, podemos citar o aborto, que apresenta uma conotação diferente para um homem ateu, para uma mulher protestante, para um homem mulçumano e para uma mulher feminista. O mesmo tema, relacionado à gravidez em uma criança de 12 anos, pode suscitar outros entendimentos nessas pessoas, bem como o aborto de um feto com malformação cuja sobrevivência seja inviável também estimula diferentes compreensões.

Assim, muitas facetas devem ser analisadas em cada caso. Não é possível, portanto, generalizarmos nada em termos de bioética, pois todos os envolvidos têm percepções e formações que necessariamente não são iguais nem homogêneas. De todo modo, tudo deve estar em conformidade com as leis brasileiras em todos os aspectos – sejam criminais, sejam profissionais, sejam administrativos, sejam relacionados ao consumo –, afinal, a sociedade está dentro do Estado moderno de direito, subordinada a suas leis.

No final deste capitulo, discutiremos alguns casos de bioética e utilizaremos esses processos para a análise de cada um deles.

7.6 Etapas de implementação do comitê de bioética

Vários autores desenvolveram possibilidades de implementação de comitê de bioética (Loch; Gauer; Borges, 2008). Neste livro, destacaremos o modelo proposto por Vollmann (2010). Trata-se de recomendações práticas e didáticas que seguem seis etapas nos processos de fundação e de implementação do comitê. São possíveis adaptações para cada situação real, história e objetivo das diferentes instituições e comissões. Vamos acompanhar, a seguir, as etapas desse modelo (Loch; Gauer; Borges, 2008):

- **Etapa 1** – Está direcionada ao setor de administração do hospital. Ela deverá proporcionar a ação quando existir a demanda, identificando se há um pedido formal de fundação do comitê ou não. Na criação é fundamental a definição das normas e dos objetivos do comitê, assim como de horas trabalhadas na carga horária do funcionário, dos recursos materiais e de infraestrutura que viabilizem sua implantação (Loch; Gauer; Borges, 2008).
- **Etapa 2** – É direcionada para as atividades iniciais de um coordenador, que deve buscar na instituição os profissionais que se interessam em participar do comitê. A isso se segue a divulgação interna dos objetivos, a criação de uma equipe de trabalho que discuta temas de interesse da comunidade e a inclusão de estruturas existentes no ambiente hospitalar,

além da convocação também de membros do comitê de ética profissional e do comitê de ética em pesquisa.

- **Etapa 3** – Relaciona-se diretamente com a equipe de trabalho,

> *com a organização do comitê em termos de definição de membros permanentes e de diferentes grupos profissionais do hospital, bem como a participação de membros externos. Faz-se necessário também definir a periodicidade das reuniões, possibilitando a inclusão do comitê no fluxo institucional, provocando assim o início da reflexão sobre o método de discussão com base nas referências conceituais e de princípios da bioética.* (Loch; Gauer; Borges, 2008)

- **Etapa 4** – Ocorre na fundação do comitê de bioética clínica,

> *que pode estar vinculada a algum outro evento que tenha uma dimensão forte e presente no calendário anual da instituição. Neste momento pode-se apresentar alguns temas práticos e de interesse especial. Com a existência oficial do comitê no hospital, através de portarias ocorre a nomeação dos membros, e publicação do estatuto do comitê, em que deverá estar estabelecido o prazo para a vigência do comitê, bem como seus aspectos de renovação, que podem ser de dois a três anos, com um número viável de participantes, sendo fundamental a criação e o registro do estatuto que regule procedimentos e regras.* (Loch; Gauer; Borges, 2008)

- **Etapa 5** – Acontece após a fundação, com o desenvolvimento do trabalho conceitual e comunicativo. Nessa fase, são realizadas palestras sistemáticas sobre temas sensíveis relacionados à prática hospitalar, com o objetivo de provocar o debate, a educação e a capacitação dos profissionais para auxiliá-los nas tomadas de decisão, forçando a reflexão do ponto de vista bioético.

- **Etapa 6** – Pressupõe a especialização do comitê, com a provocação de consultas éticas por especialidades clínicas, porque os conflitos dentro do comitê tendem a variar bastante de uma determinada especialidade para outra. Logo, é nessa fase que se devem adaptar os procedimentos estabelecidos a áreas específicas da medicina, como pediatria, psiquiatria, medicina intensiva, obstetrícia, neonatologia, geriatria, cuidados paliativos e que envolvam o início e o fim da vida. Vollmann (2010) também exorta sobre a importância do sigilo profissional (discussão sobre segurança e confidencialidade) e de serem criados mecanismos para a pesquisa científica em relação aos comitês de bioética clínica, contribuindo, assim, para a cooperação internacional e a troca de experiências (Goldim, 2003).

Já de acordo com Loch e Gauer (2010, p. 102), as etapas para a criação do comitê de bioética são as seguintes:

1. *Sensibilizar a comunidade interna para a necessidade de discutir os aspectos éticos da relação profissional de saúde-paciente.*
2. *Definir seus próprios objetivos e funções, levando em consideração as necessidades e as realidades locais.*
3. *Constituir um grupo preparatório multidisciplinar, identificando na instituição os profissionais interessados, dispostos a serem protagonistas responsáveis, com disponibilidade para se autocapacitar, através de reuniões regulares e discussões de temas relevantes e de casos clínicos reais ou hipotéticos.*
4. *Iniciar com um grupo de profissionais que tenham algum tipo de capacitação prévia em ética ou bioética.*
5. *Estabelecer uma forma de trabalho sistemático, com reuniões regulares, de acordo com as necessidades e a disponibilidade do grupo.*

6. *Elaborar um regimento interno, que possa pautar e definir as características, os objetivos e as atribuições do grupo.*
7. *Registrar a experiência e avaliar periodicamente os métodos e critérios empregados na análise dos casos e nas respostas a consultas institucionais.*
8. *Discutir com a instituição a inserção do Comitê na organização hospitalar, agindo sempre como órgão consultor.*
9. *Divulgar a existência do Comitê e trocar experiências com outros órgãos intra e extrainstitucionais.*

Síntese

Os trabalhos dos comitês de bioética são os mais complexos dentro dos dilemas da medicina atual, conforme verificamos neste capítulo. Discorremos sobre a história da criação desses comitês e suas principais atribuições, como construir soluções para os conflitos bioéticos e deliberar ações em casos espinhosos. Assim, procuramos apresentar conceitos e definições que sirvam de base para futuros gestores hospitalares ou interessados nesse assunto.

Dessa forma, observamos que, conforme a humanidade evoluiu no campo da tecnologia, tornou-se imprescindível que o ambiente hospitalar também avançasse em direção à nova ótica da bioética, fato que ocasionou a necessidade dos comitês. Em vista disso, as instituições de saúde mais bem avaliadas na atualidade dispõem de eficientes modelos de comitês de bioética, levando em consideração que os sistemas de acreditação e de qualificação hospitalar também dependem da existência dessas comissões para definirem certos padrões de qualidade.

Por isso, os gestores têm de agir como facilitadores no treinamento, na formação e na escolha dos integrantes dos comitês, respeitando a liberdade, a independência e as iniciativas advindas desses indivíduos. Além disso, é necessário construir mecanismos de proteção àqueles que procuram a ajuda desses comitês.

Relembramos, no entanto, que os comitês de bioética não têm funções de comissão deontológica e, logo, devem atuar na comunidade hospitalar defendendo o respeito à dignidade humana diante de todos os elementos nas relações intra-hospitalares que envolvam doentes, familiares ou profissionais de saúde. Desse modo, todas as ações dessas comissões devem pautar-se em valores morais, trazendo a certeza de auxílio correto e benéfico quando existirem conflitos bioéticos dentro da instituição.

Por fim, os casos analisados neste capítulo mostram que toda decisão em bioética deve conter uma visão holística e complexa de cada situação, pois, somente assim, os comitês poderão decidir de maneira harmônica.

Questões para revisão

1. Em relação às prerrogativas do comitê de bioética hospitalar, podemos dizer que elas são superiores às leis nacionais?

2. Um trabalhador da construção civil com uma lesão superficial no membro inferior direito chega ao atendimento hospitalar; ao mesmo tempo, um ladrão de banco, suspeito de ter assassinado duas pessoas durante o assalto, com dois projéteis em seu hemitórax esquerdo e correndo risco de vida, também chega ao atendimento. Conforme pedido dos policiais que o acompanham, o cirurgião atende primeiro ao trabalhador da construção civil, fazendo um curativo em seu ferimento. Nesse caso:
   a) O cirurgião agiu dentro dos princípios bioéticos.
   b) O cirurgião decidiu mediante o princípio da justiça.

c) O cirurgião agiu com beneficência.
d) O cirurgião utilizou-se do princípio bioético da autonomia.
e) O cirurgião foi antiético, pois, dentro das condições de risco de vida iminente, ele deveria ter atendido primeiro o trauma torácico do ladrão e depois a escoriação do trabalhador. Assim, ele agiu segundo a maleficência, a não beneficência e a injustiça.

3. Dois médicos faziam plantão em um hospital. Um deles estava com fome e, como não gostava da comida que era ali servida, foi a uma pizzaria comprar seu jantar. Durante sua ausência, chegaram ao atendimento dois policiais baleados que necessitavam de uma cirurgia de emergência. Como só havia um cirurgião, apenas um dos policiais foi operado. Ao chegar da pizzaria, o médico que se ausentara encontrou o outro policial já morto na sala de reanimação. Considerando os princípios bioéticos da atualidade e o código de ética médica brasileiro, o cirurgião que se ausentou do plantão cometeu:
a) Imprudência.
b) Negligência.
c) Imperícia.
d) Negligência e imprudência.
e) Imperícia e negligência.

4. O termo *comitê de bioética* nos países de língua portuguesa está relacionado:
a) à deontologia médica.
b) ao comitê de ética em pesquisa.
c) ao comitê de ética hospitalar.
d) à ética processual.
e) à ética de conveniência.

5. O ideal é que um comitê de bioética seja formado:
   a) somente por médicos.
   b) somente por profissionais de saúde.
   c) somente pelo corpo médico e pelo corpo administrativo de um hospital.
   d) somente pela família e pelos médicos acompanhantes do paciente.
   e) pela maior quantidade de indivíduos com formações distintas, para, assim, atingir a maior representação do pensamento da sociedade.

Questões para reflexão

1. Reflita acerca do seguinte caso, relacionado à questão bioética do aborto.

   Uma menina de nove anos, provinda do interior, chegou à emergência de um hospital apresentando vômitos intensos. Ela está no segundo mês de gestação de gêmeos, causada por violência sexual praticada por seu vizinho. A equipe médica, devido ao risco de vida da paciente e à gravidez gemelar, decide realizar o aborto terapêutico e por necessidade, entendendo que o caso envolve as duas tipificações de aborto liberadas pela legislação brasileira. No entanto, a mãe da gestante se identificou como cristã e declarou que não concorda com o aborto, além do fato de que a filha tem apenas nove anos de idade. A equipe de psicologia que atendeu a menina verificou que ela tem consciência de tudo o que ocorreu, de que foi vítima de estupro, mas quer levar adiante a gravidez. Em vista da complexidade da situação, o comitê de bioética do hospital foi acionado para posicionar-se em relação ao caso. Qual seria sua análise do ponto de vista bioético para essa situação?

2. Conforme a legislação brasileira, caso seja solicitado por um paciente terminal ou por seus familiares, uma equipe médica pode realizar imediatamente a eutanásia. Essa afirmação está correta? Justifique sua resposta.

3. Formado por profissionais de saúde e de outras áreas e por representantes da sociedade, o comitê de bioética tem como um de seus objetivos avaliar problemas que envolvem a bioética e propor soluções para eles. Essa afirmação está correta? Justifique sua resposta.

Indicações culturais

MAR adentro. Direção: Alejandro Amenábar. Espanha; Itália; França: Fox Film, 2004. 125 min.

REGRAS da vida. Direção: Lasse Hallström. EUA: Paris Filmes, 2000. 126 min.

Sugerimos esses dois filmes pois ambos tratam de questões relacionadas à bioética.

No primeiro, um homem sofre um acidente que o deixa paralisado. Cansado, ele luta pelo direito de dar fim à própria vida.

O segundo conta a história de um médico que, nos casos de gestação indesejada, pratica abortos ou realiza o parto de bebês, levando-os para um orfanato.

Estudos de casos

Caso 1: Eutanásia

Um homem de 45 anos, que sofreu um grave acidente automobilístico que o deixou em estado vegetativo, está internado em um hospital há 10 anos. A equipe médica há muito tempo já havia comunicado aos pais do paciente sobre a irreversibilidade do caso. Mesmo assim, a família o manteve ligado aos aparelhos hospitalares.

Um dia, porém, os pais resolvem retirar o filho dos suportes médicos que lhe garantem a vida. Sabendo da complexidade do caso e de que a equipe médica está impossibilitada legalmente, pelo ordenamento jurídico brasileiro, de proceder dessa forma, eles pedem o parecer da comissão de bioética do hospital para então iniciar uma batalha jurídica a fim de cumprir sua decisão.

A primeira tarefa da comissão é avaliar: *Quais são os fatos?*

As primeiras respostas encontradas são: "Paciente em estado vegetativo há dez anos; impossibilidade de cura; ilegalidade na retirada do suporte de vida".

Depois, a comissão analisa: *Quais são os deveres do profissional para com o paciente?*

A resposta é: "Manter a vida".

Outras questões devem ser contempladas:

Quais são os deveres do profissional para com as outras partes envolvidas?

Estes deveres são convergentes ou conflitantes?

Como respostas, a comissão obtém: "Respeitar a autonomia dos pais e a não maleficência ao paciente – portanto, os deveres em si divergem".

Qual a maior objeção que pode ser feita na identificação da convergência dos deveres ou dos argumentos utilizados para se chegar a essa conclusão?

Resposta: "Divergem na autonomia dos pais".

Como o conflito ético, real ou percebido, poderia ter sido prevenido ou, pelo menos, atenuado?

Resposta: "Não há como prevenir, seguindo o raciocínio do modelo de complexidade".

Seguem-se mais questionamentos:

Qual questão, decisão, problema ou conflito bioético está envolvido?

Quem está solicitando a consulta?

Por que está solicitando a consulta neste momento?

Quem é o responsável por tomar as decisões neste caso?

Quais são os fatos e quais são as circunstâncias importantes envolvidas na situação?

Quem são as pessoas envolvidas?

São conhecidos os valores de cada um dos envolvidos?

Quais são as prioridades de cada um dos participantes?

E suas respostas:

"O risco de vida do paciente, a autonomia dos pais e a não maleficência ao paciente".

"Quem solicita a consulta é a família".

"Paciente em estado vegetativo sem possibilidade de cura; vítima de acidente de carro; está incapaz de decidir".

"Os valores legal, moral e tecnológico da equipe e o valor moral da família; os valores da dignidade humana do paciente".

"O médico tem o conhecimento e a família, o conceito de dignidade humana".

Mais perguntas devem ser avaliadas:

Existe algum acordo prévio sobre decisões nesta situação?

Quais são as alternativas no atual curso de ação?

Quais as consequências, para cada um dos participantes em cada uma das alternativas?

Respostas:

"É possível esperar a iminência da morte e, quando o corpo parar de funcionar, não realizar a reanimação cardíaca; ou retirar os aparelhos para que, em pouco tempo, a morte do paciente se consuma".

"Assim como não há nenhum documento escrito pelo paciente, também a legislação do Brasil proíbe a eutanásia, logo, para a equipe médica, essa decisão é ilegal".

Ainda há mais questões a serem observadas:

Quais os princípios (beneficência, respeito à pessoa e justiça) envolvidos?

Quais os direitos humanos (individuais, coletivos ou de estado) envolvidos?

Como eles se relacionam entre si?

Assim:

"Existem os princípios da autonomia, da beneficência, da não maleficência e da justiça para os pais e os da não maleficência, da beneficência e da justiça para o paciente; este não tem autonomia, já que está inconsciente (vida vegetativa). Para a equipe médica, há os princípios da autonomia, da beneficência, da não maleficência e da justiça, em relação a não deixar o paciente morrer, uma vez que isso é previsto em lei".

Quais são os casos possíveis de serem relacionados à presente situação?

Quais foram as alternativas consideradas e as consequências que ocorreram?

"Há inúmeros casos, mas nem a ortotanásia é permitida pela lei atualmente".

O comitê de bioética realizou três reuniões, fez várias entrevistas com a família e com a equipe da UTI e revisou a literatura sobre o caso. Descobriu que boa parte da Europa e alguns estados dos Estados Unidos já permitem a ortotanásia; e alguns países do mundo e alguns estados norte-americanos, a eutanásia. Porém, infelizmente, as leis brasileiras são rígidas e antigas, bem como toda a jurisprudência é contra a eutanásia.

Nesse caso, por consenso, a equipe decidiu pela não retirada dos aparelhos e que, quando houvesse a parada cardíaca do paciente, não fosse realizada mais do que uma tentativa de ressuscitação do paciente. Após a divulgação do resultado, a família entrou na justiça para desligar os aparelhos, mas não obteve sucesso.

O fato de o comitê ter se reunido três vezes mostra a complexidade do caso em bioética. Além disso, percebemos o desejo da equipe em retirar os aparelhos, mas essa decisão é limitada as questões legais brasileiras.

O caso relatado é semelhante ao Terri Schiavo, da Flórida, Estados Unidos, que é o exemplo mais famoso de batalha judicial pelo direito à eutanásia do mundo.

Terri Schiavo, de 41 anos, morreu em uma casa de repouso, em abril de 2005, ao fim de duas semanas sem receber água e comida. Terri viveu 15 anos sobre uma cama, em estado vegetativo considerado irreversível e sua eutanásia só foi permitida depois de uma batalha judicial entre os pais Robert e Mary Schindler, que a queriam viva, e seu viúvo, Michael, que dizia que ela manifestara o desejo de não ser mantida viva caso um dia se visse numa condição como aquela. A batalha durou oito anos. Na época, o presidente George W. Bush chegou a assinar uma lei de emergência aprovada no Congresso especialmente para manter Terri viva e o Vaticano mais uma vez se mostrou contrário à decisão de parar a alimentação da paciente. (Relembre..., 2009)

Para os defensores da eutanásia, a vontade da própria pessoa em fase terminal ou sem qualidade de vida de abreviar sua existência e evitar a dor e o sofrimento seria um caminho para terminar a vida com dignidade, pois acontece de forma consciente e humana, por meio da comunicação dessa escolha. Para os contrários a essa prática, conforme a influência da religião e de certos conceitos morais e legais, ninguém pode tirar a própria vida.

Nesse caso, o ordenamento jurídico na atualidade, que também é o art. 121 do Código Penal – Decreto-Lei n. 2.848, de 7 de dezembro de 1940 (Brasil, 1940) –, tipifica como crime. O Conselho Federal de Medicina (CFM) decretou a Resolução CFM n. 1.805, de 9 de novembro de 2006 (CFM, 2006), que autorizava a prática da ortotanásia.

A resolução permitia aos médicos limitar ou suspender tratamentos e procedimentos empregados para prolongar a vida de pacientes terminais acometidos por doenças graves e incuráveis. Porém, em outubro de 2007, a Justiça suspendeu os efeitos dessa resolução – o juiz federal Roberto Luis Luchi Demo, da 14ª Vara da Justiça Federal, no Distrito Federal, atendeu ao pedido do Ministério Público Federal, que alegou que, apesar de o CFM ter apresentado justificativa de que a ortotanásia "não antecipa o momento da morte, mas permite que ela ocorra no seu tempo natural" (Justiça Federal..., 2007), essa situação não afasta a circunstância em que tal conduta "parece caracterizar crime de homicídio" (Demo, citado por Justiça Federal..., 2007).

O juiz, em sua decisão, argumentou que "o art. 121 do Código Penal parece abranger tanto a eutanásia como a ortotanásia" (Justiça Federal..., 2007) em seu tempo natural; logo, essa situação não afasta a circunstância de que tal conduta deve ser tipificada como *crime de homicídio*.

Caso 2: Consentimento informado

Uma paciente muito vaidosa queria realizar uma cirurgia plástica no nariz, no pescoço, nas mamas e no abdômen ao mesmo tempo, e o médico não comunicara a ela os riscos inerentes a um procedimento gigantesco como esse. Mesmo assim, decidiu pela cirurgia total.

Durante o ato cirúrgico, a paciente entrou em choque hipovolêmico e sofreu várias paradas cardíacas. Após várias reanimações e medicações, ela sobreviveu à intervenção. No dia seguinte, na UTI, a paciente acordou e percebeu que não estava conseguindo mexer metade do corpo – havia ficado com sequela de hemiplegia à direita.

O gestor hospitalar, sabendo do acontecido, solicitou que o comitê de bioética do hospital se posicionasse sobre a atitude do médico. Paralelamente, o diretor médico também fez uma denúncia no Conselho Regional de Medicina (CRM).

Esse caso complexo tem duas conduções: uma no campo deontológico, em que será avaliado pela comissão de ética profissional do hospital e do CRM, e outra do ponto de vista bioético.

Pela bioética, a primeira análise é identificar:

Quais são os fatos?

As primeiras respostas:

"Paciente em procedimento complexo de cirurgia plástica; imprudência do profissional; desinformação da paciente; ausência de consentimento informado; sequela de hemiplegia à direita".

Depois, deve-se questionar:

Quais são os deveres do profissional para com o paciente?

Resposta:

"Ter ética profissional, observar a não maleficência, a beneficência e respeitar a autonomia e a justiça".

Quais são os deveres do profissional para com as outras partes envolvidas?

Esses deveres são convergentes ou conflitantes?

Respostas:

"Respeitar os princípios da autonomia informada da paciente, da não maleficência, da beneficência e da justiça da paciente". "Os deveres em si convergem".

Seguem-se as seguintes questões e suas respectivas respostas:

Qual a maior objeção que pode ser feita na identificação da convergência dos deveres ou dos argumentos utilizados para se chegar a essa conclusão?

"Convergem na autonomia informada da paciente".

Como o conflito ético, real ou percebido, poderia ter sido prevenido ou, pelo menos, atenuado?

"Era para ter prevenido, informando e não realizando o procedimento, tendo em vista que a Sociedade Brasileira de Cirurgia Plástica (SBCP) não permite ao médico realizar concomitantemente todos esses procedimentos".

Seguindo o raciocínio no modelo de complexidade, indaga-se:

Qual a questão, decisão, problema ou conflito bioético envolvido?

Quem está solicitando a consulta?

Por que está solicitando a consulta neste momento?

Quem é o responsável por tomar as decisões neste caso?

Quais são os fatos?

Quais as circunstâncias importantes envolvidas na situação?

Quem são as pessoas envolvidas?

São conhecidos os valores de cada um dos envolvidos?

Quais são as prioridades de cada um dos participantes?

Como respostas, obtém-se:

"As questões são o risco de morte da paciente, a imprudência do profissional e a ausência da autonomia pelo consentimento informado e da não maleficência do paciente".

"Quem solicita é o gestor hospitalar".

"Sequela neurológica de cirurgia plástica, a paciente foi vítima de imprudência profissional; erro médico; a paciente não tinha as informações para ser capaz de decidir".

"Os valores legal, moral e tecnológico do cirurgião plástico, o valor da autonomia da paciente, o valor da dignidade humana do paciente".

"O médico tem o conhecimento do assunto, e a paciente, o desejo e o desconhecimento sobre ele".

Mais questionamentos e suas respostas:

Existe algum acordo prévio sobre decisões nessa situação?

Quais são as alternativas no atual curso de ação?

Quais as consequências para cada um dos participantes em cada uma das alternativas?

"Não existiu o termo de consentimento informado; o profissional foi antiético, pois não deveria ter realizado todos os procedimentos juntos; a SBCP não permite realizar concomitantemente todos esses procedimentos, logo a equipe médica agiu de maneira ilegal".

Quais os princípios (beneficência, respeito à pessoa e justiça) envolvidos?

Quais os direitos humanos (individuais, coletivos ou de estado) envolvidos?

Como eles se relacionam entre si?

"Existem as questões da autonomia, da beneficência, da não maleficência e da justiça para o paciente e tão somente a autonomia desrespeitosa do cirurgião plástico".

Por fim, as questões:

Quais são os casos possíveis de serem relacionados à presente situação?

Quais foram as alternativas consideradas e as consequências que ocorreram?

"Há inúmeros casos semelhantes, quase todos com condenação do cirurgião plástico, seja na esfera penal, seja na esfera profissional, ou seja, na esfera do direito do consumidor (Fortes, 1996)".

Enfim, o comitê decidiu que o ato médico feriu os princípios da bioética moderna. Essa decisão foi levada aos tribunais pela família da paciente, que teve êxito na compensação da lesão neurológica permanente. Na esfera do comitê de ética profissional do CRM, o profissional recebeu uma suspensão de três dias para o exercício de suas atividades.

Capítulo 8

Bases legais e regulamentares da bioética

Paulo Vasconcelos Jacobina

Conteúdos do capítulo:

- Noções de direito.
- Ordenamento jurídico.
- Direito subjetivo e objetivo.
- Classificação e hierarquia das normas.
- Direito positivo.
- Constituição Federal.
- Legislação.
- Normas infralegais: decretos, regulamentos e outros documentos.
- Jurisprudência.

Após o estudo deste capítulo, você será capaz de:

1. compreender os conceitos de direito;
2. interpretar as leis e seus elementos;
3. distinguir a ordem e a hierarquia das normas;
4. reconhecer os principais dispositivos da Constituição Federal que se relacionam com a bioética;
5. relacionar a principal legislação que trata da bioética a seus respectivos princípios;
6. identificar os órgãos bioéticos criados pela legislação;
7. classificar as normas infralegais relacionadas à bioética;
8. definir o que é a jurisprudência.

Quando falamos em *legislação*, vem à nossa mente o conjunto de regras jurídicas positivas que regem um determinado Estado, e é exatamente nesse sentido que trataremos do tema neste capítulo. Existem, é certo, muitas regras e normas não estatais, principalmente no âmbito da bioética. São exemplos os códigos de éticas de hospitais, clínicas e universidades, ou mesmo de empresas e corporações. Contudo, analisaremos mais diretamente o ordenamento jurídico brasileiro e as normas estatais naquilo que diz respeito ao campo da bioética.

Há, particularmente, duas grandes linhas de abordagem pelas quais podemos tratar o estudo da bioética relacionado ao direito. A primeira delas diz respeito à influência que a bioética e sua evolução exerceram no ordenamento jurídico de nosso país. Essa questão já foi estudada nos capítulos anteriores, que versaram sobre a história da bioética, seu desenvolvimento e suas implicações.

A segunda abordagem é a que adotaremos neste capítulo. Ela visa estudar quais são as bases legais que nosso direito positivo (as leis que efetivamente estão em vigor atualmente no país) traz para a bioética. Faremos, no entanto, uma análise menos política e mais jurídica de nosso ordenamento legal para verificarmos quais são os fundamentos que estabelecem um conhecimento mais profundo da bioética. Para atingirmos nosso objetivo, trataremos o tema sob três aspectos: 1) mais teórico; 2) mais positivo; e 3) mais prático.

No primeiro aspecto, apresentaremos uma pequena explicação sobre o que são as leis, qual a hierarquia e o grau de importância delas e como elas estão estruturadas de acordo com o ordenamento legal brasileiro. No segundo, comentaremos algumas regras legais no âmbito da bioética, começando pela Constituição

Federal e chegando às normas infralegais[1], sem, no entanto, incorrermos na pretensão de esgotar a análise da legislação na área da saúde. Por fim, examinaremos um tema da bioética, refletindo sobre como ele foi concretamente resolvido com base em nosso direito.

8.1 Normas legais

Antes de analisarmos propriamente a legislação relativa à bioética, precisamos explorar brevemente a definição do que é o ***direito***, visto que não podemos investigar um assunto sem ao menos termos uma ideia sobre qual é nosso objeto de estudo.

De acordo com o senso comum, o direito tem alguma coisa a ver com as leis do país. De fato, mesmo as crianças, em suas brincadeiras, muitas vezes alegam para si *o direito a isto ou a aquilo*. Elas já têm a noção de que "ter um direito" relaciona-se a uma pretensão amparada pela autoridade pública.

Por isso, e de um modo bastante amplo, podemos dizer que um direito é uma **pretensão** que, de alguma forma, pode ser garantida pelo **Poder Público**. E essa garantia, normalmente, diz respeito à existência de uma lei que trate desse assunto específico. Parece-nos muito claro, portanto, que esses pontos estão relacionados entre si.

Assim, um direito, no sentido individual, subjetivo, é uma pretensão que tem fundamento numa lei. Dimitri Dimoulis (2014, p. 282) define o *direito*, em sua dimensão subjetiva, como

---

1 *Normas infralegais* são aquelas que, na hierarquia das normas, estão abaixo da lei em sentido estrito; incluem, por exemplo, regulamentos, portarias e normas regulamentares que são editadas pelos conselhos de profissionais, como veremos mais adiante.

"situação jurídica da pessoa em que o ordenamento jurídico confere um direito (autorização para fazer algo ou título para receber uma prestação). Consiste na capacidade do indivíduo de impor determinada decisão, impedindo a interferência de terceiros ou exigindo que um terceiro faça algo".

Nessa linha de raciocínio – e pensando em termos jurídicos –, podemos afirmar que uma lei é uma ordem promulgada por uma autoridade pública, com caráter de generalidade, que regulamenta alguma conduta humana no sentido do bem comum.

A definição clássica de *lei* foi elaborada por Santo Tomás de Aquino (1995, p. 41), que a define como "certa ordenação da razão para o bem comum, promulgada por aquele a quem cabe cuidar da comunidade". Essa é uma noção bem ampla de lei, pois envolve alguns elementos que examinaremos mais detidamente nas seções a seguir.

8.1.1 Ordem

O primeiro elemento da lei que examinaremos é a **ordem**.

De fato, uma lei não é um mero conselho nem um convite ou uma estipulação aleatória. Ela é uma ordem, visto que se caracteriza pela **heteronomia**, ou seja, a capacidade de se impor independentemente da aceitação ou do consentimento dos indivíduos. Para Hans Kelsen (2012, p. 91):

> *Se o direito, porém – considerado de modo puramente positivista –, não é senão um ordenamento coercitivo exterior, só será concebido como uma técnica social específica: a condição social será por isso provocada ou se procurará provocá-la, de modo que o posto da condição humana*

contraditória signifique um ato coercitivo (o que é a privação coercitiva de um bem: a vida, a liberdade, um valor econômico) como consequência.

Na ideia de ordem, estão incluídos dois aspectos muito importantes para que nós possamos entender bem o que é uma *lei* no sentido jurídico do termo.

O primeiro é a noção de *ordem* como um mandamento forte, uma **conduta esperada ou exigida**, e não simplesmente aconselhada ou solicitada. Ela existe para ser obedecida, de preferência espontaneamente, pelos indivíduos aos quais se destina, mas sua força independe do consentimento de quem quer que seja, pois, conforme vimos anteriormente, ela se impõe.

É claro que sempre há a esperança de que a lei tenha alguma legitimidade quando é elaborada. Um regime democrático, no qual todos participam de algum modo da elaboração da legislação, faz com que os cidadãos tenham maior respeito às normas e as aceitem de maneira mais fácil do que num regime autoritário, no qual elas são arbitrariamente definidas e impostas ao povo. Nesse tipo de governo, a chance de que as leis não sejam obedecidas espontaneamente é muito maior, porque as pessoas tendem a respeitar mais voluntariamente aquilo de cuja elaboração elas participaram de alguma forma.

Mas, quando falamos da característica das leis, que consiste na capacidade de elas se fazerem observar independentemente da aceitação de seu público-alvo, estamos nos referindo não à legitimidade que pudesse existir em sua elaboração, mas à autoridade de sua aplicação. O Poder Público, quando implementa uma lei, não precisa pedir a aceitação de seus destinatários um a um.

Imaginemos, por exemplo, que a autoridade tivesse de perguntar ao assassino se ele concorda com a aplicação das normas do Código Penal ao crime que ele cometeu. Percebemos, então, que isso não é necessário, pois a lei será aplicada, mesmo que o assassino alegue que não concorda com ela.

O segundo aspecto implícito na noção de *ordem* é a **organização**, o sentido. A lei não pode ser impossível de ser aplicada nem contraditória ou incoerente com as demais. Seu comando deve ser claro, coerente, razoável e possível. É nesse sentido que podemos falar em *ordenamento jurídico*, ou seja a lei tem uma coerência, faz sentido por si própria e pela relação com a legislação do país. Ainda neste capítulo, trataremos sobre o ordenamento jurídico, que traz em si a ideia de uma hierarquia de leis.

8.1.2 Autoridade: de onde emana a ordem

Devemos ter em mente, de forma clara, que nem toda ordem que se dirige à conduta humana pode ser reconhecida como *lei*, no sentido pleno dessa palavra. As ordens, digamos, que um empregador privado dirige a seu empregado ou que uma mãe zelosa dirige a seus filhos, podem ser chamadas de *leis* apenas num sentido muito fraco, analógico, e não no sentido jurídico, ou técnico, do termo. Para que uma ordem seja considerada de fato uma lei, é preciso que ela venha de alguém dotado de **autoridade** para aprová-la e promulgá-la.

A dimensão de legitimidade da lei é tão forte que alguns a definem, de modo formal, com base na legitimidade para editá-la. Assim, Dimoulis (2014 p. 283) a define, formalmente, como "o conjunto de dispositivos aprovado por decisão majoritária do Poder Legislativo", separando-a das ordens ditatoriais e arbitrárias.

É certo que nem todas as regras que existem em nossa sociedade são originadas de autoridades públicas. Podemos pensar, por exemplo, no bom costume que temos de fazer filas para um atendimento ou para algum serviço. Esse é um uso social, e não há nenhuma lei (em sentido estrito) determinando que façamos filas para aguardarmos nossa vez. Mas, como se trata de um costume antigo, justo e muito bem arraigado, e que contém a razoabilidade necessária para a boa convivência social, as autoridades públicas percebem esse hábito e reforçam sua observação. Elas até mesmo organizam as filas, estimulando sua formação e punindo quem não as respeita. Assim, embora, a rigor, por exemplo, o costume de fazer filas não seja uma regra originada das autoridades públicas, elas o recebem como tradição e lhe dão força de uma verdadeira lei, garantindo sua perpetuação.

Há, ainda, outra questão: não é qualquer autoridade que pode promulgar qualquer lei sobre qualquer assunto. Imaginemos que um prefeito do interior venha a aprovar, na Câmara de Vereadores local, uma lei municipal que determina que o Brasil deve entrar em guerra com algum país vizinho. Não há, nesse caso, uma regra válida, porque o prefeito não é a autoridade competente para declarar guerra em nome do país.

8.1.3 Promulgação

Uma lei só tem valor se for adequadamente aprovada e promulgada. Nesse caso, precisamos entender bem o sentido da palavra *promulgar*.

Promulgar uma lei é torná-la vigente, válida, conhecida de todos. Ela só vale na medida em que os procedimentos para sua elaboração e para sua publicação tenham sido obedecidos. Não é qualquer palavra da autoridade pública que tem força de lei. Somente aquele comando que tenha obedecido aos critérios de formação e de promulgação, isto é, tenha sido adequadamente elaborado e levado ao conhecimento de todos, é que se constitui em lei.

Santo Tomás de Aquino (1995, p. 41) explica que, uma vez que a lei deve se impor a todos como regra e medida, é de sua natureza que seja promulgada de modo público, de maneira a chegar ao conhecimento daqueles que estarão sujeitos a ela, ou seja, "para que a lei obtenha o vigor de obrigar que lhe é próprio, é mister que se aplique aos homens que por ela devem ser regulados. (...) Donde ser a promulgação necessária para que a lei venha a ter o seu vigor". Assim, uma ordem que, digamos, um governador escreveu em seu computador e publicou em sua página das redes sociais não se transforma em lei.

Podemos imaginar outra situação. Alguém, um garoto qualquer, consegue entrar, escondido, na gráfica que imprime o *Diário Oficial* (o jornal oficial que publica as leis para que se tornem válidas). Ele insere alguns comandos em suas páginas, que vêm a ser efetivamente publicados no dia seguinte. Porém, esses comandos não são leis, porque, embora devidamente publicados, não emanaram da autoridade pública mediante o procedimento adequado.

Assim, duas prerrogativas são necessárias para que haja uma lei: 1) que ela saia da autoridade pública adequada, ou competente; e 2) que seja devidamente elaborada e publicada.

8.1.4 Caráter de generalidade

Uma lei, no sentido estrito, tem sempre um caráter de **generalidade**, pois ela não existe somente para uma situação ou somente para uma pessoa. Por isso, nem todo ato proveniente de autoridade pública e devidamente promulgado, ou seja, levado a conhecimento público, transforma-se em lei. Como exemplo, imaginemos alguém dirigindo um carro quando um guarda de trânsito faz um sinal com o braço, no cruzamento, para que o sujeito pare. Trata-se, nesse caso, de uma ordem devidamente publicada, de uma autoridade pública competente, dirigida ao motorista. Mas, ainda assim, não é uma lei, pois não tem a natureza de regramento desta, dirigida à ordenação da conduta humana, visto que é um ato administrativo.

Como afirma Michel Villey (2003, p. 67), "Finalmente, podemos observar que a arte jurídica pressupõe e se exerce num grupo social. Não existe direito, [...] senão no interior de um grupo social, de certos grupos em que se opera uma divisão. Não existe um direito de Robinson[2] isolado na sua ilha".

É por isso, também, que a sentença de um juiz não é uma lei. Ela é somente um ato judicial, mas, do mesmo modo que um bom costume social – como o hábito de fazer filas, que abordamos anteriormente –, pode ser assimilado à noção de *lei* por implicar uma ordem geral que será incorporada ao ordenamento pela autoridade pública.

Também as decisões judiciais que se repetem muitas vezes no mesmo sentido são incorporadas ao ordenamento jurídico, transformando-se naquilo a que chamamos de *jurisprudência*, e ganham verdadeira força de lei. Um exemplo disso, em nosso país, é o reconhecimento do direito de conviventes não casados no âmbito civil à participação no patrimônio comum, em caso de separação. Antes de tornar-se lei e constar no Código Civil, a repetição de sentenças reconhecendo esse direito transformou-o em jurisprudência e, portanto, em verdadeira regra jurídica.

2 Michel Villey, aqui, faz referência ao personagem Robinson Crusoé, de Daniel Defoe, que sobreviveu a um naufrágio e viveu, solitariamente, numa ilha deserta, até encontrar um nativo ao qual apelidou de *Sexta-Feira*. Para Villey, enquanto Robinson esteve sozinho na ilha, não havia direito, já que este pressupõe a alteridade.

8.1.5 Conduta humana e bem comum

As leis dirigem-se sempre à **conduta humana** naquilo que ela tem de contingente, quer dizer, naquela parte do comportamento humano que envolve o livre-arbítrio. Não existem *leis*, no sentido jurídico da expressão, regulamentando, por exemplo, a respiração humana ou os batimentos cardíacos. São condutas que, embora sejam ações das pessoas, não são atos elegíveis, contingentes e, portanto, escapam à possibilidade de regulamentação legal.

É por isso que também não há leis regulamentando o comportamento dos animais ou estabelecendo punições para eles. No máximo, é possível determinar que seus tutores os tratem de determinada maneira e sejam responsabilizados quando os bichos sob sua guarda agirem de forma inadequada. Mas essas normas dirigem-se sempre aos humanos que tutelam ou cuidam de animais, e nunca a estes seres. Obviamente, existem normas legais que protegem as mascotes e determinam que eles sejam tratados com um mínimo de respeito e dignidade. Mas, ainda nesse caso, elas se dirigem às pessoas que lidam com os animais, e não a eles.

Vemos que o fim das normas legais, conforme a definição de *lei* de Santo Tomás de Aquino (1995), é mesmo atingir o **bem comum**. Este se manifesta, dentro do ordenamento, na coerência vertical entre as normas que o constituem. Por isso, não podem ser consideradas como verdadeiras *leis*, no sentido jurídico da palavra, aquelas que ofendem o bem comum definido em normas mais altas, ou seja, que contrariam normas constitucionais ou princípios reconhecidos pelo próprio ordenamento jurídico[3].

É por causa disso que muitas vezes nós vemos algum tribunal, em especial, o Supremo Tribunal Federal (STF), decretando a inconstitucionalidade de uma lei que está em desacordo com o bem comum da sociedade, expressado, digamos, nos princípios fundamentais registrados na Constituição Federal (Brasil, 1988a).

8.2 Ordenamento jurídico: normas

Até agora, utilizamos indistintamente o termo *lei* para nos referirmos a normas ou a ordens gerais promulgadas por autoridades públicas para o bem comum. Trata-se, digamos, do sentido mais amplo dessa palavra, aquele que usamos em conversas informais, quando não estamos preocupados com a precisão das palavras. Nesse mesmo sentido, chamamos a atenção para a existência de usos e costumes sociais – como o costume de fazer fila – e de decisões judiciais repetidas que podem adquirir força de lei (e se tornarem jurisprudência).

Entretanto, a lei, no sentido mais técnico, é apenas um dos tipos de norma que existem em determinada sociedade. Há outros

---

3 Falando sobre as leis que contrariam o bem comum, por violarem princípios jurídicos ou mesmo normas constitucionais, Kelsen (2012, p. 145) explica que "A 'norma antinorma' ou é apenas anulável, ou seja, uma norma válida até a sua anulação e, portanto, norma regular; ou é nula e, então, não é norma. O conhecimento normativo não tolera nenhuma contradição entre duas normas do mesmo sistema. O possível conflito entre duas normas válidas de graus diversos é solucionado pelo próprio direito. A unidade no escalonamento do ordenamento jurídico não é comprometida por nenhuma contradição lógica".

tipos que incidem sobre a conduta humana, com caráter de generalidade e de impositividade, mas que têm origens e estruturas diferentes entre si.

As **normas jurídicas** podem ser classificadas de várias maneiras. Adotaremos aqui dois critérios bem básicos, que nos ajudarão em nossas reflexões posteriores: o primeiro diz respeito aos **tipos de normas** que compõem o ordenamento jurídico brasileiro. O segundo diz respeito à **esfera de poder** da qual elas decorrem.

8.2.1 Tipos de normas

Classificamos as normas de nossa legislação em ***constitucionais*** (constantes na Constituição Federal) e suas emendas, ***leis*** em sentido estrito, ***decretos*** e ***resoluções regulamentares***, ***jurisprudência*** e ***costumes***. Assim, podemos chegar a algumas conclusões, das quais trataremos aqui.

A **Constituição Federal**, de 5 de outubro de 1988 (Brasil, 1988a), também conhecida como *Carta Magna*, é a lei mais alta do Brasil. Trata-se de um documento normativo promulgado pela Assembleia Nacional Constituinte em 1988. Bastante rígida e difícil de ser modificada, ela traz em seu texto os deveres e os direitos fundamentais de todos os cidadãos do país, os princípios fundamentais do ordenamento jurídico nacional e a organização básica do Estado brasileiro. É claro que, desde o ano de 1988, quando ela foi promulgada, algumas coisas mudaram em nossa sociedade, e a Constituição sofreu algumas alterações. Chamamos de ***Emenda Constitucional*** as normas que visam modificar a Constituição, adaptando-a às modificações culturais, econômicas e políticas posteriores a sua promulgação. As Emendas são aprovadas e promulgadas pelo **Poder Legislativo Federal** – exercido pelo Congresso Nacional, formado pela Câmara dos Deputados e pelo

Senado Federal –, mas, antes, precisam passar por um processo rígido para sua aprovação, como a anuência de três quintos do Poder Legislativo[4], em dois turnos de votação, para serem aprovadas, conforme o art. 60, parágrafo 2º, da Constituição Federal (Brasil, 1988a).

Chamamos de *lei*, no sentido mais estrito, mais técnico, as normas elaboradas pelo Poder Legislativo, no uso de suas funções mais típicas. Existem leis chamadas de *complementares*, que disciplinam assuntos considerados muito importantes pela Constituição Federal, e as denominadas *comuns*, que disciplinam os assuntos mais ordinários, mais simples. As **Leis Complementares** são de mais difícil aprovação, necessitando ser aprovadas pela maioria absoluta do Congresso Nacional – conforme o art. 69 da Constituição Federal (Brasil, 1988a) –, enquanto as **Leis Ordinárias**, mais comuns, aprovam-se com maioria simples[5].

Há também normas que não provêm do Poder Legislativo Federal, mas do **Poder Executivo Federal**. Elas podem ser chamadas de *decretos, regulamentos, portarias, regimentos* ou *resoluções*, entre outras denominações. Essas normas estão abaixo da Constituição Federal e das leis em sentido estrito, e não podem "inovar", ou seja, criar direitos e deveres que não estejam previstos, ainda que de forma abstrata ou genérica, na Constituição Federal ou nas leis.

---

4 De acordo com o art. 60 da Constituição Federal (Brasil, 1988a), as propostas de emendas devem ser discutidas e votadas em cada casa do Congresso Nacional, em dois turnos. Serão aprovadas aquelas que obtiverem, em ambos os turnos, três quintos dos votos dos membros.

5 *Maioria absoluta* representa a metade mais um do número total de integrantes de uma casa legislativa; *maioria simples* representa a metade mais um dos membros efetivamente presentes numa votação.

Há, ainda, normas que decorrem das decisões repetidas e uniformes do **Poder Judiciário Federal**, em suas *sentenças* e *acórdãos* (como são denominadas as decisões proferidas por tribunais). A jurisprudência consolidada às vezes é publicada pelos Tribunais na forma de súmulas, que são também fontes de direito. Mas também não têm a amplitude da Constituição Federal e das leis: sua natureza é mais de interpretação ou de especificação do que de criação de novos direitos e deveres.

Os **costumes** são os usos repetidos pela sociedade que chegam a se transformar em verdadeiras normas não escritas. Citamos anteriormente o caso das filas, mas podemos lembrar de outros casos em que os costumes são verdadeira fonte de direito. É o caso, por exemplo, das regras de cortesia no trato diário – cumprimentar as pessoas, pedir *desculpas* mediante um erro ou pedir *por favor* nas solicitações – são comportamentos costumeiros nas pequenas oportunidades do cotidiano, não previstos explicitamente em nenhum documento oficial. Porém as normas jurídicas podem, por exemplo, punir um servidor público que deixe de agir com a costumeira educação e assedie ou maltrate um cidadão que utiliza determinado serviço. Trata-se, nesse caso, do reconhecimento estatal do costume social de relacionar-se com cortesia.

8.2.2 Esferas de poder

O Estado brasileiro organiza-se em três esferas de poder. Elas são compostas por:

1. **União Federal**.
2. **Estados-membros**.
3. **Municípios**.

Em cada uma dessas esferas há o Poder Executivo e o Poder Legislativo. Na União e nos estados há, ainda, o Poder Judiciário, mas esse Poder não existe nos municípios.

Assim, temos:

- **Normas federais** – São emanadas dos poderes da União Federal;
- **Normas estaduais** – São emanadas dos poderes dos estados;
- **Normas municipais** – São emanadas dos poderes dos municípios.

É por isto que encontramos, muitas vezes, leis federais, estaduais e municipais, bem como decretos, regulamentos e resoluções das três esferas. Isso acaba criando, na prática, situações em que é muito difícil saber quais são as normas que se aplicam a cada caso concreto.

8.2.3 Hierarquia das normas

Como nós havíamos conversado anteriormente, a ideia de *ordem*, implícita na própria noção de *lei*, implica uma ideia de ordenamento hierárquico de normas.

Uma vez que há diferentes normas, provindas de diferentes Poderes (Executivo, Legislativo, Judiciário e sociedade – usos e costumes) e de diferentes esferas (União, estados e municípios), nem todas elas têm o mesmo valor e a mesma força. Existe uma hierarquia entre elas, que determina quais são as mais altas e as mais baixas e qual a relação entre elas. Isso nos possibilita entender qual norma deve prevalecer quando não há harmonia entre elas.

Para Dimoulis (2014, p. 207), "As normas jurídicas constituem um sistema porque são hierarquizadas, existindo entre elas relações de superioridade e subordinação. Como diz um conhecido axioma: *lex superior derogat legi inferiori* (a norma superior revoga a inferior). Este critério permite resolver muitas antinomias".

Sobre a hierarquia das leis, em primeiro lugar, e no plano mais alto, encontram-se as normas constitucionais. A **Constituição Federal** é o documento que estabelece a estrutura básica do próprio Estado brasileiro (divisão entre União, estados e municípios e seus respectivos poderes), e, principalmente, os princípios e as regras fundamentais de cidadania e de dignidade da pessoa. As normas constitucionais têm superioridade e prevalência em relação a todas as outras que compõem o ordenamento jurídico. Isso se evidencia pelo fato de termos um **Supremo Tribunal Federal (STF)** cuja missão é exatamente a de garantir a supremacia da Constituição Federal sobre as demais regras jurídicas, além de determinar a invalidade de leis que ofendam de qualquer maneira a Carta Magna.

Para isso, há três formas básicas de controle da constitucionalidade das leis:

1. **Controle prévio** – Realizado pelas Comissões de Constituição e Justiça existentes em cada casa do Poder Legislativo federal, nas assembleias estaduais e nas câmaras municipais.
2. **Controle *a posteriori*** – Feito pelo Poder Judiciário (tanto o federal quanto os estaduais) de modo difuso em todos os processos em curso no país – já que se pode declarar a inconstitucionalidade de qualquer norma jurídica brasileira em qualquer processo judicial.

3. **Controle concentrado de constitucionalidade** – Ocorre quando o STF declara inconstitucional uma norma de modo direto, com efeito de retirá-la definitivamente do ordenamento jurídico.

Em seguida, existem as **Leis Complementares** e as **Leis Ordinárias**, aprovadas pelo Poder Legislativo das diversas esferas. Elas estão abaixo da Constituição Federal, mas acima das normas emanadas do Poder Executivo (decretos, regulamentos, resoluções, portarias etc.), as quais estão no patamar mais baixo na hierarquia. Elas podem ser *inconstitucionais* ou *ilegais*, conforme estejam diretamente em desacordo com a Constituição Federal ou com as leis a que se referem.

Porém não há somente o caso de normas que contrariem a Constituição Federal ou outras leis. Por isso, para que essa hierarquia seja justa, devemos observar também a aplicação das leis.

Assim, por exemplo, se nos depararmos com um decreto que diga respeito à cobrança de taxas em obediência a uma lei tributária, devemos observar, em sua execução, as normas constitucionais que dizem respeito à dignidade da pessoa e ao pleno exercício da cidadania.

Outro exemplo que podemos mencionar é o de um servidor público que esteja interpretando e aplicando um decreto ou uma resolução, mesmo aparentemente constitucionais, de modo inconstitucional, ou seja, humilhando as pessoas e deixando de observar a dignidade e a cidadania delas, a pretexto de "ter o poder" para aplicar tal norma.

Por isso, não só o texto das normas, mas também sua interpretação e sua aplicação, devem respeitar ao princípio da hierarquia e da harmonia do ordenamento jurídico brasileiro, pois é assim que elas se harmonizam.

Portanto, como havíamos definido anteriormente a palavra *direito* num sentido mais particular e subjetivo, como uma pretensão que tem fundamento numa lei, poderíamos agora lhe dar um outro sentido, mais amplo, que se refere ao ordenamento jurídico como um todo. Assim, *direito*, em sentido **objetivo**, pode ser definido como o conjunto harmônico de normas de conduta que vigoram numa determinada sociedade política e num determinado momento histórico.

8.3 Direito positivo

Depois de analisarmos brevemente a teoria geral do direito – que tem uma carga mais abstrata, filosófica –, versaremos agora sobre o chamado ***direito positivo***, isto é, as normas jurídicas que efetivamente estão em vigor em nosso país e que tratam de assuntos e matérias relacionadas à bioética. Começaremos pelas normas que estão na Constituição Federal e que interessam a nosso estudo.

8.3.1 Constituição Federal

A Constituição Federal brasileira foi promulgada em 5 de outubro de 1988, como um marco da redemocratização de nosso país, e já teve, desde então, mais de noventa emendas. Como vimos anteriormente, a Constituição é o documento normativo mais elevado do ordenamento jurídico nacional. Alguns estudiosos a chamam de *lei das leis*, colocando em destaque seu caráter "estruturante" em relação às demais normas jurídicas. Como afirma Rodrigo César Rebello Pinho (2014, p. 33): "A Constituição é a lei maior do país, o vértice do sistema jurídico. Contém as normas fundamentais do Estado, estando todos sujeitos ao seu império, inclusive os membros do governo".

De fato, um dos significados do termo *constituição* é "conjunto dos elementos que constituem algo; composição" (Houaiss; Villar; Franco, 2001) – ou seja, quando dizemos, por exemplo, que uma pessoa tem uma "constituição frágil" ou que um animal tem uma "constituição robusta", estamos dizendo que a estrutura deles é assim. Portanto, por analogia, podemos afirmar que a Constituição revela a estrutura do Estado, o que acontece em duas dimensões: a de procedimentos e a de conteúdo.

Dessa forma, ela nos revela os **procedimentos**, as formas que o Estado deve adotar para agir (métodos, competências, processos legislativos ou de tomadas de decisão etc.), e, por isso, dizemos que **a Constituição é a estrutura formal do Estado**. Porém ela também traz os princípios e as normas que o Estado deve observar no **conteúdo** de suas decisões e ações (dignidade, soberania, cidadania, publicidade, igualdade perante a lei etc.), de modo que podemos afirmar, também, que **a Constituição é a estrutura material do Estado**.

Assim, podemos levantar algumas normas e alguns princípios constitucionais que devem ser observados no campo da bioética.

Destacamos logo o texto dos art. 1º ao 7º, que traz os princípios mais essenciais da cidadania brasileira. Logo no art. 1º, é dito que são considerados fundamentos do Estado "a cidadania" (inciso II) e "a dignidade da pessoa humana" (inciso III) (Brasil, 1988a). Esses princípios devem, portanto, dirigir normas, leis, regulamentos, políticas e ações concretas adotadas no Brasil – e são de valor inestimável também na bioética.

Antes dos interesses das ciências, do acúmulo do conhecimento, do debate científico, do lucro pela exploração das atividades de saúde, devemos nos preocupar com a cidadania e a dignidade pessoal dos envolvidos nos procedimentos e nas circunstâncias relativas à bioética.

O art. 3° traz os objetivos do Estado, que são os objetivos maiores da sociedade. Destacamos os seguintes:

> *Art. 3° [...]*
>
> *I – construir uma sociedade livre, justa e solidária;*
>
> *[...]*
>
> *III – erradicar a pobreza e a marginalização e reduzir as desigualdades sociais e regionais;*
>
> *IV – promover o bem de todos, sem preconceitos de origem, raça, sexo, cor, idade e quaisquer outras formas de discriminação.* (Brasil, 1988a)

Se pudéssemos propor a alguém que lesse apenas um artigo da Constituição Federal, recomendaríamos a leitura do art. 5°, que trata dos direitos individuais e coletivos. Chega até mesmo a ser difícil destacarmos alguns dos incisos que mais se relacionam às preocupações bioéticas, porque todos têm relação, seja ela mais próxima, seja mais remota. Sem dúvida, o artigo inteiro (que é bem longo, pois apresenta 78 incisos e quatro parágrafos) traz disposições importantíssimas para os operadores da bioética. Destacamos, logo no *caput* do artigo, "a inviolabilidade do direito à vida, à liberdade, à igualdade, à segurança e à propriedade" (Brasil, 1988a), nos termos que o próprio artigo especifica em seguida.

Destacamos, desse artigo, o inciso III, que garante que "ninguém será submetido a tortura nem a tratamento desumano ou degradante" (Brasil, 1988a). Não precisamos ir longe, basta visitarmos a maioria dos hospitais brasileiros – em especial aqueles das regiões mais pobres – para vermos como é necessário lutar pela efetiva aplicação do texto desse inciso.

Outra recomendação relevante à bioética está no inciso X, que estabelece como "invioláveis a intimidade, a vida privada, a honra e a imagem das pessoas" (Brasil, 1988a), princípios que devem ser muito bem observados, por exemplo, no campo das pesquisas médicas e científicas em geral; e do inciso XIV, que trata do direito de "acesso à informação" (Brasil, 1988a) – nesse caso, pensemos nos pacientes que são submetidos a procedimentos e a experimentos sobre os quais são informados de maneira insuficiente ou simplesmente não o são. É relevante, ainda, o texto do inciso XXXII, que garante a defesa do consumidor – parte mais fraca nas relações de consumo.

O art. 7º, por sua vez, trata dos direitos dos trabalhadores urbanos e rurais, garantindo, entre outras coisas, "redução dos riscos inerentes ao trabalho por meio de normas de saúde, higiene e segurança" (inciso XXII) e "adicional de remuneração para as atividades penosas, insalubres ou perigosas, na forma da lei" (inciso XXIII), que são, aliás, proibidas a menores de 18 anos pelo inciso XXXIII (Brasil, 1988a).

Como podemos perceber, são muitos os artigos da Constituição Federal que tratam das competências da União, dos estados e dos municípios para legislar e agir na área da saúde – o art. 23, inciso II, o art. 24, inciso XII, e o art. 30, inciso VII, estabelecem que é competência comum das três esferas, União, estados e municípios, legislar e atuar nessa área.

Agora, falaremos de um assunto que nos interessa mais de perto, pois relaciona-se de maneira direta à discussão sobre a bioética: do art. 196 ao art. 200, o texto constitucional trata especificamente da saúde.

O art. 196 é fundamental para compreendermos o direito à saúde no Brasil, pois, como já vimos no Capítulo 4, ele garante que:

> *Art. 196. A saúde é direito de todos e dever do Estado, garantido mediante políticas sociais e econômicas que visem à redução do risco de doença e de outros agravos e ao acesso universal e igualitário às ações e serviços para sua promoção, proteção e recuperação.* (Brasil, 1988a)

Interessa-nos, ainda, o art. 200, que estabelece as competências do Sistema Único de Saúde (SUS).

> *Art. 200. Ao sistema único de saúde compete, além de outras atribuições, nos termos da lei:*
> *I – controlar e fiscalizar procedimentos, produtos e substâncias de interesse para a saúde e participar da produção de medicamentos, equipamentos, imunobiológicos, hemoderivados e outros insumos;*
> *II – executar as ações de vigilância sanitária e epidemiológica, bem como as de saúde do trabalhador;*
> *III – ordenar a formação de recursos humanos na área de saúde;*
> *IV – participar da formulação da política e da execução das ações de saneamento básico;*
> *V – incrementar, em sua área de atuação, o desenvolvimento científico e tecnológico e a inovação; (Redação dada pela Emenda Constitucional nº 85*[6]*, de 2015)*
> *VI – fiscalizar e inspecionar alimentos, compreendido o controle de seu teor nutricional, bem como bebidas e águas para consumo humano;*

---

6 BRASIL. Constituição (1988). Emenda Constitucional n. 85, de 26 de fevereiro de 2015. **Diário Oficial da União**, Poder Legislativo, Brasília, DF, 27 fev. 2015. Disponível em: <http://www2.camara.leg.br/legin/fed/emecon/2015/emendaconstitucional-85-26-fevereiro-2015-780176-publicacaooriginal-146182-pl.html>. Acesso em: 4 out. 2017.

VII – participar do controle e fiscalização da produção, transporte, guarda e utilização de substâncias e produtos psicoativos, tóxicos e radioativos;

VIII – colaborar na proteção do meio ambiente, nele compreendido o do trabalho. (Brasil, 1988a)

Uma última palavra é necessária sobre a ciência e a tecnologia, que se relacionam tão de perto com as preocupações da bioética. A Constituição Federal também apresenta artigos sobre o assunto, que podem ser consultados para mais detalhes: são o art. 218 e o art. 219 – este último recebeu algumas emendas, que são os art. 219-A e 219-B.

8.3.2 Leis importantes para a bioética

Além da Constituição Federal, há muitas outras leis que são importantíssimas para a bioética. Tratar de todas demandaria um grande volume de informações e, por isso, não analisaremos todas elas. Porém devemos destacar algumas, por seu caráter mais básico e mais estruturante para a bioética.

Em primeiro lugar, devemos estudar a Lei n. 8.080, de 19 de setembro de 1990, que, conforme sua ementa, "Dispõe sobre as condições para a promoção, proteção e recuperação da saúde, a organização e o funcionamento dos serviços correspondentes e dá outras providências" (Brasil, 1990b).

Essa lei, segundo o art. 1º, "regula, em todo o território nacional, as ações e serviços de saúde, executados isolada ou conjuntamente, em caráter permanente ou eventual, por pessoas naturais ou jurídicas de direito Público ou privado" (Brasil, 1990b).

Ela não se trata, portanto, de uma lei que diga respeito somente à medicina pública, mas estabelece alguns princípios para o SUS que são a verdadeira estrutura fundamental da saúde no Brasil e que, como podemos verificar em qualquer hospital ou serviço de saúde públicos – e em quase todos os hospitais e serviços privados –, ainda estão muito longe de se efetivarem, demandando empenho de todos para se tornarem cada vez mais efetivos. Esses princípios estão no art. 7° dessa lei:

> *Art. 7° As ações e serviços públicos de saúde e os serviços privados contratados ou conveniados que integram o Sistema Único de Saúde (SUS), são desenvolvidos de acordo com as diretrizes previstas no art. 198 da Constituição Federal, obedecendo ainda aos seguintes princípios:*
>
> *I – universalidade de acesso aos serviços de saúde em todos os níveis de assistência;*
>
> *II – integralidade de assistência, entendida como conjunto articulado e contínuo das ações e serviços preventivos e curativos, individuais e coletivos, exigidos para cada caso em todos os níveis de complexidade do sistema;*
>
> *III – preservação da autonomia das pessoas na defesa de sua integridade física e moral;*
>
> *IV – igualdade da assistência à saúde, sem preconceitos ou privilégios de qualquer espécie;*
>
> *V – direito à informação, às pessoas assistidas, sobre sua saúde;*
>
> *VI – divulgação de informações quanto ao potencial dos serviços de saúde e a sua utilização pelo usuário;*
>
> *VII – utilização da epidemiologia para o estabelecimento de prioridades, a alocação de recursos e a orientação programática;*
>
> *VIII – participação da comunidade;*
>
> *IX – descentralização político-administrativa, com direção única em cada esfera de governo:*
>
> *a) ênfase na descentralização dos serviços para os municípios;*
>
> *b) regionalização e hierarquização da rede de serviços de saúde;*

X – integração em nível executivo das ações de saúde, meio ambiente e saneamento básico;

XI – conjugação dos recursos financeiros, tecnológicos, materiais e humanos da União, dos Estados, do Distrito Federal e dos Municípios na prestação de serviços de assistência à saúde da população;

XII – capacidade de resolução dos serviços em todos os níveis de assistência; e

XIII – organização dos serviços públicos de modo a evitar duplicidade de meios para fins idênticos.

XIV – organização de atendimento público específico e especializado para mulheres e vítimas de violência doméstica em geral, que garanta, entre outros, atendimento, acompanhamento psicológico e cirurgias plásticas reparadoras, em conformidade com a Lei nº 12.845, de 1º de agosto de 2013 [Brasil, 2013a]. (Redação dada pela Lei nº 13.427, de 2017 [Brasil, 2017a]). (Brasil, 1990b)

Destacamos, ainda, por sua importância, a Lei n. 8.142, de 28 de dezembro de 1990 (Brasil, 1990d), que estrutura o SUS, com a criação dos Conselhos de Saúde. Eles são, na prática, espaços fundamentais para o debate bioético, porque integram as diferentes instâncias dos profissionais e dos usuários dos sistemas de saúde. De acordo com o art. 1º, parágrafo 2º, dessa lei:

[...]

§ 2º O Conselho de Saúde, em caráter permanente e deliberativo, órgão colegiado composto por representantes do governo, prestadores de serviço, profissionais de saúde e usuários, atua na formulação de estratégias e no controle da execução da política de saúde na instância correspondente [União, estados e Municípios], inclusive nos aspectos econômicos e financeiros, cujas decisões serão homologadas pelo chefe do poder legalmente constituído em cada esfera do governo. (Brasil, 1990d)

Há, pelo menos, mais duas instituições, criadas por leis, que são importantes para a área da bioética. A mais antiga é o Conselho Nacional do Meio Ambiente (Conama), criado pela Lei n. 6.938, de 31 de agosto de 1981 (Brasil, 1981), que estabelece a Política Nacional do Meio Ambiente (PNMA).

A outra instituição é a Comissão Técnica Nacional de Biossegurança (CTNBio). Trata-se de uma instância colegiada multidisciplinar, integrante do Ministério da Ciência, Tecnologia, Inovações e Comunicações (MCTIC), cuja finalidade é prestar apoio técnico consultivo e de assessoramento ao governo federal na formulação, na atualização e na implementação da Política Nacional de Biossegurança (PNB) relativa aos organismos geneticamente modificados (OGM). Além disso, atua no estabelecimento de normas técnicas de segurança e de pareceres técnicos conclusivos referentes à proteção da saúde humana, dos organismos vivos e do meio ambiente, para atividades que envolvem construção, experimentação, cultivo, manipulação, transporte, comercialização, consumo, armazenamento, liberação e descarte de OGM e derivados. A CTNBio foi criada pela Lei n. 11.105, de 24 de março de 2005, a qual

> *Regulamenta os incisos II, IV e V do parágrafo 1º do art. 225 da Constituição Federal, estabelece normas de segurança e mecanismos de fiscalização de atividades que envolvam organismos geneticamente modificados – OGM e seus derivados, cria o Conselho Nacional de Biossegurança – CNBS, reestrutura a Comissão Técnica Nacional de Biossegurança – CTNBio, dispõe sobre a Política Nacional de Biossegurança – PNB, revoga a Lei nº 8.974, de 5 de janeiro de 1995, e a Medida Provisória no 2.191-9, de 23 de agosto de 2001, e os arts. 5º, 6º, 7º, 8º, 9º, 10 e 16 da Lei nº 10.814, de 15 de dezembro de 2003, e dá outras providências.* (Brasil, 2005)

Não poderíamos deixar de mencionar, também, o Conselho Federal de Medicina (CFM), instituído pela Lei n. 3.268, de 30 de setembro de 1957 (Brasil, 1957). Essa instituição tem poder normativo e pode publicar resoluções e códigos de ética em matéria de prática médica – falaremos mais sobre o assunto no campo das normas regulamentares. Outros conselhos, como o Conselho Federal de Enfermagem (Cofen) e o Conselho Federal de Psicologia (CFP), também editam normas infralegais no campo da ética profissional.

É fundamental que analisemos essas leis mais profundamente para compreendermos como opera a bioética em relação ao campo jurídico.

8.3.3 Regulamentos, decretos e resoluções administrativas

Já tratamos de alguns conselhos criados por leis federais que atuam na área da bioética. Todos eles, como já dissemos, editam códigos de ética, resoluções, deliberações e instruções que os profissionais das áreas relacionadas à bioética devem conhecer. Essas **normas infralegais** são referências importantes para a atuação profissional na área da saúde, do meio ambiente e afins. Por exemplo, o Código de Ética Médica – Resolução CFM n. 1.931, de 17 de setembro de 2009 (CFM, 2009) – é um parâmetro importantíssimo na relação entre os médicos, os pacientes e os familiares e as instituições de saúde.

Usando seu poder regulamentar, o Conselho Nacional de Saúde (CNS) criou, por meio da Resolução n. 196, de 10 de outubro de 1996 (Brasil, 1996), a Comissão Nacional de Ética em Pesquisa (Conep), cuja função é *implementar as normas e diretrizes regulamentadoras de pesquisas envolvendo seres humanos, aprovadas pelo Conselho. Tem função consultiva, deliberativa, normativa e educativa, atuando conjuntamente com uma rede de Comitês de Ética em Pesquisa – CEP – organizados nas instituições onde as pesquisas se realizam.* (Brasil, 2017b)

O Conep gere o Sistema Nacional de Ética em Pesquisa (Sisnep), que registra informações relativas a pesquisas que envolvem seres humanos. Além disso, o Conep é a cúpula de um sistema de Conselhos de Ética em Pesquisa (CEPs) que tratam de autorização, fiscalização e acompanhamento de tais pesquisas em diversas instituições e órgãos estatais, paraestatais e privados, tanto de educação quanto de saúde. Hoje, diversas entidades têm seus próprios CEPs, que devem zelar pela dignidade da pessoa na realização de pesquisas científicas.

Como podemos ver, há um cipoal de regras, decretos, regulamentos, resoluções e outras normas provenientes de órgãos públicos, conselhos e comissões das mais diversas esferas. Por isso, é praticamente impossível mantermo-nos atualizados em relação a essa variedade de regulamentação infralegal. No entanto, não devemos nos esquecer dos dois princípios básicos que regem todo o ordenamento jurídico: a dignidade da pessoa e a cidadania. A promoção da saúde e a proteção do meio ambiente, o estímulo à ciência e à tecnologia, o desenvolvimento das atividades econômicas e sociais, tudo isso está previsto e é incentivado pelo ordenamento jurídico brasileiro como realidades boas e necessárias. Mas os dois princípios básicos, registrados já no art. 1º da Constituição Federal de 1988, são as pedras fundamentais sobre as quais tudo o mais está construído.

8.4 Jurisprudência

Definimos a *jurisprudência* como o conjunto de decisões judiciais (sentenças, acórdãos e outros) de juízes e tribunais que, por repetirem-se e uniformizarem-se, acabam se transformando em normas jurídicas. Algumas vezes, a jurisprudência acaba se consolidando numa súmula, que é uma espécie de resumo, em forma de verbetes, que registra de modo abreviado qual a posição do tribunal sobre determinado assunto. No sistema jurídico brasileiro, são especialmente importantes as súmulas do STF, por causa de sua jurisdição constitucional, e as do Superior Tribunal de Justiça (STJ) – que tem a missão constitucional de uniformizar o entendimento do Poder Judiciário sobre a interpretação das leis federais. Para auxiliar a compreensão dessa definição, apresentamos um estudo de caso ao final deste capítulo.

8.4.1 O efeito da uniformização da jurisprudência

A uniformização da jurisprudência ocorre quando, após diversas decisões terem sido proferidas sobre casos similares, elas são reunidas e apresentadas na forma de súmulas, como vimos anteriormente. Com isso, podemos saber de antemão como os tribunais decidirão em casos similares. Assim, os processos diminuem e a administração passa a ter um critério mais claro para agir.

A jurisprudência tem, portanto, um papel importantíssimo no ordenamento jurídico nacional, já que uniformiza entendimentos, diminui demandas e torna mais segura a aplicação do direito.

Síntese

Neste capítulo, apresentamos uma breve introdução ao pensamento jurídico, analisando a noção de *direito* como uma faculdade, ou seja, uma pretensão que tem fundamento numa lei.

Em seguida, abordamos o conceito de *lei*, conforme Santo Tomás de Aquino (1995), como ordem promulgada por uma autoridade pública, com caráter de generalidade, em que se regulamenta alguma conduta humana no sentido do bem comum. Dessa forma, comentamos sobre a hierarquia das leis e vimos os tipos de normas que formam o ordenamento jurídico brasileiro, observando como elas se aplicam à estrutura do Estado nacional.

Por fim, detivemos nossa atenção ao chamado *direito positivo*, realizando uma breve incursão pelas principais normas em vigor em matéria de bioética. Nesse sentido, discorremos sobre alguns trechos da Constituição Federal e de outras leis pertinentes a nosso estudo, mencionando os órgãos públicos mais importantes nessa área.

Questões para revisão

1. O campo jurídico da bioética tem como característica a existência de conselhos e comissões com poder normativo e decisório. Explique a relação entre esses órgãos com a legitimidade própria dos Estados democráticos e com a multidisciplinaridade própria da bioética.

2. A legislação sobre a bioética é ampla e complexa e tem fundamentação constitucional muito forte, lastreada nos direitos e nas garantias individuais e coletivas. Nesse sentido, qual a importância da jurisprudência do ponto de vista da segurança jurídica e da correta aplicação do direito?

3. Marque V para as afirmativas verdadeiras e F para as falsas:
   ( ) Todas as normas jurídicas têm o mesmo valor e a mesma ordem na hierarquia do ordenamento jurídico brasileiro.
   ( ) Podemos definir a lei como sendo uma ordem promulgada por uma autoridade pública, com caráter de generalidade, que regulamenta alguma conduta humana no sentido do bem comum.
   ( ) A Constituição Federal (Brasil, 1988a) estabelece que o valor do conhecimento científico supera os interesses individuais e a dignidade das pessoas envolvidas nas pesquisas.
   ( ) Qualquer emenda à Constituição Federal pode ser aprovada pelo Poder Legislativo mediante a maioria simples dos votos de seus membros.

   Agora, assinale a alternativa que apresenta a sequência correta:

   a) V, F, V, V.
   b) F, F, V, V.
   c) F, V, V, F.
   d) F, V, F, F.
   e) F, F, F, V.

4. Marque V para as afirmativas verdadeiras e F para as falsas:
   ( ) Os atos normativos do Poder Executivo não precisam observar ou respeitar os princípios constitucionais e legais da matéria de que tratam, porque esse poder é o verdadeiro gestor do país.
   ( ) Diversos conselhos e comissões, com formação mista de técnicos, usuários e representantes do governo, foram instituídos por lei para discutir e normatizar questões relativas à bioética, como o Conselho Nacional de Saúde (CNS) e a Comissão Técnica Nacional de Biossegurança (CTNBio).

( ) Entre os valores fundamentais do estado de direito, que devem pautar as decisões e os procedimentos da sociedade em geral, no caso em especial da bioética, estão o princípio da cidadania e o da dignidade da pessoa.
( ) Os conselhos e as comissões, uma vez que representam a soberania popular, não precisam submeter-se às normas e aos princípios constitucionais em suas decisões.

Agora, assinale a alternativa que apresenta a sequência correta:

a) V, F, V, V.
b) F, F, V, V.
c) F, V, V, F.
d) V, V, F, V.
e) F, F, F, V.

5. Marque V para as afirmativas verdadeiras e F para as falsas:
( ) A jurisprudência, quando devidamente uniformizada, colabora com a multiplicação de demandas e de processos judiciais, porque torna a interpretação das normas jurídicas mais frágil e complicada.
( ) Conhecer mais profundamente as normas jurídicas relacionadas à bioética não é necessário para operá-la bem no campo jurídico, dada a inesgotável complexidade da matéria.
( ) O art. 5º da Constituição Federal (Brasil, 1988a) trata dos direitos e dos deveres individuais e coletivos, e é de importância fundamental não somente para a bioética mas também para todos os cidadãos brasileiros e para os estrangeiros residentes no país.
( ) O Poder Judiciário tem um papel importante no campo da bioética, não somente buscando a justiça em casos

particulares, mas também exercendo o controle difuso e concentrado de constitucionalidade das normas jurídicas em geral.

Agora, assinale a alternativa que apresenta a sequência correta:

a) V, F, V, V.
b) F, F, V, V.
c) F, V, V, F.
d) V, V, F, V.
e) F, F, F, V.

Questão para reflexão

1. Qualquer pretensão humana pode ser considerada um direito? Reflita sobre essa questão e registre suas conclusões.

2. Qual a diferença entre uma regra moral, como a maneira certa de portar-se à mesa, e uma lei no sentido estrito da palavra?

3. O progresso científico e o desenvolvimento econômico justificam a desconsideração da dignidade das pessoas envolvidas em determinada pesquisa?

Para saber mais

JACOBINA, P. V. **Direito penal da loucura**. Brasília: ESMPU, 2008. Disponível em: <https://escola.mpu.mp.br/publicacoes/obras-avulsas/e-books/direito-penal-da-loucura>. Acesso em: 4 out. 2017.

Esse livro trata da realidade prática da saúde mental no campo do sistema penal, com uma análise mais longa dos princípios e das normas do direito aplicáveis a essa área.

Indicação cultural

BICHO de sete cabeças. Direção: Laís Bodanzky. Brasil: Columbia TriStar; RioFilme, 2000. 74 min.

Para entender melhor a importância de se conhecer os princípios jurídicos que devem dirigir a conduta profissional no campo da bioética, recomendamos o filme de Laís Bodanzky. A diretora apresenta a história de um jovem usuário de drogas que acaba inserido no sistema manicomial por causa de desentendimentos familiares. O filme levanta questões interessantes sobre o sistema de saúde, a cidadania e a dignidade da pessoa.

Estudo de caso

A Lei n. 8.112, de 11 de dezembro de 1990 (Brasil, 1990c), que "Dispõe sobre o regime jurídico dos servidores públicos civis da União, das autarquias e das fundações públicas federais", previu, no art. 5º, que:

> *[...]*
>
> *§ 2º Às pessoas portadoras de deficiência é assegurado o direito de se inscrever em concurso público para provimento de cargo cujas atribuições sejam compatíveis com a deficiência de que são portadoras; para tais pessoas serão reservadas até 20% (vinte por cento) das vagas oferecidas no concurso.* (Brasil, 1990c)

Ora, logo surgiram vários candidatos em concurso, com pequenas deficiências, que pleiteavam ser reconhecidos como beneficiários dessa cota. O caso mais comum era o da surdez unilateral.

De fato, os órgãos da Administração Pública federal não reconhecem o portador de surdez unilateral como deficiente para os fins de reserva de vagas. Com isso, milhares de ações judiciais foram impetradas, pelo país afora, por pessoas com essa condição.

Após algum tempo, as ações chegaram ao Superior Tribunal de Justiça (STJ), por conta dos recursos interpostos. Analisando cada questão, o STJ começou a decidir sistematicamente que a surdez unilateral não poderia ser considerada uma deficiência capaz de fazer seu portador ter direito a concorrer a vagas de cotas como portador de deficiência nos concursos que prestasse.

Como os processos continuavam a ser interpostos e os recursos se multiplicavam, o STJ editou um documento no qual fixou sua jurisprudência sobre o assunto. Trata-se da Súmula n. 552, de 4 de novembro de 2015 (Brasil, 2015b), aprovada pelo STJ em 14 de novembro de 2015, que estabelece assim: "O portador de surdez unilateral não se qualifica como pessoa com deficiência para o fim de disputar as vagas reservadas em concursos públicos" (Brasil, 2015b).

Para concluir...

Ao longo desta obra, adentramos na área da bioética e discutimos sobre suas implicações no atendimento médico-hospitalar. Dessa forma, vimos que ela aborda questões relacionadas à vida, à morte e à saúde das pessoas, dos grupos e da sociedade em geral, a fim de encontrar respostas prudentes aos problemas que surgem na rotina dos profissionais envolvidos nessa área.

Por isso, gestores têm grande responsabilidade na implementação do sistema de saúde e na estrutura e na qualidade dos serviços prestados. Sua atuação certamente traz consequências para o bem-estar da população atendida.

Pudemos compreender que a bioética é uma disciplina relativamente nova, com visão multidisciplinar, e, por isso, é imprescindível que os gestores tenham uma compreensão geral da pluralidade de conhecimentos que podem auxiliar seu trabalho.

Nesse sentido, chamamos a atenção para alguns temas e valores centrais, dos quais destacamos:

- Respeito à dignidade do ser humano, considerando sua totalidade de pessoa, em suas dimensões biológica, psicológica, social e espiritual.
- Consideração de todos os sujeitos envolvidos (paciente, família, profissionais de saúde, colaboradores administrativos e de apoio, entre outros) como agentes morais.
- Dedicação aos aspectos jurídicos envolvidos na assistência à saúde.

- Conhecimento da deontologia e dos princípios éticos fundamentais.
- Importância de tomadas de decisão mais prudentes, com base na compreensão do caso concreto e nas reflexões de todos os agentes morais envolvidos.

Com base nessas ponderações, procuramos, por meio da coletânea de textos apresentada, trazer informações e reflexões sobre questões éticas vivenciadas nos serviços de saúde, sobretudo os pertinentes aos gestores. Esperamos que nossas análises tenham servido como ponto de partida para novos estudos.

Por fim, deixamos claro que a discussão sobre a bioética não se esgota aqui. Muito pelo contrário, ela só tende a aumentar, pois a cada dia surgem novos conflitos relacionados à dignidade e ao bem-estar da pessoa humana. Nosso objetivo, portanto, ao fomentar o desenvolvimento desse tema, é o de aprimorar a assistência à saúde no Brasil.

Referências

ABBÀ, G. **História crítica da filosofia moral**. Tradução de Frederico Bonaldo. São Paulo: Instituto Brasileiro de Filosofia e Ciência Raimundo Lúlio (Ramon Llull), 2011.

ABREU, C. B. B. de. **Questões éticas reconhecidas por profissionais de uma equipe de cuidados paliativos**. 215 f. Tese (Doutorado em Ciências) – Universidade de São Paulo, São Paulo, 2014. Disponível em: <http://www.teses.usp.br/teses/disponiveis/6/6135/tde-13032014-085314/pt-br.php>. Acesso em: 18 fev. 2018.

ALMEIDA, F. Comissões de ética para saúde: sua natureza e tarefas. In: NEVES, M. do C. P. **Comissões de ética**: das bases teóricas à actividade quotidiana. 2. ed. rev. e aum. Coimbra: Gráfica de Coimbra, 2002.

ALVES, A. M. R. **Ser e dever-ser**: Tomás de Aquino e o debate filosófico contemporâneo. São Paulo: Instituto Brasileiro de Filosofia e Ciência Ramón Llull, 2015.

ALVES, S. M. C.; DELDUQUE, M. C.; DINO NETO, N. (Org.). **Direito sanitário em perspectiva**. Brasília: Ministério da Saúde; ESMPU; Fiocruz, 2013. v. 2.

ARAÚJO, L. Z. S. de. **A bioética nos experimentos com seres humanos e animais**. Montes Claros: Unimontes, 2002.

ARISTÓTELES. **Ética a Nicômaco**. Tradução de António Castro Caeiro. São Paulo: Atlas, 2009.

_____. _____. Tradução de Luciano Ferreira de Souza. São Paulo: M. Claret, 2013. (Coleção A Obra-Prima de Cada Autor).

_____. **Política**. São Paulo: M. Claret, 2016. (Coleção A Obra-prima de Cada Autor).

ARRIBÈRE, R. (Dir.). **Bioética y derecho**: dilemas y paradigmas en el siglo XXI. Buenos Aires: Cathedra Jurídica, 2008.

AULISIO, M. P.; ARNOLD, R. M.; YOUNGNER, S. J. Health Care Ethics Consultation: Nature, Goals and Competencies – A Position Paper from the Society for Health and Human Values-Society for Bioethics Consultation Task Force on Standards for Bioethics Consultation. **Annals of Internal Medicine**, v. 133, n. 1, p. 59-69, 4 July 2000.

BARAJAS, E. R.; GARZA, B. Z. Nuevos horizontes de la calidad de la atención a la salud. **Salud Pública de México**, Editorial, v. 35, n. 3, p. 235-237, mayo/jun. 1993. Disponível em: <http://saludpublica.mx/index.php/spm/article/view/5652/6163>. Acesso em: 18 fev. 2018.

BARBIERI, J. E. **Defesa do médico**: responsabilidade civil e a inversão do ônus da prova sob óptica da bioética. Leme: Editora de Direito, 2008.

BARCHIFONTAINE, C. de P. de. **Saúde pública é bioética?** São Paulo: Paulus, 2005.

BEAUCHAMP, T. L.; CHILDRESS, J. F. **Princípios de ética biomédica**. São Paulo: Loyola, 2002.

_____. **Principles of Biomedical Ethics**. 4. ed. New York: Oxford, 1994.

BEECHER, H. K. Ethics and Clinical Research. **The New England Journal of Medicine**, Massachusetts, v. 274, n. 24, p. 1354-1360, 16 June 1966.

BENTO, L. A. **Bioética**: desafios éticos no debate contemporâneo. São Paulo: Paulinas, 2008.

BÍBLIA. Português. **Bíblia de Jerusalém**. São Paulo: Paulus, 2002.

BRASIL. Constituição (1988). **Diário Oficial da União**. Brasília, 5 out. 1988a. Disponível em: <http://www.planalto.gov.br/ccivil_03/Constituicao/Constituicao.htm>. Acesso em: 20 set. 2017.

BRASIL. Constituição (1988). Emenda Constitucional n. 85, de 26 de fevereiro de 2015. **Diário Oficial da União**, Poder Legislativo, Brasília, DF, 26 fev. 2015a. Disponível em: <http://www2.camara.leg.br/legin/fed/emecon/2015/emendaconstitucional-85-26-fevereiro-2015-780176-publicacaooriginal-146182-pl.html>. Acesso em: 4 out. 2017.

_____. Decreto-Lei n. 2.848, de 7 de dezembro de 1940. **Diário Oficial da União**, Poder Executivo, Rio de Janeiro, 31 dez. 1940. Disponível em: <http://www.planalto.gov.br/ccivil_03/decreto-lei/del2848.htm>. Acesso em: 5 out. 2017.

_____. Lei n. 3.268, de 30 de setembro de 1957. **Diário Oficial da União**, Poder Legislativo, Brasília, DF, 1º out. 1957. Disponível em: <http://www.planalto.gov.br/ccivil_03/leis/L3268.htm>. Acesso em: 4 out. 2017.

_____. Lei n. 6.938, de 31 de agosto de 1981. **Diário Oficial da União**, Poder Legislativo, Brasília, DF, 2 set. 1981. Disponível em: <http://www.planalto.gov.br/ccivil_03/leis/L6938.htm>. Acesso em: 4 out. 2017.

_____. Lei n. 8.078, de 11 de setembro de 1990. **Diário Oficial da União**, Poder Legislativo, Brasília, DF, 12 set. 1990a. Disponível em: <http://www.planalto.gov.br/ccivil_03/leis/l8078.htm>. Acesso em: 25 set. 2017.

_____. Lei n. 8.080, de 19 de setembro de 1990. **Diário Oficial da União**, Poder Legislativo, Brasília, DF, 20 set. 1990b. Disponível em: <http://www.planalto.gov.br/ccivil_03/leis/L8080.htm>. Acesso em: 20 set. 2017.

_____. Lei n. 8.112, de 11 de dezembro de 1990. **Diário Oficial da União**, Poder Legislativo, Brasília, DF, 12 dez. 1990c. Disponível em: <http://www.planalto.gov.br/ccivil_03/leis/L8112cons.htm>. Acesso em: 20 set. 2017.

BRASIL. Lei n. 8.142, de 28 de dezembro de 1990. **Diário Oficial da União**, Poder Legislativo, Brasília, DF, 31 dez. 1990d. Disponível em: <http://www.planalto.gov.br/ccivil_03/leis/L8142.htm>. Acesso em: 20 set. 2017.

_____. Lei n. 10.406, de 10 de janeiro de 2002. **Diário Oficial da União**, Poder Legislativo, Brasília, DF, 11 jan. 2002a. Disponível em: <http://www.planalto.gov.br/ccivil_03/leis/2002/L10406.htm>. Acesso em: 25 set. 2017.

_____. Lei n. 11.105, de 24 de março de 2005. **Diário Oficial da União**, Poder Legislativo, Brasília, DF, 28 mar. 2005. Disponível em: <http://www.planalto.gov.br/ccivil_03/_ato2004-2006/2005/lei/l11105.htm>. Acesso em: 4 out. 2017.

_____. Lei n. 12.845, de 1º de agosto de 2013. **Diário Oficial da União**, Poder Legislativo, Brasília, DF, 2 ago. 2013a. Disponível em: <http://www.planalto.gov.br/ccivil_03/_Ato2011-2014/2013/Lei/L12845.htm>. Acesso em: 4 out. 2017.

_____. Lei n. 13.427, de 30 de março de 2017. **Diário Oficial da União**, Poder Legislativo, Brasília, DF, 31 mar. 2017a. Disponível em: <http://www.planalto.gov.br/ccivil_03/_Ato2015-2018/2017/Lei/L13427.htm#art2>. Acesso em: 4 out. 2017.

BRASIL. Ministério da Saúde. Conselho Nacional de Saúde. **Ata da ducentésima vigésima quarta reunião ordinária do Conselho Nacional de Saúde – CNS**. Brasília: CNS, 10 e 11 ago. 2011a. Disponível em: <http://conselho.saude.gov.br/atas/atas_11.htm>. Acesso em: 27 set. 2017.

_____. Consulta Pública n. 3, de 11 de agosto de 2011. **Diário Oficial União**, Brasília, DF, 12 set. 2011b. Disponível em: <http://www.abcdt.org.br/consulta-publica-n-3-de-11-de-agosto-de-2011/>. Acesso em: 18 fev. 2018.

BRASIL. Ministério da Saúde. Conselho Nacional de Saúde. **Ética em pesquisa (Conep)**: atribuições. Disponível em: <http://conselho.saude.gov.br/comissao/conep/atribuicoes.html>. Acesso em: 4 out. 2017b.

_____. **Proposta de revisão da Resolução n. 196, de 10 de outubro de 1996**. 2011c. Disponível em: <http://200.214.130.94/CONSULTAPUBLICA/display/dsp_print_completo.php?d=3228>. Acesso em: 21 nov. 2017.

_____. Resolução n. 001, de 1988. **Diário Oficial União**, Brasília, DF, 14 jun. 1988b. Disponível em: <http://conselho.saude.gov.br/resolucoes/1988/reso01.doc>. Acesso em: 18 fev. 2018.

_____. Resolução n. 196, de 10 de outubro de 1996. **Diário Oficial União**, Brasília, DF, 16 out. 1996. Disponível em: <http://bvsms.saude.gov.br/bvs/saudelegis/cns/1996/res0196_10_10_1996.html>. Acesso em: 22 set. 2017.

_____. Resolução n. 240, de 5 de junho de 1997. **Diário Oficial União**, Brasília, DF, 23 set. 1997. Disponível em: <http://www.conselho.saude.gov.br/resolucoes/reso_97.htm>. Acesso em: 22 set. 2017.

_____. Resolução n. 304, de 9 de agosto de 2000. **Diário Oficial União**, Brasília, DF, 10 ago. 2000a. Disponível em: <http://www.conselho.saude.gov.br/resolucoes/reso_00.htm>. Acesso em: 22 set. 2017.

_____. Resolução n. 466, de 12 de dezembro de 2012. **Diário Oficial União**, Brasília, DF, 13 jun. 2013b. Disponível em: <http://conselho.saude.gov.br/resolucoes/2012/Reso466.pdf>. Acesso em: 27 set. 2017.

_____. **Resoluções**. Disponível em: <http://www.conselho.saude.gov.br/resolucoes/reso_inicial.htm>. Acesso em: 20 nov. 2017c.

BRASIL. Ministério da Saúde. Conselho Nacional de Saúde. **Revisão da Resolução CNS 196/96**. Disponível em: <http://conselho.saude.gov.br/web_comissoes/conep/index.html>. Acesso em: 16 jun. 2017d.

BRASIL. Ministério da Saúde. Conselho Nacional de Saúde. Comissão Nacional de Ética em Pesquisa. **Resolução n. 196/96 versão 2012**. Disponível em: <http://conselho.saude.gov.br/web_comissoes/conep/aquivos/resolucoes/23_out_versao_final_196_ENCEP2012.pdf>. Acesso em: 5 out. 2017e.

BRASIL. Ministério da Saúde. Secretaria de Assistência à Saúde. **Manual brasileiro de acreditação hospitalar**. 3. ed. rev. e atual. Brasília: Ministério da Saúde, 2002b. (Série A: Normas e Manuais Técnicos, v. 117). Disponível em: <http://bvsms.saude.gov.br/bvs/publicacoes/acreditacao_hospitalar.pdf>. Acesso em: 18 fev. 2018.

BRASIL. Ministério da Saúde. Secretaria de Assistência à Saúde. Gabinete do Ministro. Portaria n. 569, de 1º de junho de 2000. **Diário Oficial da União**, Poder Executivo, Brasília, DF, 1º jun. 2000b. Disponível em: <http://bvsms.saude.gov.br/bvs/saudelegis/gm/2000/prt0569_01_06_2000_rep.html>. Acesso em: 22 set. 2017.

BRASIL. Ministério da Saúde. Secretaria Executiva. Núcleo Técnico da Política Nacional de Humanização. **HumanizaSUS**: Política Nacional de Humanização – a humanização como eixo norteador das práticas de atenção e gestão em todas as instâncias do SUS. Brasília: Ministério da Saúde, 2004. (Série B. Textos Básicos de Saúde.). Disponível em: <http://bvsms.saude.gov.br/bvs/publicacoes/humanizasus_2004.pdf>. Acesso em: 21 set. 2017.

BRASIL. Senado Federal. Projeto de Lei do Senado n. 126, de 2012. Altera a Lei n. 8.080, de 19 de setembro de 1990 (Lei Orgânica da Saúde), para dispor sobre a obrigatoriedade de avaliação, acreditação e certificação da qualidade de hospitais. Texto Original. Disponível em: <http://legis.senado.leg.br/diarios/BuscaDiario?tipDiario=1&datDiario=03/05/2012&paginaDireta=15174>. Acesso em: 25 set. 2017.

BRASIL. Superior Tribunal de Justiça. Súmula 552, de 4 de novembro de 2015. **Diário Oficial da União**, Brasília, DF, Poder Judiciário, 9 nov. 2015b. Disponível em: <http://www.stj.jus.br/SCON/sumulas/doc.jsp?livre=@num=%27552%27>. Acesso em: 18 fev. 2018.

CALIPARI, M. **Curarse y hacerse curar**: entre el abandono del paciente y el encarnizamiento terapeutico. Buenos Aires: Educa, 2007.

CARTA BRASILEIRA dos direitos do paciente. In: CONGRESSO BRASILEIRO DE HUMANIZAÇÃO DO HOSPITAL E DA SAÚDE, 11., 1981, São Paulo. **Anais**... São Paulo: Icaps, 1984. Disponível em: <http://www.icaps.org.br/wp-content/uploads/2015/06/ICAPS-009.pdf>. Acesso em: 22 set. 2017.

CASCELLI E.; CASCELLI, L. Dia mundial da saúde. **Informativo Nossa Senhora do Lago**, Brasília, ano 9, n. 2, p. 2, abr. 2016. Disponível em: <http://www.nossasenhoradolago.org.br/wp-content/uploads/2016/04/Informativo-abril.pdf>. Acesso em: 21 set. 2017.

CBA – Consórcio Brasileiro de Acreditação. Disponível em: <http://www.cbacred.org.br>. Acesso em: 27 set. 2017.

CFM – Conselho Federal de Medicina. Resolução CFM n. 1.246, de 8 de janeiro de 1988. **Diário Oficial da União**, Poder Executivo, Brasília, DF, 26 jan. 1988. Disponível em: <http://www.portalmedico.org.br/include/codigo_etica/codigo_etica2.asp>. Acesso em: 22 set. 2017.

_____. Resolução CFM n. 1.805, de 9 de novembro de 2006. **Diário Oficial da União**, Poder Executivo, Brasília, DF, 28 nov. 2006. Disponível em: <http://www.portalmedico.org.br/resolucoes/cfm/2006/1805_2006.htm>. Acesso em: 1º fev. 2018.

_____. Resolução CFM n. 1.931, de 17 de setembro de 2009. **Diário Oficial da União**, Brasília, DF, 24 set. 2009. Disponível em: <https://portal.cfm.org.br/index.php?option=com_content&view=category&id=9&Itemid=122>. Acesso em: 4 out. 2017.

CLOTET, J. O consentimento informado nos comitês de ética em pesquisa e na prática médica: conceituação, origens e atualidade. **Revista Bioética**, Brasília, v. 3, n. 1, p. 51-57, 1995. Disponível em: <http://revistabioetica.cfm.org.br/index.php/revista_bioetica/article/view/430/498>. Acesso em: 20 set. 2017.

COFEN – Conselho Federal de Enfermagem. **Resolução Cofen n. 172**, de 15 de junho de 1994. Rio de Janeiro, 15 jun. 1994. Disponível em: <http://www.cofen.gov.br/resoluo-cofen-1721994_4246.html>. Acesso em: 5 out. 2017.

COMINI, G. M. Realidade e perspectivas das escolas de administração do Brasil: um enfoque estratégico. In: ENCONTRO ANUAL DA ASSOCIAÇÃO NACIONAL DE PESQUISA E PÓS-GRADUAÇÃO EM ADMINISTRAÇÃO, 18., 1994, Curitiba. **Anais**... Curitiba: Anpad, 1994.

COMISSÃO TEOLÓGICA INTERNACIONAL. **Em busca de uma ética universal**: novo olhar sobre a lei natural. São Paulo: Paulinas, 2009. (Coleção Documentos da Igreja, v. 26).

CORRÊA, H. L.; GIANESI, I. G. N. **Just in Time, MRP II e OPT**: um enfoque estratégico. São Paulo: Atlas, 1993.

CORTELLA, F. J.; PACINI, F. C.; LOTTA, G. S. Gestão estratégica. In: IBAÑEZ, N.; ELIAS, P. E. M.; SEIXAS, P. H. D'A. (Org.). **Política e gestão pública em saúde**. São Paulo: Hucitec, 2011.

CORTINA, A.; CONILL, J. Ética, empresa y organizaciones sanitarias. In: SIMÓN, P. (Ed.). **Ética de las organizaciones sanitarias**: nuevos modelos de calidad. Madrid: Triacastela; Asociación de Bioética Fundamental y Clínica, 2005. p. 15-32.

COSTA, S. O desafio da ética em pesquisa e da bioética. In: DINIZ, D. et al. (Coord.). **Ética em pesquisa**: temas globais. Brasília: Letras Livres; Ed. da UnB, 2008. (Coleção Ética em Pesquisa, 4). p. 25-52.

CVII – Concílio Ecumênico Vaticano II. Gaudium et Spes: constituição pastoral sobre a Igreja no mundo actual. In: CONCÍLIO ECUMÊNICO VATICANO, 2., 1961-1965, Vaticano, 7 dez. **Anais**... Roma: Vaticano, 1965. Disponível em: <http://www.vatican.va/archive/hist_councils/ii_vatican_council/documents/vat-ii_const_19651207_gaudium-et-spes_po.html>. Acesso em: 18 set. 2017.

DEBLOIS, J.; NORRIS, P.; O'ROURKE, K. D. **A Primer for Health Care Ethics**: Essays for a Pluralistic Society. Washington: Georgetown University Press, 1995.

DIMOULIS, D. **Manual de introdução ao estudo do direito**. 6. ed. rev. atual. e ampl. São Paulo: Revista dos Tribunais, 2014.

DINIZ, D.; CORRÊA, M. Declaração de Helsinki: relativismo e vulnerabilidade. **Cadernos de Saúde Pública**, Rio de Janeiro, v. 17, n. 3, p. 679-688, maio/jun. 2001. Disponível em: <http://www.scielo.br/pdf/csp/v17n3/4650.pdf>. Acesso em: 27 set. 2017.

DINIZ, D.; GUILHEM, D. **O que é bioética?** São Paulo: Brasiliense, 2012. (Coleção Primeiros Passos).

DONABEDIAN, A. **Explorations in Quality Assessment and Monitoring**: the Definition of Quality and Approaches to its Assessment. Michigan: Health Administration Press, 1980. v. 1.

DRANE, J.; PESSINI, L. **Bioética, medicina e tecnologia**: desafios éticos na fronteira do conhecimento humano. São Paulo: Centro Universitário São Camilo; Loyola, 2005.

DURAND, G. **Introdução geral à bioética**: história, conceitos e instrumentos. 2. ed. Tradução de Nicolás Nyimi Campanário. São Paulo: Centro Universitário São Camilo; Loyola, 2007.

FADEN, R. R.; BEAUCHAMP, T. L. **A History and Theory of Informed Consent**. New York: Oxford University Press, 1988.

FAGGIONI, M. P. **La vita nelle nostre mani**: manuale di bioetica teologica. 2. ed. Torino: Edizioni Camilliane, 2004.

FBAH – Federação Brasileira de Administradores Hospitalares. Código de Ética Profissional do Administrador Hospitalar. **Informativo Hospitalar Brasileiro**, n. 4, jul. 1995. Disponível em: <http://www.fbah.org.br/institucional.php?cod_inst=2/>. Acesso em: 25 set. 2017.

FELDMAN, L. B.; GATTO, M. A. F.; CUNHA, I. C. K. O. História da evolução da qualidade hospitalar: dos padrões à acreditação. **Acta Paulista de enfermagem**, São Paulo, v. 18, n. 2, p. 213-219, abr./jun. 2005. Disponível em: <http://www.cofen.gov.br/wp-content/uploads/2017/03/Feldman-2005.pdf>. Acesso em: 18 fev. 2018.

FERRAZ JUNIOR, T. S. **Introdução ao estudo do direito**: técnica, decisão, dominação. 4. ed. São Paulo: Atlas, 2003.

FERRER, J. J. Historia y fundamentos de los comités de ética. In: MARTINEZ, J. L. (Ed.). **Comités de bioética**. Bilbao: Desclée de Brouwer; Universidad Pontificia Comillas, 2003. p. 17-42.

FESER, E. **Scholastic Metaphysics**: a Contemporary Introduction. NeunKirchen-Seelsccheid: Editiones Scholasticae, 2014.

FLEISCHER, S.; SCHUCH, P. (Org.). Apresentação: antropologia, ética e regulamentação. In: FLEISCHER, S.; SCHUCH, P. (Org.). **Ética e regulamentação na pesquisa antropológica**. Brasília: Letras Livres; Ed. da UnB, 2010. p. 9-21.

FLETCHER, J. C.; SIEGLER, M. What are the Goals of Ethics Consultation?: a Consensus Statement. **The Journal of Clinical Ethics**, v. 7, n. 2, p. 122-126, Summer 1996.

FORNASIER, R. "A autoridade, e não a verdade, faz a lei". **Zenit**: o mundo visto de Roma, 7 ago. 2012. Disponível em: <https://pt.zenit.org/articles/a-autoridade-e-nao-a-verdade-faz-a-lei/>. Acesso em: 19 out. 2017.

FORTES, P. A. de C. O consentimento informado na atividade médica e a resposta dos tribunais. **Revista Justiça & Democracia**, v. 1, n. 2, p. 185-197, 1996.

_____. Reflexão bioética sobre a priorização e o racionamento de cuidados de saúde: entre a utilidade social e a equidade. **Cadernos de Saúde Pública**, Rio de Janeiro, v. 24, n. 3, p. 696-701, mar. 2008. Disponível em: <http://www.scielo.br/pdf/csp/v24n3/24.pdf>. Acesso em: 20 set. 2017.

FORTES, P. A. de C.; ZOBOLI, E. L. C. P. Bioética e saúde pública: entre o individual e o coletivo. In: _____. _____. (Org.). **Bioética e saúde pública**. 2. ed. São Paulo: Centro Universitário São Camilo; Loyola, 2004. p. 11-24.

FRANÇA, G. V. de. **Comentários ao Código de Ética Médica**. 3. ed. Rio de Janeiro: Guanabara Koogan, 2000.

FRANCISCONI, C. F. et al. Comitês de ética em pesquisa levantamento de 26 hospitais brasileiros. **Revista Bioética**, Brasília, v. 3, n. 1, p. 61-67, 1995. Disponível em: <http://revistabioetica.cfm.org.br/index.php/revista_bioetica/article/view/431/499>. Acesso em: 18 fev. 2018.

FRANCISCONI, C. F.; GOLDIM, J. R.; LOPES, M. H. I. O papel dos comitês de bioética na humanização da assistência à saúde. **Revista Bioética**, Brasília, v. 10, n. 2, p. 147-157, nov. 2002. Disponível em: <http://revistabioetica.cfm.org.br/index.php/revista_bioetica/article/view/219/220>. Acesso em: 27 set. 2017.

FRERS, E. **História de Karen**: o direito de morrer – o extraordinário desafio à morte de Karen Ann Quinlan. Tradução de Luis Oliveira Rocha. Nova Época, 1977.

GARCÍA, J. J. **Compendio de bioética**. Buenos Aires: Librería Córdoba, 2006.

GARRAFA, V. **Introdução à bioética**. Brasília: Núcleo de Estudos e Pesquisas em Bioética; Centro de Estudos Avançados Multidisciplinares; Ed. da UnB, 2001.

GAUER, G. J. C. et al. Breve reflexão a propósito dos comitês de bioética. In: LOCH, J. de A.; GAUER, G. J. C.; CASADO, M. (Org.). **Bioética, interdisciplinaridade e prática clínica**. Porto Alegre: EdiPUCRS, 2008. p. 209-226.

GILLIGAN, C. **In a Different Voice**: Psychological Theory and Women's Development. Cambridge: Harvard University Press, 1982.

GOLDIM, J. R. **Roteiro para abordagem de casos em bioética clínica**. 2003. Disponível em: <https://www.ufrgs.br/bioetica/casoclin.htm>. Acesso em: 3 out. 2017.

GOLDIM, J. R.; FRANCISCONI, C. F. Os comitês de ética hospitalar. **Revista Bioética**, Brasília, v. 6, n. 2, p. 149-156, 1998. Disponível em: <http://www.revistabioetica.cfm.org.br/index.php/revista_bioetica/article/download/340/408>. Acesso em: 18 fev. 2018.

GOLEMAN, D. **Trabalhando com a inteligência emocional**. Rio de Janeiro: Objetiva, 1999.

GOTTSCHALL, C. A. M. **Medicina hipocrática**: antes, durante e depois. Porto Alegre: Stampa, 2007. (Coleção Cremers).

GRACIA, D. Teoría y práctica de los comités de ética. In: MARTINEZ, J. L. (Ed.). **Comités de bioética**. Bilbao: Desclée de Brouwer; Universidad Pontificia Comillas, 2003. p. 59-70.

GUILHEM, D.; GRECO, D. A Resolução CNS 196/1996 e o Sistema CEP/Conep. In: DINIZ, D. et al. (Coord.). **Ética em pesquisa**: temas globais. Brasília: Letras Livres; Ed. da UnB, 2008. (Coleção Ética em Pesquisa, 4). p. 87-121.

HARKNESS, J.; LEDERER, S. E,; WIKLER, D. Laying Ethical Foundations for Clinical Research. **Bulletin of the World Health Organization**, Geneve, v. 79, n. 4, p. 365-366, Apr. 2001. Disponível em: <https://www.ncbi.nlm.nih.gov/pmc/articles/PMC2566394/>. Acesso em: 18 fev. 2018.

HOUAISS, A.; VILLAR, M. de S.; FRANCO, F. M. de M. **Dicionário Houaiss da língua portuguesa**. Versão 1.0. Rio de Janeiro: Instituto Antônio Houaiss; Objetiva, 2001. 1 CD-ROM.

IMAI, M. **Kaizen**: a estratégia para o sucesso competitivo. 4. ed. São Paulo: Imam, 1992.

JACOBINA, P. V. **A publicidade no direito do consumidor**. Rio de Janeiro: Forense, 2002.

_____. As quadrilhas e os estados de direito (2). **Zenit**: o mundo visto de Roma, 8 set. 2015. Disponível em: <https://pt.zenit.org/articles/as-quadrilhas-e-os-estados-de-direito-2>. Acesso em: 18 set. 2017.

_____. **Direito penal da loucura**. Brasília: ESMPU, 2008. Disponível em: <https://escola.mpu.mp.br/publicacoes/obras-avulsas/e-books/direito-penal-da-loucura>. Acesso em: 4 out. 2017.

JOÃO PAULO II, Papa. **Código de Direito Canônico**. Versão portuguesa. 4. ed. rev. Conferência Episcopal Portuguesa: Lisboa, 1983. Disponível em: <http://www.vatican.va/archive/cod-iuris-canonici/portuguese/codex-iuris-canonici_po.pdf>. Acesso em: 22 set. 2017.

JUNQUEIRA, C. R. **Bioética**: conceito, fundamentação e princípios. São Paulo: Unifesp, 2010. Especialização em saúde da Família: modalidade a distância – Módulo Bioética – aula 1. Disponível em: <http://www.unasus.unifesp.br/biblioteca_virtual/esf/1/modulo_bioetica/Aula01.pdf>. Acesso em: 16 jun. 2017.

JUSTIÇA FEDERAL suspende resolução que permite ortotanásia. **Consultor Jurídico**, 27 out. 2007. Disponível em: <https://www.conjur.com.br/2007-out-27/justica_suspende_resolucao_permite_ortotanasia>. Acesso em: 1º fev. 2018.

KELSEN, H. **Teoria pura do direito**. Tradução de J. Cretella Jr. e Agnes Cretella. 8. ed. São Paulo: Revista dos Tribunais, 2012.

KJELLSTRAND, C. M.; RAHMAN, M. A.; ING, T. S. (Ed.). **Dialysis**: History, Development and Promise. Singapore: World Scientific, 2012.

KOTTOW, M. História da ética em pesquisa com seres humanos. In: DINIZ, D. et al. (Coord.). **Ética em pesquisa**: temas globais. Brasília: Letras Livres; Ed. da UnB, 2008. (Coleção Ética em Pesquisa, 4). p. 53-86.

KREEFT, P. **Sócrates encontra Maquiavel**: o pai da filosofia interroga o autor de O Príncipe. Tradução de Pedro Cava. Campinas: Vide Editorial, 2013.

_____. **Summa philosophica**. South Bend: St. Augustine's Press, 2012.

LEÃO XIII, Papa. Libertas praestantissimum: carta encíclica do Sumo Pontífice Leão XXIII sobre a liberdade humana. Roma, 20 jun. 1888. **Veritatis Splendor**. Disponível em: <http://www.veritatis.com.br/libertas-praestantissimum/>. Acesso em: 19 set. 2017.

LOCH, J. de A.; GAUER, G. J. C. Comitês de bioética: importante instância de reflexão ética no contexto da assistência à saúde. **Revista da AMRIGS**, Porto Alegre, v. 54, n. 1, p. 100-104, jan./mar. 2010. Disponível em: <http://www.amrigs.org.br/revista/54-01/21-bioetica_comites_de_bioetica.pdf>. Acesso em: 5 mar. 2018.

LOCH, J. de A.; GAUER, G. J. C.; BORGES, G. S. Consultorias solicitadas ao Comitê de Bioética da Faculdade de Medicina e do Hospital São Lucas da PUCRS no período de 1997 a 2006. In: LOCH, J. A.; GAUER, G. J. C.; CASADO, M. (Org.). **Bioética, interdisciplinaridade e prática clínica**. Porto Alegre: EdiPUCRS, 2008. p. 263-272.

MACINTYRE, A. **Depois da virtude**. Bauru: Edusc, 2001. (Coleção Filosofia e Política).

MARINHO, S. et al. Implementação de comitês de bioética em hospitais universitários brasileiros: dificuldades e viabilidades. **Revista Brasileira de Bioética**, v. 22, n. 1, p. 105-115, jan./abr. 2014.

MARTINS, D. R. et al. Desafios da acreditação em um hospital da rede FHEMIG. **Rahis – Revista de Administração Hospitalar e Inovação em Saúde**, Pampulha, v. 7, n. 7, p. 72-79, jul./dez. 2011.

MATOS, F. W. Comissões de ética médica. **Revista da AMRIGS**, Porto Alegre, v. 51, n. 1, p. 78-83, jan./mar. 2007. Disponível em: <http://www.amrigs.org.br/revista/51-01/espcremers.pdf>. Acesso em: 18 fev. 2018.

McCARRICK, P. M. Ethics Committees in Hospitals. **Kennedy Institute of Ethics Journal**, v. 2, n. 3, p. 285-306, Sep. 1992.

MENDES, G. F.; BRANCO, P. G. G. **Curso de Direito Constitucional**. 10. ed. rev. e atual. São Paulo: Saraiva, 2015.

MEZZOMO, A. A. **Humanização hospitalar**: fundamentos antropológicos e teológicos. São Paulo: Loyola, 2010.

MILL, J. S. **Sobre a liberdade**. Petrópolis: Vozes, 1986.

MOSER, A.; SOARES, A. M. M. **Bioética**: do consenso ao bom senso. Petrópolis: Vozes, 2006.

MOTTURA, G. **II giuramento di Ippocrate**: i doveri del medico nella storia. Roma: Riuniti, 1986.

NAMBA, E. T. **Manual de bioética e biodireito**. São Paulo: Atlas, 2009.

NUNES, E. D. Saúde coletiva: uma história recente de um passado remoto. In: CAMPOS, G. W. de S. et al. (Org.). **Tratado de saúde coletiva**. 2. ed. rev. e aum. São Paulo: Hucitec; Fiocruz, 2012. p. 17-38.

OLIVEIRA, M. L. C. de. **Comitê de ética em pesquisa no Brasil**: um estudo das representações sociais. Brasília: Universa, 2004.

OMS – Organização Mundial da Saúde. **Constituição da Organização Mundial da Saúde (OMS/WHO) – 1946**. New York: OMS, 22 jul. 1946. Disponível em: <http://www.direitoshumanos.usp.br/index.php/OMS-Organiza%C3%A7%C3%A3o-Mundial-da-Sa%C3%BAde/constituicao-da-organizacao-mundial-da-saude-omswho.html>. Acesso em: 21 set. 2017.

ONA – Organização Nacional de Acreditação. **Certificações válidas**. Disponível em: <https://www.ona.org.br/OrganizacoesCertificadas>. Acesso em: 25 set. 2017.

_____. **Manual das organizações prestadoras de serviços hospitalares**. Pelotas: Educat, 2001.

ONUBR – Nações Unidas do Brasil. **Declaração Universal dos Direitos Humanos**. 1948. Disponível em: <http://www.onu.org.br/img/2014/09/DUDH.pdf>. Acesso em: 16 jun. 2017.

PAGANELLI, R. **Eu estava doente e você me visitou**: uma reflexão acerca da doença e do sofrimento à luz do evangelho. São Paulo: Paulinas, 2014.

PEGORARO, O. A. **Ética e bioética**: da subsistência à existência. Petrópolis: Vozes, 2002.

PESSINI, L. **Distanásia**: até quando prolongar a vida? São Paulo: Centro Universitário São Camilo; Loyola, 2001.

PESSINI, L.; BARCHIFONTAINE, C. de P. de. Bioética: do principialismo à busca de uma perspectiva latino-americana. In: COSTA, S. I. F.; OSELKA, G.; GARRAFA, V. (Coord.). **Iniciação à bioética**. Brasília: Conselho Federal de Medicina, 1998. p. 81-98.

_____. **Problemas atuais de bioética**. 8. ed. rev. e ampl. São Paulo: Centro Universitário São Camilo; Loyola, 2007.

PIACENTINI, R. **Origines et évolution de l'hospitalisation**: les chanoinesses augustines de la miséricorde de Jésus. Paris: Grasset, 1957.

PINCKAERS, S. T. **Las fuentes de la moral cristiana**: su método, su contenido, su historia. Pamplona: Universidad de Navarra, 2000.

PINHO, R. C. R. **Teoria geral da Constituição e direitos fundamentais**. 14. ed. São Paulo, Saraiva, 2014. (Coleção Sinopses Jurídicas, 17).

PIOVANO, C. F. Inequidad en salud: ¿dilema bioético o paradigma de las sociedades actuales? In: ARRIBÈRE, R. (Dir.). **Bioética y derecho**: dilemas y paradigmas en el siglo XXI. Buenos Aires: Cathedra Jurídica, 2008. p. 33-47.

RELEMBRE outros casos de eutanásia na Europa e nos Estados Unidos. **O Globo**, 9 fev. 2009. Disponível em: <https://oglobo.globo.com/mundo/relembre-outros-casos-de-eutanasia-na-europa-nos-estados-unidos-3576080>. Acesso em: 1º fev. 2018.

REVELLO, R. **Bioética**: la verdad que busca el bien. Buenos Aires: Educa, 2010.

RHONHEIMER, M. **La perspectiva de la moral**: fundamentos de la ética filosófica. 2. ed. Madrid: Ediciones Rialp, 2007.

RIBEIRO, H. **Os pilares de apoio ao TPM**: como fazer do TPM o sistema de gestão da empresa. Santo André: PDCA, 2016. (TPM Collection, v. 8).

ROUQUAYROL, M. Z. Contribuição da epidemiologia. In: CAMPOS, G. W. de S. et al. (Org.). **Tratado de saúde coletiva**. 2. ed. rev. e aum. São Paulo: Hucitec; Fiocruz, 2012. p. 343-398.

SANDEL, M. J. **Justiça**: o que é fazer a coisa certa. 6. ed. Tradução de Heloisa Matias e Maria Alice Máximo. Rio de Janeiro: Civilização Brasileira, 2012.

SGRECCIA, E. **Manual de bioética**: fundamentos e ética biomédica. 2. ed. Tradução de Orlando Soares Moreira. São Paulo: Loyola, 2002a. v. 1.

_____. 3. ed. Tradução de Orlando Soares Moreira. São Paulo: Loyola, 2009. v. 1.

_____. **Manual de bioética**: aspectos médico-sociais. 2. ed. Tradução de Orlando Soares Moreira. São Paulo: Loyola, 2002b. v. 2.

SILVA, P. C. da. **A antropologia personalista de Karol Wojtyla (João Paulo II)**. 2. ed. São Paulo: Ideias & Letras, 2014.

SINGER, P. A.; PELLEGRINO, E. D.; SIEGLER, M. Ethics Committees and Consultants. **The Journal of Clinical Ethics**, v. 1, n. 4, p. 263-267, 1990.

SOUZA, L. C. P. de; FONTES, C. E. M. **Qualidade de vida no trabalho**: saúde emocional e gestão estratégica. São Paulo: Edicon, 2009.

SPAEMANN, R. **Pessoas**: ensaios sobre a diferença entre *algo* e *alguém*. São Leopoldo: Ed. da Unisinos, 2015.

SPINELLI, M. **Camilo de Lellis**: "Mais coração nas mãos!". São Paulo: Paulinas, 2010.

SPINK, M. J. P.; LISBOA, M. S.; RIBEIRO, F. R. G. A construção do tabagismo como problema de saúde pública: uma confluência entre interesses políticos e processos de legitimação científica. **Interface – Comunicação, Saúde, Educação**, Botucatu, v. 13, n. 29, p. 353-365, abr./jun. 2009. Disponível em: <http://www.scielo.br/pdf/icse/v13n29/v13n29a09.pdf>. Acesso em: 20 set. 2017.

THE NATIONAL Commission for the Protection of Human Subjects of Biomedical and Behavioral Research. **The Belmont Report**: Ethical Principles and Guidelines for the Protection of Human Subjects of Research. Washington, D.C.: DHEW, 1978. Disponível em: <https://videocast.nih.gov/pdf/ohrp_belmont_report.pdf>. Acesso em: 5 out. 2017

TOLEDO, J. C. de et al. **Qualidade**: gestão e métodos. Rio de Janeiro: LTC, 2013.

TOMÁS DE AQUINO, Santo. **Escritos políticos de Santo Tomás de Aquino**. Tradução de Francisco Benjamin de Souza Neto. Petrópolis: Vozes, 1995. (Clássicos do Pensamento Político, v. 6).

______. ______. Tradução de Francisco Benjamin de Souza Neto. 2. ed. Petrópolis: Vozes, 2011. (Clássicos do Pensamento Político, v. 6).

TRIBUNAL Internacional de Nuremberg. **Código de Nuremberg**. Nuremberg, 1947. Disponível em: <https://www.ufrgs.br/bioetica/nuremcod.htm>. Acesso em: 26 set. 2017.

UNESCO – Organização das Nações Unidas para a Educação, Ciência e Cultura. Comissão Nacional da Unesco – Portugal. **Declaração universal sobre bioética e direitos humanos**. Lisboa: Unesco, 2006a. Disponível em: <http://unesdoc.unesco.org/images/0014/001461/146180por.pdf>. Acesso em: 2 out. 2017.

UNESCO – Organización de las Naciones Unidas para la Educación, la Ciencia y la Cultura. **Guía n. 2**: funcionamiento de los comités de bioética – procedimientos y políticas. Paris: Unesco, 2006b. Disponível em: <http://unesdoc.unesco.org/images/0014/001473/147392s.pdf>. Acesso em: 2 out. 2017.

UNESCO – United Nations Educational, Scientific and Cultural Organization. **Bioethics**. Disponível em: <http://www.unesco.org/new/en/social-and-human-sciences/themes/bioethics/>. Acesso em: 2 out. 2017.

_____. **Guide n. 1**: Establishing Bioethics Committees. Paris: Unesco, 2005. Disponível em: <http://unesdoc.unesco.org/images/0013/001393/139309e.pdf>. Acesso em: 2 out. 2017.

URBAN, C. de A. **Bioética clínica**. Rio de Janeiro: Revinter, 2003a.

_____. Modelo do Comitê de Bioética do Hospital Nossa Senhora das Graças em Curitiba. In: _____. **Bioética clínica**. Rio de Janeiro: Revinter, 2003b. p. 107-114.

VASCONCELOS, C. M. de; PASCHE, D. F. O SUS em perspectiva. In: CAMPOS, G. W. de S. et al. (Org.). **Tratado de saúde coletiva**. 2. ed. rev. e aum. São Paulo: Hucitec; Fiocruz, 2012. p. 559-590.

VEATCH, H. B. **O homem racional**: uma interpretação da moderna ética aristotélica. Tradução de Eduardo Francisco Alves. Rio de Janeiro: Topbooks, 2006.

VEATCH, R. M. **Bioética**. 3. ed. São Paulo: Pearson do Brasil, 2014.

VEIGA, B. **A ética das virtudes segundo Tomás de Aquino**. Campinas: Ecclesiae, 2017.

VENDRAME, C. **La cura dei malati nel Nuovo Testamento**. Torino: Edizioni Camilliane, 2001.

VIANA, M. F. et al. Processo de acreditação: uma análise de organizações hospitalares. **Rahis – Revista de Administração Hospitalar e Inovação em Saúde**, Belo Horizonte, v. 3, n. 6, p. 35-45, jan./jun. 2011. Disponível em: <http://gvpesquisa.fgv.br/sites/gvpesquisa.fgv.br/files/arquivos/delane_-_processo.pdf>. Acesso em: 18 fev. 2018.

VIEIRA, T. R. (Org.). **Ensaios de bioética e direito**. 2. ed. rev., ampl. e atual. Brasília: Consulex, 2012.

VILLEY, M. **Filosofia do direito**. **Definições e fins do direito**. **Os meios do direito**. Tradução de Márcia Valéria Martinez de Aguiar. São Paulo: M. Fontes, 2003. (Coleção Justiça e Direito).

_____. **Questões de Tomás de Aquino sobre direito e política**. São Paulo: M. Fontes, 2014.

VOLLMANN, J. The Implementation Process of Clinical Ethics Consultation: Concepts, Resistance, Recommendations. In: SCHILDMANN, J.; GORDON, J.-S.; VOLLMANN, J. (Ed.). **Clinical Ethics Consultation**: Theories and Methods, Implementation, Evaluation. Farnham: Ashgate, 2010. p. 91-106.

WERHANE, P. H.; RORTY, M. V. Organization Ethics in Healthcare. **Cambridge Quarterly of Healthcare Ethics**, v. 9, n. 2, p. 145-146, Apr. 2000. Disponível em: <https://www.cambridge.org/core/services/aop-cambridge-core/content/view/C1585A75C86771B469E699E93F2B2639/S0963180100902019a.pdf/organization_ethics_in_healthcare.pdf>. Acesso em: 25 set. 2017.

WHO – World Health Organization. **National Cancer Control Programmes**: Policies and Managerial Guidelines. 2. ed. Geneve: WHO, 2002. Disponível em: <http://www.afrc.who.int/sites/default/files/2017-06/NCCP_policies_and_managerial_guidelines.pdf>. Acesso em: 18 fev. 2018.

_____. **Palliative Care**. Aug. 2017. Disponível em: <http://www.who.int/mediacentre/factsheets/fs402/en/>. Acesso em: 5 mar. 2018.

ZOBOLI, E. L. C. P. **Ética e administração hospitalar**. 2. ed. São Paulo: Centro Universitário São Camilo; Loyola, 2004.

Respostas[1]

Capítulo 1

Questões para revisão

1. Nem sempre o desenvolvimento tecnológico foi seguido, em nossa sociedade, por um avanço ético. Por isto, é necessário retomar a noção de *bem comum* como o conjunto de condições capazes de levar ao aperfeiçoamento das pessoas em sua convivência social, incorporando os saberes das ciências sociais, das boas tradições, inclusive religiosas, e da cultura; um bom caminho tem sido a instalação de comitês de ética nos mais diversos setores, de caráter multidisciplinar, para facilitar esse diálogo.
2. O modelo eudemônico, ao trabalhar com a noção de *bem comum* da pessoa humana, envolve a dimensão normativa do modelo deontológico – superando, no entanto, sua tendência à obediência estrita como fundamento da ética – e também os próprios critérios de utilidade na ponderação de interesses sociais, superando a unilateralidade da visão quantitativa própria das éticas utilitaristas.
3. d
4. b
5. b

Questões para reflexão

1. Os conhecimentos científicos e tecnológicos são muito bons e muito importantes, mas não são suficientes para resolver os problemas práticos relativos à vida e às relações das pessoas. Por isso,

1 Todos os autores citados nesta seção constam na Seção "Referências".

é necessário existir diálogo entre as ciências humanas e as ciências exatas, de modo a viabilizar a resolução dos problemas decorrentes da complexidade crescente da vida social.

2. O livre-arbítrio, que representa a capacidade de escolher, a cada momento, a melhor alternativa de determinada situação, é pressuposto da liberdade; não há liberdade sem que haja livre-arbítrio. Mas ela não se esgota nele, porque pressupõe a busca do bem que aperfeiçoa a vida humana. A liberdade, pois, é a capacidade de buscar o verdadeiro bem da pessoa humana, por meio de escolhas que tendam a esse fim.
3. A ética pode ser entendida como a busca da maior utilidade para o maior número de pessoas, como apregoam os utilitaristas; nesse caso, o critério para o discernimento do bem é eminentemente quantitativo. Mas ela pode ser compreendida, também, como a obediência às normas que regem o convívio humano, caso em que o discernimento do bem é relegado ao momento do estabelecimento das normas, restando ao sujeito segui-las. E, por fim, a ética pode ser considerada a própria busca do bem, do aperfeiçoamento humano pelo desenvolvimento pleno de suas potencialidades, caso em que incorpora as dimensões quantitativa e normativa a outra eminentemente qualitativa, ou seja, a perfeição da pessoa humana.

Capítulo 2

Questões para revisão

1. A corrente personalista da bioética entende que a pessoa humana constitui-se pela união entre corpo e espírito, formando uma totalidade singular, que deve ser considerada em várias dimensões – física, psíquica, espiritual, social e moral. Por isso, ela deve ser o centro das atenções.

2. Os seguidores da corrente subjetivista têm dificuldade em aceitar as normas sociais porque entendem que o fundamento da moral está ligado à autonomia da pessoa. Para os subjetivistas, é lícito tudo aquilo que eles próprios, de maneira livre, elegeram.
3. e
4. a
5. b

Capítulo 3

Questões para revisão

1. *Valores* são referenciais abstratos que exprimem expectativas da sociedade em relação ao comportamento humano.
2. *Princípios* são regras que regem o comportamento pessoal e que têm por base os valores da sociedade.
3. a
4. c
5. e

Questões para reflexão

1. Resposta pessoal.
2. Resposta pessoal.
3. No Brasil, a pessoa com 18 anos ou mais (ou aquela emancipada judicialmente), que apresente capacidades mentais preservadas e responsabilidade por seus atos perante a justiça, pode manifestar aceitação ou recusa a determinados procedimentos médicos previamente a uma circunstância em que esteja impossibilitada de exercer sua autonomia. Isso se dá mediante o registro de suas diretivas antecipadas de vontade, no cartório ou no prontuário médico. É possível, inclusive, nomear um representante para auxiliar essa pessoa nas decisões sobre sua assistência em situação de terminalidade de vida.

Capítulo 4

Questões para revisão

1. De acordo com a OMS, *saúde* é um estado de completo bem-estar físico, psíquico e social, e não apenas a ausência de doença.
2. Atentar-se para a dimensão integral da pessoa fragilizada pela doença, com base no planejamento e no desenvolvimento de estratégias responsáveis para que o objetivo seja alcançado.
3. a
4. e
5. e

Capítulo 5

Questões para revisão

1. c. Uma análise mais aprofundada da questão deve ser realizada, uma vez que está claro que leis são importantes, pois todo código de ética está embasado nelas. Assim, deve ser aplicada a ética máxima, que são os códigos de éticas profissionais, sem esquecer que a pressão social e as tensões entre o paciente e o profissional de saúde não podem jamais se sobrepor à ética profissional e aos padrões da bioética administrativa.
2. b. Desenvolver um texto em bioética nos remete a Avedis Donabedian (1919-2000), considerado o pai da qualidade no setor da saúde. O médico libanês desenvolveu estudos que produziram avanços importantes nos sistemas de gestão nas áreas da medicina. Sua maior contribuição é a obra *Explorations in Quality Assessment and Monitoring: the Definition of Quality and Approaches to its Assessment*, na qual o autor descreve o que chamou de *7 pilares da qualidade* na área da saúde: eficácia, efetividade, eficiência, otimização, aceitabilidade, legitimidade e equidade.
3. e

4. a
5. c

Questões para reflexão

1. Nesse caso, é imperativo o manejo da gestão de pessoas e são imprescindíveis os argumentos à luz da justiça brasileira. Além disso, em relação à questão da bioética, o gestor deve realizar uma análise de acordo com os parâmetros modernos. Dessa forma, ele deve questionar-se: Ao realizar a transfusão de sangue, o médico estará fazendo bem ou mal ao paciente? Essa dúvida decorre do fato de que, ainda que o médico esteja obedecendo ao que é previsto na medicina, o paciente, após retornar à consciência, pode não aceitar o procedimento pelo qual terá passado e isso pode causar impactos negativos em sua vida, desde sua percepção espiritual e psíquica até seu comportamento no dia a dia. Por isso, o gestor deve avaliar se a autonomia do enfermo está sendo respeitada. Com certeza, a realização da transfusão sanguínea desrespeita esse princípio. Além disso, se analisada pelo princípio da justiça, de acordo com o qual o médico deve tratar o doente levando em conta seu bem-estar biopsicossocial – segundo a Organização Mundial da Saúde (OMS) –, a transfusão também faz mal ao paciente. Por tudo isso – e pela autoridade sobre os profissionais hospitalares – o gestor deve mostrar ao médico do caso que a transfusão de sangue, sem sombra de dúvidas, deve ser a última opção terapêutica, pois, naquele momento, o procedimento mais ético é introduzir expansores de volume sanguíneo, respeitando, assim, a autonomia do doente, conforme o documento legal apresentado pela família.
2. Esse caso mostra como é complexa a gestão hospitalar, pois envolve muitas questões bioéticas. Na situação relatada, deve-se verificar se a promoção do bem e da não maleficência à paciente existiu. Ela foi observada pelo médico obstetra, que lhe prescreveu a medicação,

mas, diante da gravidade do estado da adolescente, jamais o médico deveria ter se ausentado de seu quarto. O intensivista, por sua vez, diante da solicitação de elaborar um parecer, deveria tê-lo realizado em tempo hábil, pois não se justifica, quando há risco de vida de um paciente, omitir-se. Logo, o gestor deveria ter alertado o intensivista sobre a gravidade da omissão e comunicado tal ação ao diretor médico. Outro problema foi que a paciente não teve escolha de tratamento – nem cabia a ela, diante da seriedade do caso. Quando isso ocorre, o profissional de saúde deve assumir a responsabilidade pela escolha, visto que a pessoa a ser tratada está incapaz de avaliar sua própria situação. A omissão de socorro do médico obstetra, nesse caso – e, talvez, a negligência do intensivista também –, poderá provocar ações nas diversas esferas administrativas, deontológicas (demandadas pelos conselhos profissionais) e jurídicas (demandadas pelos familiares). Assim, é função do gestor equalizar essas ações e, diante de um inquérito administrativo, tomar, até mesmo, decisões extremas, como demitir o funcionário e comunicar o fato ao conselho competente e à Polícia Civil, tendo em vista que a credibilidade da instituição estará em jogo, bem como sua capacidade de gestão.

3. Entre as principais atribuições de um gestor hospitalar estão os valores éticos básicos: honestidade, responsabilidade, solidariedade e cooperação. Por isso, quando algum paciente está em situação crítica cujo desfecho é a morte, o gestor deve ter a sensibilidade de evitar causar mais danos emocionais aos familiares da pessoa falecida. A conduta descrita fere o código de ética do administrador hospitalar, por não saber lidar com os sentimentos alheios, tornando a atividade médica uma simples prática comercial.

Capítulo 6

Questões para revisão

1. b
2. d
3. e

Questões para reflexão

1. A presença de representantes de usuários visa assegurar que os interesses de determinados grupos da sociedade civil sejam apresentados e defendidos.
2. Para que não haja conflito de interesses, ou seja, para que a análise da eticidade do protocolo de pesquisa não seja influenciada por interesses que não estejam diretamente relacionados com a proteção do participante da pesquisa – por exemplo, o recebimento de pagamento.
3. Porque a interdisciplinaridade permite o intercâmbio de visões e de conhecimentos de várias disciplinas.

Estudo de caso

1. c
2. a
3. d

Capítulo 7

Questões para revisão

1. Não. O comitê é necessário para, dentro da legislação vigente, auxiliar nas tomadas de decisão, inclusive utilizando-se de determinações de tribunais como argumentos para as deliberações de seus posicionamentos.
2. e. O profissional deve atuar com imparcialidade em relação aos fatos para que estes não desvirtuem sua profissão. Logo, as questões

bioéticas devem ser aplicadas para todos os cidadãos, sejam assassinos, sejam estupradores, sejam ladrões, sejam trabalhadores honestos – todos devem ser tratados de forma igual por conta do princípio da dignidade humana.

3. d. O profissional jamais deveria ter se ausentado do plantão, e o fato de não gostar da alimentação do hospital não é motivo para que saia de seu trabalho. Nesse caso específico, sua falta contribuiu para a morte do policial ferido. A negligência ao atendimento e a imprudência de abandonar o plantão são motivos de processo ético disciplinar no Conselho Regional de Medicina (CRM).
4. c
5. e

Questões para reflexão

1. Seguem as perguntas que devem ser analisadas e suas respectivas respostas: *Quais são os fatos?* "A gravidez de uma menina de 11 anos vítima de estupro". *Quais são os deveres do profissional para com a paciente?* "Salvar sua vida". *Quais são os deveres do profissional para com as outras partes envolvidas? Esses deveres são convergentes ou conflitantes?* "Respeitar a autonomia da mãe e da paciente; os deveres são divergentes". *Qual a maior objeção que pode ser feita na identificação da convergência dos deveres ou dos argumentos utilizados para chegar a essa conclusão?* "Divergem na autonomia da paciente e da mãe". *Como o conflito ético, real ou percebido, poderia ter sido prevenido ou, pelo menos, atenuado?* "Não havia como prevenir". *Qual questão, decisão, problema ou conflito bioético envolvido? Quem está solicitando a consulta? Por que está solicitando a consulta neste momento? Quem é o responsável por tomar as decisões neste caso? Quais são os fatos? Quais as circunstâncias importantes envolvidas na situação? Quem são as pessoas envolvidas? São conhecidos os valores de cada um dos envolvidos? Quais são as prioridades que cada um dos participantes?* "As questões são o risco de morte da paciente

e sua autonomia". "Quem solicita é a equipe médica". "Gravidez gemelar em criança de 11 anos vítima de estupro; risco de vida da paciente". "Valores legal e tecnológico da equipe e valor moral da família". "O médico tem o conhecimento e a criança, o corpo". *Existe algum acordo prévio sobre decisões nessa situação? Quais são as alternativas no atual curso de ação? Quais as consequências, para cada um dos participantes, em cada uma das alternativas?* "Pode-se esperar a iminência de morte da paciente para se retirarem os embriões, ou eles poderiam ser retirados neste momento; as consequências em ambos os casos são os danos psíquicos para a criança e para mãe, assim como para a equipe médica". *Quais são os princípios (beneficência, respeito à pessoa e justiça) envolvidos? Quais são os direitos humanos (individuais, coletivos ou de estado) envolvidos? Como eles se relacionam entre si?* "Existem as questões da autonomia, da beneficência, da não maleficência e da justiça para a mãe e a criança, bem como da autonomia, da beneficência, da não maleficência e da justiça para a equipe médica". *Quais são os casos possíveis de serem relacionados à presente situação? Quais foram as alternativas consideradas e suas consequências?* "Há inúmeros casos: naqueles em que as crianças ou suas mães não desejavam a gravidez, foram realizados abortos terapêuticos".

Podem-se realizar várias entrevistas, pela equipe de psicologia, com a mãe, com a equipe médica e com a criança. Pode-se decidir, a princípio, por maioria, depois, por consenso, sobre se a equipe deve realizar o aborto terapêutico.

O argumento principal dos defensores da legalização ou da descriminalização do aborto é o do respeito à autonomia reprodutiva da mulher ou do casal, baseada no princípio da liberdade individual, herdeiro da tradição filosófica anglo-saxã, cujo pai foi Stuart Mill (1986). Está claro que há o contra-argumentos, também jurídicos, do direito do embrião a existir e da justiça em relação ao embrião. Segundo a Declaração Universal dos Direitos Humanos (ONU, 1948, p. 2), "Considerando que o reconhecimento da dignidade inerente a todos os membros da família humana e de seus direitos iguais e inalienáveis é o fundamento da liberdade, da justiça e da paz no mundo" e que "Todos os seres humanos nascem livres e iguais em dignidade e direitos. São dotados de razão e consciência e devem agir uns aos outros com espírito de fraternidade" (ONUBR, 1948, p. 4). É um dilema bioético forte a definição de quem tem direito sobre o embrião, já que boa parte da comunidade científica reconhece o princípio da dignidade humana para os embriões.

Por fim, para esse caso, segue a posição Código Penal Brasileiro, no seu art. 128, segundo o qual não se pune o aborto praticado por médico quando ele é necessário, ou seja, "se não há outro meio de salvar a vida da gestante", ou quando "a gravidez resulta de estupro, "e o aborto é precedido de consentimento da gestante ou, quando incapaz, de seu representante legal" (Brasil, 1940).

2. Não está correta, pois a eutanásia é crime segundo os art. 121 e 122 do Código Penal Brasileiro (Brasil, 1940).
3. Correta.

Capítulo 8

Questões para revisão

1. Os órgãos colegiados permitem a ampliação do diálogo e dão voz à pluralidade, integrando pessoas de diversas formações e origens e possibilitando que a normatização em bioética sempre cresça, com a tendência de tornar-se uma legislação mais abrangente e, portanto, mais perfeita e mais rica do que aquela que ressoa apenas poucas vozes e poucos pontos de vista.

2. A jurisprudência, compreendida como o estudo sistemático de decisões tomadas para casos precedentes julgados nos tribunais do país, é muito importante para pautar as decisões futuras, reduzir conflitos entre as partes e aumentar a segurança jurídica em atos, contratos, processos e normas no campo da bioética.
3. d
4. c
5. b

Questões para reflexão

1. Há muitas pretensões, mesmo lícitas, que não podem ser consideradas *direitos*, mas apenas como simples interesses da pessoa. Por exemplo, num bairro em que haja a autorização legal para construir edifícios altos, um indivíduo com a pretensão de que a vista de sua janela não seja atrapalhada pela construção de um edifício no terreno vizinho não se constitui num direito.
2. As regras morais, principalmente as relativas aos bons modos, não apresentam coercitividade, ou seja, não podem ser impostas pelo Estado sob ameaça de sanções. Além disso, não decorrem de uma autoridade pública, mas apenas de regras de convivência civilizada.
3. O princípio da dignidade da pessoa, de acordo com o art. 1º da Constituição Federal (Brasil, 1988a), está acima do progresso científico e do desenvolvimento econômico. Isso significa que as pesquisas, sobretudo as que envolvem seres humano, devem subordinar-se sempre a ele.

Sobre os autores

Carolina Becker Bueno de Abreu

Terapeuta ocupacional, especialista em Gerontologia pela Sociedade Brasileira de Geriatria e Gerontologia (SBGG), mestre em Gerontologia pela Universidade Estadual de Campinas (Unicamp) e doutora em ciências pela Faculdade de Saúde Pública da Universidade de São Paulo (USP). Professora da Faculdade de Ceilândia da Universidade de Brasília (UnB). Organizadora do livro *Cuidando de quem já cuidou: o livro do cuidador* (Editora Atheneu).

Flávia Reis de Andrade

Doutora em Bioética pela Universidade de Brasília (UnB). Professora da disciplina Bioética e Saúde Coletiva do Curso de Saúde Coletiva da Faculdade de Ceilândia da UnB. Membro do Comitê de Ética em Pesquisa da Faculdade de Ciências da Saúde da UnB.

Gustavo Carvalho Rosas

Graduado em Medicina pela Universidade Federal de Pernambuco (UFPE) e mestre em Bioética pela Pontificia Universidad Catolica Argentina (UCA), em Buenos Aires. Pós-Graduado em Teologia, Filosofia, Perícias Médicas, Medicina do Trabalho, Dermatologia Clínica e Cirúrgica e Auditoria e tem título de Master of Business Administration (MBA) em Meio Ambiente e Sustentabilidade. Participou de vários comitês de bioética, foi diretor do Hospital Dom Malan, em Petrolina, e secretário de saúde do município de Barra de São Miguel, na Paraíba. Atualmente, é conselheiro fiscal da Sociedade Brasileira de Bioética (SBB) e diretor da Comissão de Ética da Associação Brasileira de Medicina Legal e Perícias

Médicas (ABMLPM), ambas em Pernambuco; diretor técnico da Empresa Pernambuco Labor, pela qual atua como consultor de mais de 80 empresas; e membro efetivo dos Serviços de Perícia Médica de Ipojuca e de Olinda. É professor dos cursos de pós-graduação em Medicina e vice-coordenador do curso de pós-graduação em Clínica Médica da Universidade Estácio de Sá (Portal F).

Paulo Vasconcelos Jacobina
Graduado em Direito pela Universidade Católica de Salvador (UCSal) e em Teologia pelo Curso Superior de Teologia da Arquidiocese de Brasília; especialista em Direito Sanitário pela Universidade de Brasília e Fundação Oswaldo Cruz (UnB/Fiocruz); e mestre em Direito Econômico pela Universidade Federal da Bahia (UFBA). Atualmente, é Procurador Regional da República, no Distrito Federal (DF); professor de Direitos Humanos na Faculdade de Teologia da Arquidiocese de Brasília (Fateo/DF); e membro da Comissão de Bioética e Defesa da Vida da Arquidiocese de Brasília. Escreveu vários livros, entre os quais *A publicidade no direito do consumidor* (Editora Forense), *Direito penal da loucura* (ESMPU) e *Estado laico, povo religioso* (Editora LTr).

Pedro Amado dos Santos
Advogado, especialista em Direito Médico pelas Faculdades Unidas do Norte de Minas (Funorte) e pelo Centro Brasileiro de Pós-Graduações (Cenbrap), em Goiânia. Atualmente, cursa o mestrado em Bioética pela Pontificia Universidad Catolica Argentina (UCA), em Buenos Aires.

Maria Letícia Cascelli de Azevedo Reis

Graduada em Medicina pela Universidade de Brasília (UnB); especialista em Nefrologia pela Universidade de São Paulo (USP); especialista em Bioética pela Faculdade Canção Nova (FCN); e mestre em Imunologia pela UnB. Atualmente, é responsável técnica pela Clínica de Doenças Renais de Brasília (CDRB).

Impressão:
Março/2018